LA
FRANCE HÉRALDIQUE

PAR

Ch. POPLIMONT

Chevalier de l'ordre des saints Maurice et Lazare.

TOME III

CHANAUD — EYSSAUTIER

PARIS
IMPRIMERIE ANTONIO AZUR
90, BOULEVARD MONTPARNASSE, 90

1873

LA
FRANCE HÉRALDIQUE

PAR

Ch. POPLIMONT

Chevalier de l'ordre des saints Maurice et Lazare.

TOME III

CHANAUD — EYSSAUTIER

PARIS
IMPRIMERIE ANTONIO AZUR
90, BOULEVARD MONTPARNASSE, 90
—
1873

PARIS. — IMPRIMERIE ANTONIO AZUR
Boulevard Montparnasse, 90.

LA

FRANCE HÉRALDIQUE

C

CHANAUD. *Guyenne.*

D'or à trois merlettes de sable.

L'unique représentant du nom, de Chanaud, réside au château de Panisaud, par Sigoulès, département de la Dordogne.

CHANCENAYE. *Bourges.*

D'azur à une fasce d'or accompagnée en chef de deux glands d'argent, et en pointe d'une coquille du même.

Cette famille est représentée par de Chancenay, au château de Flaix, par Villiers-Saint-Georges, département de Seine-et-Marne.

CHANDON. *France.*

D'or à une fasce de gueules denchée de sable, accompagnée de trois trèfles du même posés 2 et 1.

Cette famille est représentée par deux frères : Jean-Remi-Gabriel, comte de Chandon de Briailles, conseiller d'arrondissement, au château de Romont-Briailles, près Reims, qui épousa Aurélie-Louise Micheau de Chassy, dont il a deux fils : Paul, vicomte de Chandon de Briailles, qui a épousé Marie de Mordant de Massiac, dont deux fils et trois filles.

CHANLAIRE. *Champagne.*

D'or à une foi de carnation parée d'azur et supportant un cœur enflammé de gueules, le tout adextré d'une épée de sable en pal et senestré en chef d'une étoile du même.

Le seul représentant du nom est maire à Vassy, département de la Haute-Marne.

CHANSIERGUES DU RORD. *Languedoc.*

D'azur à trois flambeaux d'argent allumés de gueules; au chef du même chargé de trois étoiles d'or.

Le baron de Chansiergues du Bord, seul représentant du nom, est maire à Saint-Paul-Trois-Châteaux, département de la Drôme.

CHANTEAU. *Alsace, Lyonnais.*

De gueules à trois pals d'argent; au chef d'azur chargé d'une rose du second entre deux étoiles à cinq rais du troisième et soutenu d'une devise d'or.

Cette famille n'a qu'un représentant, avocat à Metz.

CHANTELAUZE. *Lyonnais.*

De sinople à un chevron d'argent chargé d'une losange de gueules. (Bibliothèque nationale, mss. *Armorial général* de d'Hozier, généralité de Lyon, 1696.)

Le représentant du nom réside à Lyon.

CHANTELOU. *Alençon.*

D'argent à un loup courant de sable armé de gueules.

L'un des représentants du nom réside à Rennes; l'autre est maire à Flins, département de Seine-et-Oise.

CHANTELOUP. *Picardie, Normandie, Bretagne.*

D'or au loup passant de sable, accompagné de trois tourteaux de gueules.

On rencontre en France deux représentants du nom de Chanteloup : la comtesse de Chanteloup, à Paris ; le baron de Chanteloup, à son château de Flins-sur-Seine, département de Seine-et-Oise.

CHANTEMERLE. *Ile-de-France, Bourgogne.*

Ile-de-France. D'azur à une bande d'argent, chargée de cinq annelets de gueules.

Bourgogne. Ecartelé : aux 1 et 4 d'or à deux fasces de gueules, accompagnées de neuf merlettes du même rangés en orle ; aux 2 et 3 d'azur au sautoir d'argent.

De Chantemerle, chef de nom et d'armes, est juge de paix à Jaligny, département de l'Aisne. Un second représentant du nom réside au château de Pras, par Digoin, département de l'Allier.

CHANTEUR (le). *Alençon.*

De gueules au chevron d'or, accompagné de trois larmes d'argent.

Cette maison est originaire de Saint-Martin-du-Fresnoy, généralité d'Alençon, élection d'Argentan. Ses titres de noblesse sont aussi nombreux qu'irrécusables. On les trouve cités : au cabinet des titres de la Bibliothèque nationale à Paris, où il existe une charte du dix-huitième siècle au nom de Le Chanteur ; dans les ouvrages : de M. de Marle, *Recherches de la généralité d'Alençon*, en 1666 ; de M. Chevillard, *le Nobiliaire de Normandie*, au nom de Le Chanteur ; de M. Chamillard, au nom de Lelièvre ; dans les *Antiquaires de Normandie*, tome XVIII, pages 68 et 91.

Voici les degrés de la généalogie qui sont prouvés par les autorités citées plus haut.

I. Michel Le Chanteur, écuyer, trésorier de France à

Alençon, épousa Jeanne Lecomte, dont deux enfants, savoir :

A. Catherine Le Chanteur, épousa Jean Lelièvre.

B. Jean, qui suit, II.

II. Jean Le Chanteur, épousa Marguerite de Malfillastre, fille de Jacques de Malfillastre, receveur des amendes des eaux et forêts de la table de marbre, au palais de Rouen, dont deux enfants, savoir :

A. Philippe Le Chanteur, épousa Isabeau de la Galée.

B. Noël, qui suit, III.

III. Noël Le Chanteur, épousa Perrette Ruault, dont un fils Jean, qui suit, IV.

IV. Jean Le Chanteur, receveur des tailles, à Pont-Levesque, épousa Elisabeth de Sainte-Marie, dont un fils, Gabriel, qui suit, V.

V. Gabriel Le Chanteur, épousa Marguerite de Calovey, dont un fils, Nicolas, qui suit, VI.

VI. Nicolas Le Chanteur des Isles, épousa Joliette de Louiz, dont un fils, Jean-Baptiste, qui suit, VII.

VII. Jean-Baptiste Le Chanteur, épousa Marie Deshayes, dont deux enfants, savoir :

A. Jean-Pierre, qui suit, VIII.

B. Louis Le Chanteur, dont postérité.

VIII. Jean-Pierre Le Chanteur, chevalier de Saint-Louis, commissaire principal de la marine à Anvers, épousa Hortense Blondel, dont un fils, Emile, qui suit, IX.

IX. Emile Le Chanteur de Pontaumont, chef de nom et d'armes de sa famille, né à Anvers, le 15 septembre 1807, ancien inspecteur de la marine impériale, chevalier de la Légion d'honneur, de l'ordre de Sainte-Anne de Russie de la deuxième classe et de Saint-Grégoire-le-Grand, épousa à Cherbourg, le 13 janvier 1848, Justine Loysel, dont un fils, Léonce, qui suit, X.

X. Léonce Le Chanteur de Pontaumont, né à Cherbourg, le 25 mars 1851.

CHANTREAU. *Bourgogne.*

D'argent à une sauterelle de sinople.

Le seul représentant du nom a sa résidence au château de Couteau, par Coulonges, département des Deux-Sèvres.

CHAPEL. *Italie, Languedoc.*

Ecartelé : aux 1 et 4 d'argent au chevron de gueules, accompagné de trois chapeaux antiques d'azur, liés de gueules ; aux 2 et 3 de sable à deux annelets d'or, concentriques ; au chef d'argent chargé d'une croix de sable. L'écu timbré d'un casque orné de ses lambrequins aux couleurs du blason et sommé d'un bourrelet de chevalier aux couleurs des lambrequins.

Cette famille dont le premier auteur connu en France, Etienne de Chapel, se maria en 1590 au Cayla, diocèse de Nîmes, avec Marguerite Rigord, est représentée par Chapel, au château de Cardet, département du Gard, et par les demoiselles de Chapel de la Pacherie, en leur château, par la Roquebrou, département du Cantal.

CHAPELAIN. *France, Languedoc.*

France. Chapelain du Brosseron. Coupé : au 1 d'argent à deux pals de gueules ; au 2 de gueules au chevron, accompagné en chef de deux étoiles à cinq rais et en pointe d'un rocher de trois coupeaux, celui du milieu sommé d'un oiseau, le tout d'or.

Languedoc. Chapelain de Puychérac. D'argent au levrier de sable ; au chef d'azur.

On connaît en France deux représentants du nom : de Chapelain, au château de Champ, par Villefort, département de la Lozère; de Chapelain, attaché à la sous-préfecture de Mostaganem (Algérie).

CHAPELLES. *Rouen.*

De gueules à un croissant d'or, accompagné de trois roses du même, posées 2 en chef, 1 en pointe.

Le baron de Chapelles, seul représentant du nom, réside à Paris.

CHAPITEAU DE REMONDIAS. *Maine, Bretagne.*

D'argent à trois chapiteaux corinthiens, posés 2 et 1; un croissant en chef et trois étoiles en cœur, rangées en bande, le tout de sable.

Cette ancienne famille de l'Angoumois est représentée par Charles-Marie, chevalier de Chapiteau de Remondias, au château de la Vue, près Montbron (Charente).

Il a épousé Marie-Félicité du Buc de Marcussy, dont postérité.

CHAPONAY. *Dauphiné.*

D'azur à trois coqs d'or, becqués, crêtés, barbés et membrés de gueules, posés 2 et 1.

Devise : *Gallo canente spes redit.*

Cette belle famille a donné un chevalier croisé. Falcon de Chaponay, en 1191. Un emprunt contracté à Saint-Jean d'Acre, par lui et d'autres chevaliers, a fait inscrire son nom et ses armes au musée de Versailles.

Ses preuves de cour ont été faites sous Louis XVI, par Pierre-Anne, marquis de Chaponay, père des trois représentants qui vont suivre en premier lieu; Humbert de Chaponay fit partie des députés de la noblesse consentant à la cession du Dauphiné à la France, en 1343.

La famille qui a produit aussi des officiers supérieurs, des chevaliers de Saint-Louis, des présidents au parlement de Grenoble, des prévôts des marchands et des échevins de la ville de Lyon, est représentée par la comtesse de Chaponay, à Paris, et ses deux frères; César, marquis de Chaponay, au château de Beaulieu, département du Rhône, et à Paris, qui n'a qu'une fille; Antonin, comte de Chaponay, au château de la Flachère, département du Rhône, qui a deux fils; Henri, comte de Chaponay, sans alliance, à Lyon, cousin des précédents.

CHAPONNET. *France.*

Parti : au 1 d'azur à l'étoile d'argent; au 2 de sinople, à un sabre de hussard d'or, brochant sur un croissant d'argent.

Cette famille est représentée par la marquise de Chaponnet, et par la comtesse de Chaponnet, à Paris.

CHAPPE D'AUTEROCHE. *Auvergne.*

Fascé d'or et de sable de six pièces.

Cette famille s'honore d'avoir donné l'abbé Chappe d'Auteroche, membre distingué de l'Académie des sciences, qui fit les voyages de Sibérie et de la Californie, pour observer le passage de Vénus sur le soleil, grand-oncle du chef actuel de la famille, et François-Claude Chappe d'Auteroche, inventeur du télégraphe, son oncle.

Ce dernier était frère d'Abraham, baron d'Auteroche, qui laissa à son fils la terre qu'il habite, tous ses biens d'Auvergne ayant disparu à la Révolution.

Ignace Chappe, baron d'Auteroche, frère de l'astronome, seigneur de la baronnie d'Auteroche, relevant du comte d'Artois, duc et comte d'Auvergne, de l'élection de Mauriac, sénéchaussée de Riom, épousa Marie-Renée Devernay de Vert, fille d'Antoine, écuyer, garde de la porte du roi, et implanta dans le département de la Sarthe sa famille, qui, jusqu'alors, n'avait pas quitté l'Auvergne.

Chappe, baron d'Auteroche, son petit-fils, chef de nom et d'armes de sa famille, est fils d'Abraham, baron Chappe d'Auteroche. Il réside au château de Vert, par Brulon, et a deux fils encore jeunes.

CHAPPEDELAINE. *Maine, Bretagne.*

D'argent à la fasce de sable, chargée d'une épée du champ et accompagnée de six fleurs de lis d'or.

Cette famille compte plusieurs représentants : le comte de Chappedelaine, vice-consul à Planelly (Angleterre); Olivier de Chappedelaine, officier de marine; de Chappedelaine, au château de Sévignac, département des Côtes-du-Nord; de Chappedelaine, à Damblainville, par Falaise, département du Calvados.

CHAPTAL. *Languedoc, Touraine, Ile-de-France.*

De gueules à la tour d'or, maçonnée de sable, accompagnée de quatre étoiles à cinq rais d'argent en pal, 2 à dextre, 2 à senestre et surmontée en chef à senestre d'une vigne de sinople fruitée d'or.

Le comte de Chaptal, chef de nom et d'armes de sa famille, réside au château de Petit-Bois, par Hérisson, département de l'Allier.

CHAPUISET. *France.*

D'azur à l'écusson de sable, chargé d'une étoile d'or en abîme et accompagnée de trois quintefeuilles d'argent, deux en chef et une en pointe.

Cette famille est représentée par : Anatole, Fulgence et Aubin de Chapuiset, au château de Dampierre, près Paris.

CHAPUIS-MONTLAVILLE. *Bourgogne.*

D'or à une hure de sanglier de sable, défendue et ensanglantée de gueules; au chef du même.

Cette famille, qui a fourni des conseillers au parlement de Besançon et qui s'est divisée en plusieurs branches dont les armes sont différentes, a pour chef le baron de Chapuis de Montlaville, homme de lettres, ancien député de Saône-et-Loire.

Le chef de nom et d'armes de cette famille distinguée, dont le nom s'écrit aussi de Chapuys-Montlaville, a le titre de baron et a été élevé à la dignité de sénateur. Il est en outre maire de Chardonnaye, par Lugny, département de Saône-et-Loire.

CHARANTAIS. *Touraine.*

D'or à la fasce d'azur, chargée d'un croissant du champ, accompagné en chef de deux roses de gueules et en pointe d'une étoile du second.

Le seul représentant du nom réside au château de Charantais, par Tours.

CHARBONNEL. *Bourgogne, Languedoc, Auvergne.*

BOURGOGNE. D'azur au casque d'or, grillé, taré de front sommé de sept plumes de sable, adextré d'un bouclier d'or penché à dextre et chargé d'une tête de lion au naturel, senestré d'une lance en pal de sable; au chef tiercé en pal; *a,* d'azur à l'épée d'argent garnie d'or; *b,* de gueules au sautoir d'argent, accompagné en chef et en flancs d'une étoile à cinq rais et en pointe d'un croissant du même; *c,* d'or à la pyramide penchée de sable, mouvante du flanc senestre et à trois foudres de gueules mouvantes en barre du flanc dextre et dirigés vers la pyramide.

LANGUEDOC. D'azur au croissant d'argent, accompagné de trois molettes à six rais d'or. Couronne : de comte.

Devise : *In corde decus et honor.*

Auvergne. D'argent à six étoiles à cinq rais d'azur; à la bordure denchée et au chef du même.

On retrouve quatre représentants du nom de Charbonnel : la comtesse de Charbonnel, à Paris; Sa Grandeur l'évêque de Torento (Canada); au château de Boussac (Allier); au château de la Graule (Charente).

CHARBONNIER. *Bresse.*

De sable au sautoir d'or.

Ces armes sont blasonnées sous le nom de Charbonnier de Grangeac. Elles sont représentées par de Charbonnier de la Guesnerie, à Angers.

CHARCELLAI DES BORS. *Touraine.*

D'argent à un chevron de sable chargé d'une lime d'or, accompagnée de trois têtes de coq arrachées de sable, deux en chef et une en pointe.

Le seul représentant du nom réside au château de la Brosse, par Larieul, département de l'Indre.

CHARDIN. *Lorraine.*

D'argent au chevron de gueules, accompagné en chef de deux roses du même et en pointe d'une colombe d'azur.

Le seul représentant du nom en France a fixé sa résidence au château de Brovard, par Maringues, département du Puy-de-Dôme.

CHARDON. *Auvergne, France, Normandie.*

Auvergne. D'azur à trois chardons fleuris d'or, tigés et feuillés de même, posés 2 et 1. — D'azur au chevron d'or, accompagné de trois chardons du même.

FRANCE. D'azur à trois étoiles à cinq rais d'or. — CHARDON DU HAVET : D'or à trois fleurs de chardon de gueules tigées et feuillées de sinople.

NORMANDIE. De gueules au chevron d'argent, accompagné de trois colombes du même.

Ces familles comptent plusieurs représentants : de Chardon, juge de paix à Monastier, département de la Haute-Loire; de Chardon de Beauvais-Chênemoireau, juge du tribunal de première instance, à Tours, qui a un fils, officier d'infanterie; de Chardon de Chaumont, général de brigade.

CHARETTE. *Bretagne.*

D'argent au lion de sable armé et lampassé de gueules accompagné de trois canettes de sable posées 2 et 1, membrées et becquées de gueules aussi d'or à une charette de gueules.

Cette famille, qui comptait avant 1789 un grand nombre de branches, est réduite à deux branches aujourd'hui : celle de Boisfoucault et celle de la Contrie. C'est à la première qu'appartient le titre de marquis, concédé par Louis XVI à Charette de la Guscherie, page sous Louis XV, à la suite de l'affaire de la Chalotais et enregistré à Rennes le 7 mai 1776. Elle est représentée par le marquis de Charette de Boisfoucault, petit-neveu du premier titulaire, qui a sa résidence d'été à sa terre de Sainte-Pozanne, département de la Loire-Inférieure, et sa résidence d'hiver, à Paris.

La seconde branche, qui porte le titre de baron, concédé par Louis XVIII, représente la descendance de l'illustre chef vendéen dont ses membres, six frères, sont les petits-neveux. Elle a pour chef le baron de Charette de la Contrie, ancien commandant aux zouaves pontificaux. Il habite ordinairement avec ses frères le château de la Contrie, département de la Loire-Inférieure. L'un d'eux, Armand de Charette, réside aussi à son château de Kerfily, par Eleven, département du Morbihan.

CHARGÈRES. *Nivernais.*

D'azur au lion d'or; au chef cousu de gueules chargé de trois trèfles d'argent.

Ces armes sont blasonnées sous le nom de Chargères Dubreuil. Chargères, proprement dit, est représenté par de Chargères, colonel commandant le 16ᵉ de ligne; de Chargères, maire de Semelay, par Luzy, département de la Nièvre; de Chargères, à Besançon; Hippolyte de Chargères, au château de Plessis, par Luzy, département de la Nièvre.

CHARIER DE SAMBŒUF. *Bourgogne.*

D'azur à trois besants d'argent posés 2 et 1, et une losange d'or posée en cœur, accolée d'azur à une roue d'or.

Cette famille est représentée par de Charrier de Sambœuf, à Thionville.

CHARIL DE RUILLÉ. *Bretagne.*

D'argent au lion de gueules armé et lampassé d'or; au chef de sable.

Cette famille a trois représentants : de Charil de Ruillé, conseiller de Cour impériale à Angers; de Charil de Ruillé, juge de paix, à Rennes; de Charil de Ruillé, procureur impérial à Mamers, département de la Sarthe.

CHARMONT. *Normandie.*

D'argent au chevron d'azur acccompagné en chef de

deux étoiles de gueules et en pointe d'une tête de More tortillée du champ. — D'or à la fasce de gueules accompagnée de sept merlettes de sable, quatre en chef, rangées, trois en pointe, posées 2 et 1.

Cette famille est représentée par la marquise de Charmont, au château de Vulbens, par Saint-Julien, département de la Haute-Savoie.

CHARMOYE (Hémart de la). *Bretagne.*

D'argent à un soleil d'or en chef et un cœur de gueules en pointe.

Hémart de la Charmoye, seul représentant connu du nom, officier de cavalerie, était capitaine aux dragons de la garde impériale.

CHARNACÉ, *Poitou. Anjou.*

D'azur à trois croisettes pattées d'or.

Cette famille compte deux représentants : le marquis de Charnacé, chef de nom et d'armes, à Angers ; le baron de Charnacé, à Paris.

CHARPENTIER. *Paris.*

D'azur à la bande échiquetée de deux traits d'or et de gueules accostées de deux licornes d'argent.

Cette famille est représentée sous le nom de Charpentier du Moriez, à Lorient, département du Morbihan. Les autres représentants du nom sont : de Charpentier de Cossigny, à Tours ; de Charpentier de Cossigny, au château de Cour, par Saint-Martin, Cher ; de Charpentier de Cossigny, vicaire général à Nevers.

CHARPIN FEUGEROLLES. *Forez.*

Écartelé : aux 1 et 4 d'argent, à la croix ancrée de gueules ; au franc-quartier d'azur chargé d'une molette d'or, qui est de Charpin ; aux 2 et 3 tranché de sable et d'argent, qui est de Capponi-Feugerollos

Devise : *In hoc signo vinces.*

Cette famille a pour chef de nom et d'armes Hippolyte-André-Suzanne, comte de Charpin de Feugerolles, ancien député de la Loire, membre du conseil général du département de la Loire, chevalier des ordres de la Légion d'honneur et de Saint-Jean-de-Jérusalem, au château de Feugerolles, par le Chambon-Feugerolles, département de la Loire.

CHARRIÈRE (LADREYT DE). *France.*

Écartelé : au 1 de sable au coq d'or crêté et barbé de gueules ; aux 2 et 3 d'azur à une lance et une épée d'or passées en sautoir, surmontées d'une étoile à cinq rais d'argent ; au 4 de sinople au levrier passant d'argent colleté du même.

Ladreyt de la Charrière, chef de nom et d'armes, commandeur de la Légion d'honneur, était en 1868 préfet du département de la Dordogne.

CHARRIÈRE (DE LA). *France.*

Écartelé : au 1 de sable au coq d'or barbé de gueules ; aux 2 et 3 d'azur à une lance et une épée d'or posées en sautoir, surmontées d'une étoile d'argent ; au 4 de sinople au levrier passant d'argent, colleté du même.

Le seul représentant du nom est avocat à Annecy.

CHARRIN. *Lyonnais.*

D'azur à trois molettes d'or accolées de gueules à un chevron d'argent accompagné de trois étoiles du même.

Cette famille est représentée par le comte de Charrin, au château de Corcelles, par Givry, département de

Saône-et-Loire, et par de Charrin, sans titre, maire à Montcenis, même département.

CHARRON. *Lyonnais.*
Tranché d'or sur azur.

Le marquis de Charron, seul représentant du nom, réside au château de Palcy, par Lorez-les-Bocage, département de Seine-et-Marne.

CHARRY. *Nivernais, Bourbonnais.*
D'azur à la croix ancrée d'argent.

Cette famille a deux représentants : le comte de Charry, chef de nom et d'armes, au château de Sichamps, par Prémery, département de la Nièvre ; de Charry, sans titre, à Alozie, département du Lot.

CHARTIER DE SÉDOUY (LE). *Normandie.*
D'azur à la fasce alésée d'or, soutenant deux perdrix du même, accompagnée en pointe d'un tronc d'olivier feuillé de chaque côté de trois feuilles aussi d'or.

Cette famille, qui a donné Alain Chartier, fiscalier du roi Philippe Ier ; Alain Chartier, secrétaire des rois Charles VI et Charles VII ; Guillaume Chartier, évêque de Paris, et dont l'un des membres, Le Chartier de Lotbinière, obtint en 1784 concession du titre de marquis, a pour chef de nom et d'armes le général Le Chartier de la Varignière, chevalier de Saint-Louis, commandeur de la Légion d'honneur, au château de Beuvrigny, département de la Manche.

Elle est encore représentée par Alain le Chartier de Sédouy du Mesnil, qui épousa, en 1839, Ernestine de Gautier de Savignac, dont un fils et une fille. Son fils, Alain le Chartier de Sédouy du Mesnil, a épousé en 1866 Jeanne de Nugent, dont un fils et trois filles.

CHARTIER. *France.*

D'argent au chevron d'azur chargé de cinq besants du champ, accompagné en chef de deux demi-vols de sable et en pointe d'un hérisson du même.

Cette famille est représentée par de Chartier de la Touche, directeur des postes, à Amiens.

CHARTRE (du). *France.*

D'argent à deux fasces de gueules.

Du Chartre, membre de l'Institut, seul représentant du nom, professeur à la Faculté des sciences, réside à Paris.

CHARTROUX. *Provence.*

D'azur à un chevron d'or accompagné de trois oiseaux d'argent, deux en chef et un en pointe.

Cette famille a deux représentants : le baron de Chartroux, au château de son nom, par le Sambuc, département des Bouches-du-Rhône; de Chartroux, maire à Arles, même département.

CHASOT. *Bourgogne.*

D'azur au chêne d'argent posé sur une terrasse du même et accosté de deux lions d'or enchaînés d'argent, au haut du fût de l'arbre, ayant les têtes contournées.

Cette ancienne famille, originaire de Saluce, près de Dijon, remonte à Jean Worle de Chasot, qui commandait une compagnie de cinquante hommes dans le château de Salive et à Saint-Laurent, au val de Suzon, près Dijon et Talon, en 1273, pour le service de Robert II, duc de Bourgogne.

Elle est représentée par le comte de Chasot, au château de Saint-Pierre-de-Courson, par Vemont, Calvados; par de Chasot, député de l'Orne; et par de Chasot, secrétaire de la chambre consultative d'agriculture, à Mortagne, même département.

CHASSAGNE (Tixier de la). *Berry, France.*

Berry. D'azur à deux fasces d'or, accompagnées de cinq étoiles du même, deux en chef, deux entre les fasces et une en pointe.

France. D'azur au lion d'or lampassé de gueules.

Le seul représentant du nom est avocat à Bordeaux.

CHASSAGNOLLE (la). *Auvergne.*

De gueules au lion d'or, à deux bâtons alésés d'azur en barre, brochant sur le tout.

Le baron de la Chassagnolle réside à Paris.

CHASSAIN-CHABET. *Dauphiné, Auvergne.*

Dauphiné. D'argent au sautoir d'azur dentelé de sable; au chef de gueules chargé de trois billettes du champ.

Auvergne. D'or au châtaignier de sinople, fruité d'or.

Cette famille est représentée par de Chassain-Chabet, propriétaire à Paris.

CHASSÉ DE VÉRIGNY. *Champagne.*

D'azur à une châsse d'or.

La marquise de Chassé de Vérigny représente seule la famille. Elle réside au château de Cap-d'Abron, par Aspet, département de la Haute-Garonne.

CHASSELOUP-LAUBAT. *Saintonge.*

Écartelé au 1 d'azur à l'épée d'argent; au 2 de gueules à la fasce d'argent, au lion brochant; au 3 de gueules à la barre d'or accompagnée en chef d'une cuirasse et en pointe d'un casque de profil d'argent; au 4 d'azur à la fasce d'argent, chargé d'un léopard de sable et accompagné de trois écussons d'or. Supports : un lion et un léopard lionné.

Cette famille était représentée par trois frères, fils du

lieutenant général marquis François de Chasseloup-Laubat, sénateur en 1813, pair de France, décédé en 1833, savoir :

Just, marquis de Chasseloup-Laubat, ministre plénipotentiaire à Francfort, décédé en 1847; Prudent, comte de Chasseloup-Laubat, général de division, décédé en 1863; Prosper, comte et marquis de Chasseloup-Laubat, maître des requêtes, conseiller d'État, député, ancien sénateur, ministre de l'Algérie, ministre de la marine, décédé en 1873.

CHASSEPOT DE BEAUMONT. *Bourgogne*

D'azur à la fasce ondée d'or, accompagnée de trois quintefeuilles de même.

Le comte Jude de Chassepot, chef de nom et d'armes, réside au château d'Avelesge, département de la Somme.

La famille est encore représentée par le marquis Adalbert de Chassepot de Pissy, au château de Pissy, département de la Somme; le comte Aimé de Chassepot, au château de Chaplaine, département de la Marne; le comte Léon de Chassepot, ancien maire d'Amiens, où il a fixé sa résidence.

CHASSEY. *Bourgogne.*

D'azur à la fasce d'argent accompagnée en chef de deux étoiles à cinq rais d'or.

Devise : *Il faut.*

L'unique représentant de cette famille réside au château de Mirebel, par Conliége, département du Jura.

CHASSIN. *France, Canada.*

D'azur au chêne d'or sur lequel soufflent deux aquilons d'argent posés aux angles supérieurs de l'écu.

Le nom de Chassin est représenté par deux officiers de marine : Louis du Chassin de Guerny et Alfred de Chassin de Kergommeaux.

CHASSIRON. *Paris.*

D'azur au pal de gueules, chargé d'une étoile de la Légion d'honneur, adextré d'un demi-vol d'aigle d'or et senestré d'une foi d'argent au franc-quartier de baron propriétaire.

Cette famille qui a reçu le diplôme de baron le 29 septembre 1809, est représentée par le baron de Chassiron, sénateur, et par Charles, baron de Chassiron, maître des requêtes au Conseil d'État.

CHASSY. *Champagne, Berry.*

D'azur à la fasce d'or accompagnée de trois étoiles à cinq rais du même.

Cette famille est représentée par de Chassy, au château de Mocques, par Pouilly-sur-Loire, département de la Nièvre.

CHASSANET. *Toulouse. Montauban.*

D'azur à un chevron d'argent surmonté d'un lion d'or lampassé et armé de gueules; au chef aussi d'or.

L'unique représentant du nom est architecte à Toulouse.

CHASTE. *Dauphiné.*

Écartelé : aux 1 et 4 de gueules à la colombe d'argent, au chef cousu d'azur chargé de trois étoiles d'or ; qui est de Chaste, aux 2 et 3 d'azur au tronc écoté et alésé d'or, mis en bande; au chef de même, qui est Duboys de Gallerand.

Cette famille a pour chef de Chaste de Gallerand, maire à Bellegarde-Poussieu, par Beaurepaire, département de l'Isère, qui épousa Marie-Teste de Bailler; Amédée Chaste de Gallerand, sans fonctions, et Émerand Chaste de Gallerand, capitaine de cavalerie légère, chevalier de la Légion d'honneur.

CHASTEAU, *Guyenne*.

De gueules au château d'or posé sur une terrasse de sable, maçonné et crénelé de même, ajouré du champ, accompagné en chef d'un croissant du champ senestré d'une étoile du même.

Cette belle famille dont l'histoire est écrite par Saint-Alais a pour chef de nom et d'armes, Edme-Thérèse-Jean-Baptiste de Chasteau, ancien diplomate, marié à Mathilde-Louise-Charlotte, comtesse de Maltzan, de l'une des plus illustres et des plus anciennes maisons de Silésie.

De ce mariage sont issues trois filles :

Aimée-Françoise-Anne-Augustine de Chasteau, veuve de M. Paris.

Antoinette-Alexandrine-Guyonne-Camille de Chasteau, mariée à Léon Roches, commandeur de la Légion d'honneur, du Lion de Belgique, des saints Maurice et Lazare, grand'croix du Nichan, etc., ex-ministre plénipotentiaire au Japon, dont deux filles : Marie-Thérèse Roches, Françoise-Mathilde Roches.

Victorine-Florence-Fanny, décédée, était mariée à Léonce Bodin, chevalier de la Légion d'honneur, etc., capitaine de frégate.

CHASTEIGNER. *Poitou, Touraine, Saintonge, Quercy, Gascogne, Périgord*.

D'or au lion de sinople passant ou posé, armé et lampassé de gueules.

Cette belle famille, qui a pour auteur Thibaut de Chasteigner, seigneur de la Chasteigneraie, vivant en 1140, a donné Thibaut de Chasteigner, chevalier, qui prit part à la première croisade de saint Louis en 1250 et dont les armes figurent au musée de Versailles.

Sa descendance se divise en deux branches : l'aînée a pour chef Eutrope-Alexis, baron de Chasteigner, qui a deux fils mariés et un frère, François-Casimir, vicomte de Chasteigner qui a trois fils. La branche de Chasteigner de Rouvre est représentée par Alexandre, marquis de Chasteigner qui fut officier d'ordonnance de Napoléon Ier.

CHASTELAIN. *Champagne.*

D'azur au cep de vigne d'or soutenu d'un croissant d'argent surmonté de deux étoiles de même.

Cette famille n'est plus représentée que par une dame à Paris.

CHASTEL DE LA ROUAUDAIS. *Bretagne.*

De gueules au château d'or, sommé de trois tours de même.

On rencontre en France plusieurs familles de ce nom. Celle des anciens seigneurs de Chastel-Trémajan, est séparée depuis 1440 des seigneurs de la Rouvrais. Elle a pour aïeul Louis-Jean-Julien de Chastel, chevalier, seigneur de la Rouaudais, etc., né en 1717, ancien capitaine au régiment de Lyonnais-Infanterie, chevalier de Saint-Louis, capitaine général des milices garde-côtes en Bretagne.

Les Chastel ont deux représentants : de Chastel, au château de Monthoury, par la Ferté-Milon, département de l'Aisne, de Chastel de Chavannes, officier supérieur au 45e de ligne.

CHASTELIER. *Bretagne.*

CHASTELIER DE LA BOUEXIÈRE. D'argent à l'aigle de sable becquée et membrée de gueules couronnée d'or.

CHASTELIER DE POMMERIT. D'or à neuf quintefeuilles de gueules.

CHASTELIER DE LA PRÉAUTÉ. De gueules au dextrochère mouvant de senestre tenant une fleur de lis d'argent, accompagnée de quatre besants du même, 1 en chef, 2 en flancs et 1 en pointe.

Devise : *Non inferiora secutus.*

Le comte de Chasselier, seul représentant du nom, réside à son château de Comps, par Beaucaire, département du Gard.

CHASTELLUX. *Bourgogne.*

D'azur à la bande d'or, accompagnée de sept billettes de même, quatre en chef, trois en pointe.

Devise : *Vaincre ou mourir.*

Henri-Paul-César, comte de Chastellux, chef de nom et d'armes de sa famille, dont la résidence est fixée au château de Chastellux-sur-Cure, département de l'Yonne, fils d'Amédée-Gabriel-Henri, comte de Chastellux, décédé et d'Adélaïde-Laurence-Marguerite de Chastellux, a trois frères et une sœur, savoir : Bertrand-Georges-Louis ; Bernard-Léonce-Marie ; César-Jean-Marie ; Marie-Charlotte-Félicie-Zéphirine.

Le titre de comte est porté par le chef de la famille seulement.

CHASTELUS. *Lyonnais.*

De sinople à un chevron d'or chargé d'un trèfle de gueules.

Cette famille est représentée par un député, conseiller

général, à Saint-Symphorien-de-Lay, département de la Loire.

CHASTENEY. *Champagne.*

D'argent à un coq de sinople, crêté, barbelé, membré et becqué de gueules, accompagné de trois roses du même, 2 en chef et 1 en pointe.

Cette ancienne et illustre maison cite parmi ses premiers auteurs, Émard de Chastenay, qui reprit en fief de Langres la terre de Lanty en 1288 et Jean de Chastenay, son petit-fils, qui fonda avec Marguerite de Saffre, sa femme, le 6 juin 1396, une chapelle dans la cour du château de Lanty sous l'invocation de la sainte Vierge et de sainte Catherine.

Les représentants du nom sont : la comtesse de Chastenay, à Paris et de Chastenay, en son château par Sainte-Croix-Grande-Tonne, département du Calvados.

CHASTENET. *Auvergne.*

D'argent au châtaignier de sinople accosté de quatre mouchetures d'hermine de sable ; au chef d'azur chargé d'un soleil d'or.

Cette maison est représentée par le vicomte de Chastenet, au château de Mothe-aux-Gentilshommes, par Parthenay, département des Deux-Sèvres et de Chastenet d'Esterre, enseigne de vaisseau.

CHASTENET DE PUYSÉGUR. *Gascogne, Soissonnais.*

D'azur au chevron d'or accompagné en pointe d'un lionceau du même ; au chef aussi d'or.

Cette grande maison, illustre par ses dignités, illustre par ses alliances, a pour chef de nom et d'armes Jacques-Maurice, marquis de Chastenet de Puységur, comte de

Chessy, vicomte de Buzancy, né à Paris, le 17 avril 1825, chef d'escadrons au 7ᵉ régiment de chasseurs à cheval, ancien officier d'ordonnance de l'empereur, membre du conseil général de l'Aisne, marié à Louise Leroy de Saint-Arnaud, fille du maréchal de France.

La maison est aussi représentée par un frère Jacques-Maxime-Gaspard, comte de Chastenet de Puységur, lieutenant de vaisseau, qui épousa Antoinette de Beauffort.

CHASTRE (DE LA). *Berry.*

Écartelé : aux 1 et 4 de la Chastre qui est de gueules à la croix ancrée de vair ; aux 2 et 3 de Saint-Amadour, qui est de gueules à trois têtes de loup arrachées d'argent.

De la Chastre, seul représentant du nom réside à son château de Gaillard, par Reuilly, département de l'Indre.

CHAT DE TESSECOURT (LE). *Champagne, Bretagne.*

CHAMPAGNE. D'argent à trois fasces de gueules accompagnées de sept merlettes de sable, trois au-dessus de la seconde fasce, trois au-dessus de la troisième, et la septième en pointe.

BRETAGNE. D'azur à trois têtes de chat d'or.

Cette maison n'a plus qu'un seul représentant : Le Chat de Tessecourt, au château de Haudebert, par Neuillé-Pont-Saint-Pierre, département d'Indre-et-Loire.

CHATEAUBARDON. *France.*

D'argent à la bande d'azur cotoyée de deux étoiles de gueules.

L'unique représentant du nom, ancien garde du corps

du roi Charles X, habite le Grand-Faubourg, à Vendôme.

CHATEAUBODEAU. *France.*

D'azur au chevron d'or accompagné de trois quintefeuilles du même, celle de la pointe surmontée d'un croissant d'argent.

Cette famille est représentée par de Châteaubodeau, au château de Boiselé, par Saint-Martin d'Auxigny, département du Cher et au château de la Rivière, par La Trémouille, département de la Nièvre.

CHATEAUBOURG (LA CELLE DE). *Bretagne.*

De sable au croissant d'or, accompagné de trois quintefeuilles du même.

Cette maison noble, d'ancienne extraction, a passé aux diverses réformations de la province de Bretagne. Son nom se trouve cité par les historiens dès le treizième siècle. Il est représenté de nos jours par de Châteaubourg, chef de nom et d'armes, au château de Scardais, par Saint-Aubin-du-Cormier, département d'Ille-et-Vilaine; de Châteaubourg, à Rennes; de la Celle de Châteaubourg, capitaine de cavalerie.

CHATEAUBOURG (BASSSET DE). *Bourgogne.*

D'azur à la fasce bretessée et contrebretessée d'or.

Cette famille obtint concession du titre de baron en 1812. Elle est représentée par Louis-François-Camille Basset, baron de Châteaubourg, maire de Villeneuve-le-Roi, département de l'Yonne.

CHATEAUBRIAND. *Bretagne.*

Armes anciennes : de gueules semé de pommes de pin d'or.

Cri : *Chateaubriand.*

Devise : *Je sème l'or.*

Armes modernes : de gueules semé de fleurs de lis d'or.

Cri : *Chateaubriand.*

Devise : *Mon sang teint les bannières de France.*

Cette maison, à laquelle appartenait le célèbre comte de Chateaubriand, a deux représentants : le comte de Chateaubriand, à Paris; de Chateaubriand, au château de la Motte-Saint-Sulpice, par la Châtaigneraie, département de la Vendée.

CHATEAUNEUF. *France, Limousin, Dauphiné, Auvergne, Languedoc, Armagnac, Provence.*

France. D'or à la bande de gueules. — D'or à l'étoile à huit rais de gueules. — De gueules à trois tours d'or maçonnées de sable (armes de Guillaume de Châteauneuf, grand-maître de l'ordre de Saint-Jean de Jérusalem, en 1244). D'azur au château d'argent, portillé et maçonné de sable, flanqué d'une tour carrée à dextre du second, maçonnée de sable; le tout posé sur une terrasse aussi d'argent. — Chateauneuf-Lascaris. Écartelé aux 1 et 4 de gueules à l'aigle éperonnée d'or, couronnée du même; aux 2 et 3 de gueules au chef d'or.

Limousin. De sable au lion d'or.

Dauphiné. D'argent au chef de gueules.

Auvergne. De sable à trois trèfles renversés d'or.

Languedoc. Chateauneuf d'Apchier. D'or au château sommé de trois tours, à deux guidons posés en pal, mis aux deux côtés de la tour du milieu; le tout de gueules, maçonné de sable.

Armagnac. Chateauneuf du Lau. De gueules au château d'or donjonné de trois tourelles du même.

Provence. Chateauneuf-Molèges. D'azur à un château flanqué de deux tours d'argent.

Provence. Chateauneuf-Randon. D'or à trois pals d'azur au chef de gueules.

Cri : *Châteauneuf.*

Devise : *Deo juvante.*

De Châteauneuf, sans titre, est inspecteur d'académie, à Rennes; le comte de Châteauneuf-Randon est sous-préfet à Orange; le vicomte de Châteauneuf-Randon réside à la campagne, dans le département de l'Allier.

CHATEAURENARD. *Provence.*

De gueules à la colombe essorante d'argent, tenant dans son bec un rameau d'or, au chef cousu d'azur chargé de trois étoiles d'or. Couronne : de marquis.

Cette famille, issue de Guillaume des Aymars, qui, en 1242, assista l'archevêque d'Embrun dans ses différends avec les Templiers, a donné des officiers distingués au service des comtes de Provence, de la maison d'Anjou et des rois de France. Sa terre de Bregonçon a été érigée en marquisat en 1574 par Henri III, en faveur d'Escalier des Aymars, que le roi qualifiait de cousin.

Cette grande maison n'est plus représentée que par le marquis de Châteaurenard, ministre plénipotentiaire, à Washington, Amérique du Nord.

CHATEAU-THIERRY. *Normandie.*

De gueules à la divise abaissée d'argent, surmontée d'un faucon tenant un rameau de huit feuilles; le tout du même.

Devise : *A vertice fortis ad unquem.*

Cette famille, qui revendique pour auteur Thierry, fils du seigneur de Château-Thierry-sur-Marne, et petit-fils de celui qui donna son nom à cette ville en 925, eut deux de ses membres qui suivirent Guillaume le Conquérant en Angleterre vers 1065. En 1667, deux membres de la famille furent maintenus par le roi Louis XIV. Ils étaient seigneurs de Monthéon, du Breuil et de la Motte, dans la généralité d'Alençon. Le cadet portait les armes de sa femme. L'aîné n'était pas marié à cette époque.

Jean-Baptiste-Augustin de Château-Thierry, officier des mousquetaires noirs, reçut des mains de Louis XV, sur le champ de bataille de Fontenoy, 11 mai 1745, la croix de Saint-Louis, en récompense de sa belle conduite.

Les représentants actuels du nom, Henry-Joseph, chef de nom et d'armes, et Victor-Anatole, son frère, résident, l'un au château de Giberville, par Sées, l'autre à Saint-Gervais-du-Perron, par Sées, département de l'Orne.

CHATEAUVIEUX (ARMAND DE). *Comtat Venaissin.*

De gueules à la fasce échiquetée de trois traits d'argent et de sable accompagnés d'un croissant d'or en chef et d'un bœuf d'or en pointe.

Devise : *Armandus legis amandus.*

Cette famille, qui obtint concession du titre de marquis en 1740, possède une partie de ses archives depuis l'an 1500; un certificat constate que les titres antérieurs à cette époque ont été brûlés chez le notaire Quairel pendant la guerre.

Elle a pour chef de nom et d'armes le marquis de Châteauvieux, maire de Saint-Leu, chevalier de la Légion d'honneur, vice-président du conseil général, devenu président de la chambre d'agriculture, etc.

CHANTEAUX DE CHAMPREL (DES). *Normandie.*

D'azur à deux épées d'argent passées en sautoir, ayant

leurs gardes et poignées d'or, les pointes en haut ; au chef de gueules chargé de trois besants d'or. Casque : taré de profil. Lambrequins : d'or et d'azur.

Cette famille a occupé des emplois distingués dans la généralité d'Alençon.

Antoine-François Neveu des Châteaux de Champrel, au château de Courmenil, canton d'Exmes, département de l'Orne, épousa, en 1837, Marie des Douits de Saint-Père, dont deux fils et une fille.

CHATELET. *Lorraine, Picardie.*

Lorraine. D'or à la bande de gueules chargée de trois fleurs de lis d'argent posées dans le sens de la bande.

Picardie. Chatelet de Moyencourt. De gueules à la fasce d'argent accompagnée de trois châteaux d'or, girouettés du même, crénelés et maçonnés du second.

Cette famille a deux représentants : le baron du Châtelet, chef de nom et d'armes, au château d'Hinacourt, par Vendeuil, département de l'Aisne ; et du Châtelet, à Lyon.

CHATILLON. *France, Champagne.*

France. Chatillon-Chemillé. D'argent au lion de sable. — Chatillon de Michaillé. D'argent à la croix de gueules.

Champagne. De gueules à trois pals de vair ; au chef d'or.

On retrouve en France quatre représentants du nom : le comte de Châtillon, au château de Brosse, par La Trimouille, département de la Vienne ; de Châtillon, capitaine au 16e de ligne ; de Châtillon, au Mans ; de Châtillon, à Paris.

CHATON DES MORANDAIS. *Bretagne.*

D'argent à un pin de sinople arraché et fruité de trois pommes d'or. Couronne : de marquis. Supports : deux lions.

Devise : *Dieu et mon courage.*

Cette famille, qui a figuré dans les montres et les anciennes réformations de Bretagne aux quatorzième et quinzième siècles, reconnue noble d'ancienne extraction, lors de la recherche de 1668, a fait ses preuves devant d'Hozier pour Saint-Cyr, pour l'école militaire et pour les pages.

Charles-Marie Chaton, comte des Morandais, lieutenant général au régiment de Royal-Auvergne, mort en novembre 1833, eut quatre enfants, savoir :

A. Charles-Eugène-Marie Chaton, comte des Morandais, chef de nom et d'armes de sa famille, officier de la garde royale, démissionnaire en 1830, épousa Alphonsine, marquise de Montagnac, dont un fils.

B. Pierre-Eugène-Jean Chaton, vicomte des Morandais, épousa Armande Chaton des Morandais, sa cousine-germaine.

C. Mariane, épousa Louis, comte de la Corgne.

D. Mariette, sans alliance.

CHATRE DE NANCEY (LA). *Berry.*

De gueules à la croix ancrée de vair.

Ses armes sont les mêmes que celles de l'autre maison des ducs de la Châtre, maison éteinte en 1824, et avec laquelle elle a une commune origine. Elle est représentée uniquement aujourd'hui par la duchesse de la Châtre, à Paris, et par la comtesse de la Châtre, à Paris.

CHATRY DE LA FOSSE. *Caen.*

D'or à un lion de gueules.

Le seul représentant du nom, la Châtre de Nancey, réside à Paris.

CHAUBRY. *Anjou.*

D'argent à trois pommes de pin au naturel.

Cette famille est encore représentée par Jules de Chaubry de Blottières, lieutenant de vaisseau.

CHAUBRY DE TRONCENORD. *Anjou.*

D'argent au cerf de sable accompagné de trois pommes de pin au naturel.

Cette famille, qui porte le titre de baron, est représentée par le baron de Chaubry de Troncenord, conseiller général, à Montmort, département de la Vienne.

CHAUDESAIGUES DE TARIEU. *Auvergne.*

D'azur à la gerbe d'or empoignée de deux mains d'argent.

Le seul représentant du nom est juge à Clermont-Ferrand.

CHAUDET DE CORRE. *Picardie.*

D'argent au chevron de gueules accompagné en chef de deux flammes du même et en pointe d'une merlette de sable.

Cette famille est représentée par de Chaudet de Corre, juge à Vesoul, département de la Haute-Saône.

CHAULIEU. *Normandie.*

D'azur à trois triangles d'or: au chef cousu de gueules, chargé d'une tête et col de licorne d'or entre deux croisettes du même.

Ce beau nom de la noblesse de France est porté par le baron de Chaulieu, au château de Monbray, par Saint-Sever, département de la Manche.

CHAUME (DE LA). *Auvergne.*

D'or au chevron d'azur accompagné de trois étoiles à cinq rais du même; à l'engrelure du second.

De la Chaume, seul représentant du nom, réside au château de Mayac, par Savignac, département de la Dordogne.

CHAUMEIL DE LACOSTE. *Auvergne.*

Écartelé : aux 1 et 4 d'azur au chevron d'or, accompagné de trois bourdons de pèlerin du même; aux 2 et 3 d'azur à trois pals d'or.

Le représentant du nom de Chaumeil de Lacoste est maire à Pradelles, département de la Haute-Loire.

CHAUMEL. *Guyenne.*

D'or à une aigle à deux têtes de sable.

Cette famille est représentée par de Chaumel, juge de paix à Mur-de-Barres, département de l'Aveyron.

CHAUMONT. *Bourgogne, Luxembourg, France, Vexin.*

BOURGOGNE. D'or au chef de gueules.

LUXEMBOURG. D'argent au sautoir de gueules cantonné de quatre lionceaux de sable; au franc-quartier d'argent, chargé de cinq fusées de gueules.

FRANCE. CHAUMONT DE LA GALAISIÈRE. D'argent au volcan au naturel.

Le nom de Chaumont, proprement dit a deux représentants : de Chaumont, proviseur au Lycée de Mont-de-Marsan; de Chaumont, au château de Brousse, par Auzances, département de la Creuse.

CHAUMONT-QUITRY. *Vexin.*

Fascé d'argent et de gueules de huit pièces.

La maison de Chaumont-Quitry, réclame pour auteur Robert, seigneur de Chaumont et de Quitry, bienfaiteur de Saint-Wandrille en 1179.

Elle est aujourd'hui représentée par le marquis de Chaumont-Quitry, ancien chambellan de l'empereur et député de la Sarthe au Corps Législatif et par le comte Charles de Chaumont-Quitry, à Paris.

CHAUMONTEL. *Alençon, Caen.*

D'argent semé de billettes de sable *ou* d'argent à la fasce de sable accompagnée de trois merlettes du même, deux en chef et une en pointe.

Cette famille a pour unique représentant le comte Amédée de Chaumontel, au château de Beuville, par Caen.

CHAUNAC DE LANZAC. *Quercy, Auvergne.*

D'argent au lion de sable, armé, lampassé et couronné de gueules.

De Chaunac, maire à Besse, par Villefranche de Belvès, département de la Dordogne, est chef de nom et d'armes de sa famille.

CHAUNY. *Soissons.*

D'argent à une tour d'or maçonnée et ajourée d'une porte et de deux fenêtres de sable, accompagnée de sept fleurs de lis aussi d'or et posées en orle.

Cette famille est représentée par de Chauny, à Paris.

CHAUSSÉE (DE LA). *Poitou, Saumurois, Picardie, Flandre.*

Écu en bannière écartelé de sable et d'argent. Supports : deux lions. Couronne : de marquis.

De noblesse d'épée depuis plus de six cents ans, cette famille remonte à Guillaume et Payen de la Chaussée, présents [vers 1126 à la charte d'une donation faite au chapitre de Saint-Hilaire, à Poitiers, par Pierre du Mans, prêtre, et ses frères, Guillaume et Bérald (*Cartulaire de Saint-Hilaire de Poitiers*, Bibl. nation., section des manuscrits.)

Cette famille a pour chef, de nom et d'armes, Charles-Léopold-Marie de la Chaussée, né le 2 janvier 1792, résidant à Lille. Il épousa le 14 septembre 1813, Thérèse-Charlotte de Savary de Gavre dont trois filles et un fils. Ce dernier, conseiller référendaire à la Cour des Comptes, à Paris, épousa, le 21 avril 1854, Adélaïde-Alice Baufroi de la Bajonnière dont un fils Daniel-Charles-Marie et une fille Aurélie-Félicie-Marie-Thérèse. Il eut, en outre, deux filles mortes en bas-âge.

Au nom de la Chaussée se rattache encore, sans qu'il soit possible d'indiquer s'il provient de la même souche, de la Chaussée, officier d'infanterie dont les armes sont différentes. Il porte de sinople au croissant d'or à la fasce ondée, abaissée d'argent.

On retrouve encore un autre représentant du nom de la Chaussée : de Mousseron de la Chaussée, officier supérieur d'infanterie.

CHAUVEAU. *Bretagne.*

D'azur au léopard d'or ; au chef d'argent chargé de trois étoiles à cinq rais de gueules.

Cette famille dont l'anoblissement remonte à l'an 1663, est représentée par le marquis de la Serre, comte de Chauveau, au château de Kériolet, par Concarneau, département du Finistère. Elle est encore représentée par de Chauveau, à Versailles.

CHAUVEL DU RUMAIN. *France.*

De sable à trois molettes d'or. — D'azur au levrier

courant d'argent colleté et bouclé d'or, accompagné au canton dextre du chef d'un casque d'or.

Cette famille est représentée par de Chauvel du Rumain, à Rennes.

CHAUVELIN. *Picardie, Bourgogne, Poitou.*

D'argent au chou pommé et arraché de sinople, la tige accostée d'un serpent d'or.

Cette famille, fixée dans le Poitou depuis le seizième siècle, n'est plus représentée que par le marquis de Chauvelin, officier de cavalerie.

CHAUVENET. *Bourgogne.*

De gueules à une tête d'homme chauve d'argent en fasce, accompagnée en chef de deux étoiles et en pointe d'un croissant de même; au bâton pastoral d'or brochant sur le tout.

Fixée en Picardie et en Normandie, cette famille a cinq représentants : au château de Fontaine-l'Étalon, par Auxy-le-Château, à Château-Thierry, à Pepeville, à Amiens, à Eu.

CHAUVENET. *Bourgogne, Picardie.*

De gueules à deux gerbes d'or en fasce. Supports : deux sauvages.

Devise : *Ex labore fructus.*

Cette famille qui se divise en trois branches, celle de Lesdin, de Parpeville et de Bellenglise, a, pour chef de nom et d'armes, Jean-Alexandre-Ernest de Chauvenet de Lesdin, président du tribunal civil de Saint-Quentin.

CHAUVERON. *Limousin.*

D'argent au pal bandé d'or et de sable.

Cette famille compte parmi ses membres un prévôt de

Paris sous Charles VI, un grand chancelier de France, etc. Elle s'est alliée aux Gontaut de Biron, aux anciens marquis de Pompadour, aux d'Aubusson et aux Talleyrand. Elle est fort ancienne. Le Féron (article des *Prévosts de Paris*, page 7), prétend avoir vu son nom dans une charte de l'an 701, 6ᵉ jour de novembre. Elle est représentée par Audouin de Chauveron, avocat à Brives.

CHAUVIGNY (Liger de). *Maine.*

D'azur à un chevron d'or accompagné en chef de deux roses et en pointe d'une étoile d'argent.

Suivant l'*Armorial général* de d'Hozier, année 1698, Bibliothèque nationale à Paris, ces armes seraient d'argent à une fasce échiquetée d'or et de gueules.

Cette famille tire son nom de l'ancien fief de Chauvigny, paroisse de Cellé, Loir-et-Cher, qu'elle possède encore aujourd'hui.

Le bisaïeul des deux représentants de cette famille ancienne, fut officier de madame la Dauphine. Son fils, d'abord lieutenant d'infanterie en 1773, fut ensuite le dernier lieutenant criminel du bailliage de Vendôme et son petit-fils, mort en 1867, lieutenant aux mousquetaires de Louis XVIII, il avait épousé Marie de Belloy, des marquis de Belloy-Morangle, éteints dans les mâles. De ce mariage sont nés deux fils : René-François-Benjamin Liger de Chauvigny; Marie-Léon-Louis Liger de Chauvigny.

CHAVAGNAC. *Auvergne, Champagne.*

Branche aînée. De sable à trois fasces d'argent, surmontées de deux roses d'or.

Branche cadette. De sable à deux fasces d'argent surmontées de trois roses d'or.

Chavagnac en Auvergne était déjà une maison considérable au treizième siècle ; elle a donné le fameux comte Gaspard de Chavagnac, mort lieutenant général des armées de l'empereur, le 11 février 1695.

La branche aînée, actuellement établie dans le Maine, comprend : le marquis de Chavagnac, au château de la Rongère, par Château-Gontier, département de la Mayenne : le comte Édouard de Chavagnac, son frère, au château de Chailland, même département ; le comte Gustave de Chavagnac, au château de Chéronne, par Tuffé, département de la Sarthe ; le comte Maurice de Chavagnac et le vicomte Xavier de Chavagnac, au château de Chéronne.

La branche cadette, résidant en Bourbonnais avant l'érection en marquisat, se compose du comte Ladislas de Chavagnac et ses deux neveux.

CHAVAILLE. *Guyenne.*

D'azur à une étoile à cinq rais d'argent, accostée de trois cœurs d'or.

Le seul représentant du nom réside au château de Poujet, par Margaux, département de la Gironde.

CHAVANES (Boutechoux de). *Gray.*

D'azur, au soleil d'or sans visage ; au chef d'argent chargé de trois losanges de gueules rangées en fasce. Cimier : une main dextre entre deux palmes. Couronne : de comte.

Cette famille, une des plus anciennes du pays dont elle est originaire, a donné des magistrats au parlement de Dôle, des gouverneurs de Besançon, des chevaliers de Saint-Georges, des officiers distingués au service de France, de Bourgogne, d'Espagne et des Pays-Bas.

Sa généalogie commence à Jean de Boutechoux dont

le fils Jacques fut conseiller et maître des requêtes de l'hôtel de Charles le Téméraire.

CHAVANNES. *Bresse.*

De gueules à trois croissants d'or.

Cette famille, une des plus anciennes de la province, puisque Hugues de Chavannes, chevalier, est nommé présent à un traité en 1152, a quatre représentants : le comte de Chavannes, à Paris ; Henri de Chavannes, ingénieur civil à Paris ; de Chavannes, administrateur de l'enregistrement et des domaines, à Paris ; de Chavannes, à Lyon.

CHAVAUDON. *France.*

D'azur au chevron d'or accompagné de trois besants du même.

Le marquis de Chavaudon, chef de nom et d'armes, réside au château de Sainte-Maure par Troyes ; Adolphe de Chavaudon réside au château de Rhuez, par Méry-sur-Seine, département de l'Aube.

CHAVEAU. *Comté de Namur.*

D'or à la bande de gueules accompagnée de six merlettes de sable rangées en orle ; au franc-quartier d'argent à l'étrier de gueules ; au chef de gueules chargé d'une aigle éployée d'argent. L'écu timbré d'un heaume d'argent, grillé, liseré, orné d'or, sommé d'un bourrelet et accompagné de ses lambrequins d'or, d'argent et de gueules. Cimier : une aigle éployée d'argent. Tenants : deux sauvages armés de massues.

Jean-Baptiste Chaveau, lieutenant bailli des eaux et forêts du comté de Namur, fut anobli par lettres de l'an 1671. Il obtint deux sauvages armés de leur massue pour tenants, par autres lettres du 23 novembre de la même année et le titre de chevalier par de nouvelles lettres patentes du roi d'Espagne Charles II, en date du 5 août 1677.

Le 19 août 1796, Ignace-Materne-Ghislain Chaveau de Francesse, capitaine au régiment de Klébeck, baron breveté pour ses longs services, mourait à Brescia par suite de ses blessures, prisonnier des Français.

Cette famille, très-ancienne à Namur et dont on trouve les armoiries sur divers monuments de cette ville, n'est plus représentée en France que par Albert-Materne-Amour de Chaveau, chef de nom et d'armes, vice-consul de France à Chiavari, Italie. Il a deux parents du même nom en Belgique.

CHAVIGNÉ. *Bretagne.*

D'hermine à deux fasces d'argent accompagnées en chef de deux besants du même.

L'unique représentant du nom, de Chavigné, réside à Paris.

CHAVIGNY. *Soissonnais.*

D'argent à la croix alésée de gueules, bordée, endentée de sable, surmontée d'un lambel du même.

Cette famille a trois représentants : Charles de Chavigny, à Moulins; Ernest de Chavigny, au château de Ryan, par Moulins et à Moulins; Frédéric de Chavigny, à Moulins.

CHAZE. *Provence.*

De sable à une chasuble d'or.

Le seul représentant du nom réside au château de Marioler, par Sornac, département de la Corrèze.

CHAZEAUX. *Poitou.*

D'azur à un chat d'argent et au chef de même.

Le seul représentant du nom est directeur des postes à Issingeaux, département de la Haute-Loire.

CHAZELLES. *Quercy, France, Poitou, Provence.*

Quercy. Chazelles de Bargues. D'azur au chevron brisé d'or accompagné de trois têtes de chien d'argent.

France. Chazelles-Lunac. Écartelé : au 1 d'azur à une tête de lion d'or, allumée et lampassée de gueules, au chef du même, chargé à dextre d'une étoile à cinq rais et à senestre d'un croissant d'argent ; aux 2 et 3 de gueules au coq de profil traversé en barre d'une épée d'argent ; au 4 d'azur à la montagne de trois coupeaux d'or, sommée de trois tiges de laurier du même et surmontée en chef à dextre d'une croisette et à senestre d'une croix à huit pointes aussi d'or.

De Chazelles-Lunac, reçut concession du titre de baron le 13 avril 1811.

Poitou. D'azur au chevron d'or accompagné de trois étoiles du même posées 2 et 1.

Provence. D'azur à la fasce d'argent accompagnée de trois étoiles d'or.

Cette famille a huit représentants : Henri, comte de Chazelles, à Villers-Cotterets, département de l'Aisne ; le vicomte de Chazelles, à Paris ; l'abbé de Chazelles, curé à Veyrac, Tarn ; de Chazelles, juge de paix, à Loches, Indre-et-Loire ; de Chazelles, conseiller général à Clermont-Ferrand ; Léon de Chazelles, au château de Sédeville. par Augerolles, Puy-de-Dôme ; de Chazelles, percepteur à Échiré, par Niort ; de Chazelles, au château d'Aisy-sous-Thil, département de la Côte-d'Or.

CHAZOT. *Bourgogne.*
D'azur au chat d'argent rongeant un os du même.

Cette famille a deux représentants : le comte de Chazot, au château de Saint-Pierre-de-Courson, par Vimont, département du Calvados ; de Chazot, au château de Vallée, par Pervenchères, département de l'Orne.

CHAZOTTE. *Vivarais.*

D'azur à la croix d'or bordée de sable, cantonnée de quatre étoiles à cinq rais d'argent.

Le nom de Chazotte n'est plus représenté qu'à Lyon.

CHEBRON DE LA ROULIÈRE. *Poitou.*

Écartelé : au 1 et 4 d'or à la croix pattée et alésée d'azur, cantonnée de quatre flammes de gueules ; aux 2 et 3 d'azur au cerf grimpant d'or.

Le chef de nom et d'armes et unique représentant du nom de Chebron de la Roulière, réside à Champdeniers, département des Deux-Sèvres.

CHEFDEBIEN. *Languedoc, Poitou.*

D'azur à la fasce d'argent accompagnée de deux lions léopardés d'or, armés et lampassés de gueules, celui de la pointe contourné.

Le représentant de cette famille, J.-M. de Chefdebien de Cagariga, vicomte d'Armissan, réside à Narbonne.

CHEF DU BOIS. *Bretagne.*

Chef du Bois de Kerlozret. Écartelé : aux 1 et 4 palé d'or et d'azur ; aux 2 et 3 d'azur à trois têtes d'aigle d'argent.

Chef du Bois de Bruslé. Ecartelé : aux 1 et 4 d'argent au lion de gueules ; aux 2 et 3 d'azur à l'épervier d'argent qui est de Brulé.

Chef du Bois de Kéronazle. D'or au lion de gueules, armé, lampassé et couronné d'azur.

Chef du Bois de Restaudren. De gueules au grêlier d'argent.

Chef du Bois de Sailon. D'argent au chevron de gueules accompagné de trois quintefeuilles du même.

Le seul représentant du nom de Chef du Bois, réside au château de Kergoniou, par Plounez, département des Côtes-du-Nord.

CHELLET DE KERDRÉAN.

D'azur à trois chevrons d'argent accompagnés de trois étoiles d'or, deux en chef et une en pointe.

L'unique représentant du nom de Chellet de Kerdréan, réside au château de Pihourdière, près Brou, département d'Eure-et-Loir.

CHEMERAULT (Guillaud de). *Angoumois.*

D'azur au chevron accompagné en chef de deux étoiles et en pointe d'un fermail, le tout d'or.

Le nom patronymique de cette famille est Guillaud, auquel est venu se joindre plus tard celui de la terre de Chemerault, sa dénomination actuelle. Elle a donné Charles Guillaud, sieur de la Motte, baron de Beaucé lieutenant général des armées du roi, tué au combat de Givonne, en 1684, et son fils, Léonce-Clément Guillaud, comte de la Motte, gouverneur du château de la Motte et lieutenant du roi en Bourbonnais, aide de camp du duc de Bourgogne en 1702.

De Chemerault, à Confolens, département de la Charente, est chef de nom et d'armes de cette famille, que représentent également un frère et deux neveux, avocats. Leur résidence est au château de Fontaine, commune de Montalembert, même département.

CHEMINEAU. *France.*

Coupé : au 1 de sable au levrier rampant d'or; au 2 d'azur au palmier d'or, terrassé du même.

Le baron de Chemineau, seul représentant du nom, réside à Poitiers.

CHENERILLES. *Provence.*

D'or à une fasce de gueules accompagnée de trois loups naissants de sable, lampassés et armés de gueules, deux en chef, un en pointe.

Le chef de nom et d'armes, marquis de Chenerilles, réside à Aix, département des Bouches-du-Rhône.

CHENEVIÈRE. *Lyonnais.*

D'argent au chêne de sinople, accosté de chaque côté en pointe de deux anneaux entrelacés d'azur.

Robert de Chenevière, chef de nom et d'armes de sa famille, est procureur général à Bourges.

CHENNEVIÈRES. *Alençon.*

D'azur à deux épées en sautoir d'argent, les gardes et poignées d'or accostées de deux poignards aussi d'argent, les poignées d'or et leurs pointes en bas.

Cette famille a deux représentants : le marquis de Chennevières-Pointel, conservateur du Musée du Luxembourg; de Chennevières, capitaine d'état-major, à Paris.

CHENU DE THUET. *Bretagne, Normandie, Berry, Bourgogne.*

Bretagne, Normandie. D'hermine au chef losangé d'or et de gueules.

Berry, Bourgogne. D'or au chevron d'azur, accompagné de trois hures de sanglier de sable, défendues et allumées d'argent.

Le chef de nom et d'armes de la famille de Chenu de Thuet réside au château de Laforest, par Châteauneuf, département du Cher.

CHERADE. *Limousin.*

D'azur à trois losanges d'or, posées 2 et 1.

Cette famille a trois représentants : Xavier, comte de Charade de Montbron, au château de Biozay, à Jarne, département de la Charente-Inférieure; Cherade de Montbron, secrétaire particulier de Sa Grandeur l'évêque de Poitiers; Cherade de Montbron, au château de Chauffailles, par Chalies, département de la Haute-Vienne.

CHERGÉ. *Touraine, Angoumois, Poitou, Berry.*

Armes primitives : D'argent au chef d'azur.

Armes moins anciennes : D'argent au chef de sinople, chargé de trois étoiles d'or.

Armes modernes (établies aux maintenues de 1667) : D'azur à la fasce d'argent chargée de trois étoiles de gueules.

Devise : *Rectè semper.*

Famille d'origine chevaleresque, qui a eu pour berceau l'antique manoir de Chergé, situé en la commune de Razines, à une lieue de Faye-la-Vineuse (Indre-et-Loire), aux confins du Loudunais, de l'Anjou et de la Touraine, où elle figurait avec honneur dès l'an 1098, qu'un de ses membres, Aimericus de Chergé, signait, comme premier témoin, une charte contenant un don fait à l'abbaye de Noyers.

Un de ses membres vint se fixer près d'Angoulême (Charente) vers la fin du quinzième siècle, et fit construire, en la paroisse de Mornac, un logis auquel il donna son nom.

Représentants actuels (1873) :

1° Charles, à Saint-Hilaire-en-Belâbre (Indre), marié à demoiselle de Ladmirault, nièce du général de division, gouverneur de Paris, dont deux fils existants : Georges, né en 1842, ancien officier aux zouaves pontificaux, porte-drapeau à la bataille de Mentana, décoré de la médaille militaire et de la croix de l'ordre de Pie IX ; Raimond, né en 1848, chevalier de la Légion d'honneur, par décret du 16 novembre 1871, en récompense de ses services militaires, comme officier des mobiles de l'Indre, contre l'invasion des Prussiens ;

2° Auguste, frère puîné du précédent, au château de l'Achenaud, près de Mézières (Haute-Vienne), marié à demoiselle Malafosse de Couffour, dont deux filles :

3° Émile, célibataire, à Loches, près de Charroux (Vienne), cousin-germain des précédents ;

4° Frédéric, leur oncle à la mode de Bretagne, marié à demoiselle de la Porte du Theil, sans enfants, demeurant à Angoulême.

La branche dite de Blanzais est représentée, à la Fayolle, près de Nanteuil-en-Vallée (Charente), par Ferdinand, père d'un fils unique ; il a trois cousins-germains qui sont frères, et dont l'aîné est préposé en chef à la gare des marchandises de Saint-Jean-d'Angély (chemin de fer des Deux-Charentes).

CHERISEY ou CHÉRISY. *Bar.*

Coupé d'or et d'azur, le premier chargé d'un lion issant de gueules, armé, lampassé couronné et de même.

Cette maison a pris son nom d'une terre située au duché de Bar, qu'elle a possédée en franc-aleu jusqu'à l'année 1400, et à ce caractère de possession qui prouve l'illustration de son origine, elle réunit les avantages de l'ancienne chevalerie. (Extrait des preuves de Cour, faites le 17 décembre 1766, par L.-J.-F., marquis de Chérisey, mort lieutenant général, cordon rouge.) — Section historique des *Archives nationales*.

Chérisey, qui possède encore la terre de son nom, a fourni des chevaliers aux croisades, dont le nom est inscrit au musée de Versailles, des abbés, abbesses et dames aux principaux monastères et chapitres de Lorraine, un commandeur de Malte, en 1630, et plusieurs officiers généraux distingués au service de France depuis Louis XIV.

CHERRIER. *Lorraine.*

D'or à une bande losangée d'argent et de gueules, accompagnée en chef d'une étoile aussi de gueules, surmontée d'une rose du même et en pointe d'un levrier de sable, la patte appuyée sur la poignée d'une épée aussi de sable, posée en pal; l'écu timbré d'un casque orné de ses lambrequins.

Cette famille a trois représentants : Charles de Cherrier, officier de la Légion d'honneur, membre de l'Institut, à Paris; Henri de Cherrier, chevalier de la Légion d'honneur, conservateur des forêts, chef du service forestier, en Algérie; Paul de Cherrier, chevalier de la Légion d'honneur, capitaine commandant à l'état-major particulier de l'artillerie, en Algérie.

CHERVILLE (Malarme de). *Ile-de-France.*

D'argent à trois chevrons de gueules ; au chef d'azur, chargé de trois étoiles à cinq rais d'or.

Cette famille est représentée par un officier d'infanterie.

CHESNAY. *Normandie, Bretagne.*

Normandie. De sable à trois roses d'argent. — De gueules à trois chaînettes d'or mises en pal.

BRETAGNE. D'argent à la feuille de chêne de sinople, accompagnée de trois roses de gueules. — D'or au chêne arraché d'azur, le tronc chargé de deux épées de gueules en sautoir.

Cette famille est représentée au château de Chesnay, par la Fresnaye, département de la Sarthe.

CHESNAYE (DE LA). *Poitou.*

D'argent à trois chevaux de sable. LA CHESNAYE DU GUÉ. De gueules à trois fasces d'argent, au chêne de sinople brochant sur le tout.

Cette famille a deux représentants : De la Chesnaye, au château de Vandelle, par Moulins-Engilbert, département de la Nièvre; de la Chesnaye, au château de Pouffon, par Luzignan, département de la Vienne.

CHESNE (DU). *Picardie, Bourgogne, Poitou, Bretagne.*

PICARDIE. D'azur à une étoile d'argent, accompagnée de trois glands d'or.

BOURGOGNE. D'argent à la fasce de sable chargée d'un lion du champ, armé et couronné de gueules.

POITOU. De gueules au chêne terrassé d'argent, englanté de sinople ; au chien de sable, colleté d'or, assis au pied de l'arbre et adextré d'un lis d'argent. — D'argent à deux écureuils passants de gueules, le second contourné. — D'azur à trois glands d'or.

BRETAGNE. *Armes anciennes :* D'argent à un chêne de sinople. — D'argent à trois cœurs de gueules couronnés d'or. *Armes modernes :* D'argent à trois cœurs de gueules couronnés d'or.

Le seul représentant du nom, Henri du Chesne, est membre du corps diplomatique.

CHESNEAU. *Lorraine, Poitou, Berry, Touraine.*

Lorraine. D'azur à trois poires d'or.

Poitou, Berry, Touraine. D'azur semé de besants d'argent; au chevron d'or brochant sur le tout.

Cette famille a plusieurs représentants : Mme la baronne douairière de Chesneau, à Paris; de Chesneau de la Hougrenière, à Angers.

CHESNEL. *Saintonge, Soissonnais, Bretagne.*

Saintonge, Soissonnais. Chesnel de Meux. D'argent à trois chicots de sinople en pals, posés 2 et 1.

Bretagne, Chesnel du Verger. De sable à la bande fuselée d'or.

Ces familles n'ont plus qu'un représentant : de Chesnel, à Rennes.

CHESNELAYE. *Bretagne.*

D'azur à deux léopards d'or l'un sur l'autre.

Cette famille est représentée par la comtesse douairière de la Chesnelaye, à Paris.

CHESSÉ. *Poitou.*

De sinople à une tour d'argent.

Cette famille est encore représentée par de Chessé, levée Besnardière, à Angers.

CHEUX. *Normandie, Bretagne.*

De sable à la croix niellée d'argent.

De Cheux, seul représentant de sa famille, réside au château de Repas, par Putanges, département de l'Orne.

CHEVALIER D'ALMONT. *Bretagne, Ile-de-France, Champagne, Lorraine, Normandie, Orléanais,* etc.

D'azur à la fasce d'or chargée d'une molette de

gueules à huit rais et accompagnée de trois roses d'argent, posées 2 et 1.

Couronne : de comte. Cimier : un buste de chevalier tenant de la dextre une épée. Supports : Deux lions ou deux licornes.

Devise : *Honor et fides.*

La maison de Chevalier est très-ancienne ; elle s'est divisée en plusieurs branches, dont voici les principales :

De Kerbaul, du Vignau, du Coudray, Malpierre, d'Aunay, de Saint-Hilaire, d'Almont, issu de la branche aînée de Kerbaul, etc.

Ces branches appartiennent à la Bretagne, à l'Ile-de-France, à la Champagne, à la Lorraine, à la Normandie, à l'Orléanais, etc.

La maison Chevalier ou Lechevallier paraît être originaire de Bretagne, où son nom primitif était Marec ou Marhec, ce qui veut dire chevalier. Elle descend de Roland ou Raoul Marec, chevalier croisé, qui se trouvait en Chypre avec l'armée chrétienne et se disposait à passer en Égypte en 1249, comme l'atteste une charte datée de Limisso, au mois d'avril. Voir la collection Courtois et l'*Ouest aux Croisades*, par Fourmont, etc.

De ces différentes branches, l'aînée, celle des seigneurs de Kerbaul, en Bretagne, où elle était restée, a été déclarée noble, d'ancienne extraction chevaleresque, par arrêt du 4 mai 1669, ayant alors fourni les preuves de sept générations. — Voir d'Hozier, manuscrits de la bibliothèque de Nantes, tome II, folios 1625 et 1626. Elle a produit d'illustres représentants : Geoffroy, évêque de Cornouailles, en 1383 ; Allain, sénéchal de Rennes, conseiller aux grands jours, signataire du traité de mariage d'Anne de Bretagne et de Louis XII, en 1499 ;

un président aux comptes, en 1524, un gouverneur de Rennes, en 1583, etc.

Cette branche compte dans ses alliances : Rosmar, Taillart, Legallais, Bourgneuf, Davy, Legalloudec, Raffray, Leroux, Acigné, Bonay, Lachapelle, etc. D'Hozier, *nobiliaire de Bretagne;* Potier de Courcy, etc., lui donne pour armes : d'argent au lion de gueules, couronné d'or, à la fasce de sable chargé de trois molettes d'argent, brochant sur le tout.

I. Rolland Marc'hec, ou Chevalier, eut un petit-fils, Hubert, qui suit, III.

III. Hubert, chevalier, écuyer, seigneur de Donnay, généralité d'Alençon, commissaire et député du roi Philippe VI, pour la recherche des usurpateurs de la noblesse au comté du Maine, selon lettres patentes du roi, données à Fromont, près Corbeil, en mai 1334. (Voir Waroquier, tome VI, folio 39.) Il eut un fils, Pierre, qui suit, IV.

IV. Pierre Chevalier, écuyer de Charles V, en 1373, ce qu'atteste l'*Histoire de Charles VII*, article Chevalier, par Godefroy, eut deux enfants, savoir :

A. Jean, qui suit, V.

B. Robine Chevalier épousa Jacques de Lesbay, dont elle eut Nicole de Lesbay, qui épousa Jean de Brachet, dont descendent par les femmes les familles de Saint-Mesmin, Levassor, Lamirault, Jamet, de Contes, Maubert, Chevalier d'Almont, Beauharnais, etc. Voir les généalogies de ces familles dans Courcelles, Lachenaye-Desbois, les manuscrits d'Hubert, etc.

V. Jean Chevalier, seigneur de Donnay et d'Almont, procureur général du duc d'Orléans, puis secrétaire de Charles VII, en 1422 (Godefroy), eut deux fils, savoir :

A. Pierre, qui suit, VI.

B. Etienne, qui suit VI *bis*, après son frère Pierre.

VI. Pierre Chevalier, écuyer, seigneur de Donnay et d'Alemont, ou d'Allemont, lieutenant général au duché d'Orléans, en 1460, chef de la branche des vicomtes d'Almont et de Saint-Just Chambon, d'où sont issus : Nicolas, secrétaire et procureur du roi, 1496 ; Claude, fourrier de la garde du roi, 1490 ; Jean, lieutenant particulier du duché d'Orléans, 1772 ; Jean, capitaine d'une compagnie de gens de pied, 1504 ; Charles, abbé de Landais, chanoine de la Sainte-Chapelle de Bourges, 1554 ; Jean, commissaire général des guerres, 1637 ; Jérémie, commandant du château royal de Mehun-sur-Yèvre, 1592 ; Léon, capitaine en chef d'arquebusiers à cheval, 1615 ; Lancelot, capitaine des gardes et lieutenant du maréchal Louis de Lachâtre, 1622 ; Georges, capitaine d'arquebusiers, 1616 ; Hilaire, lieutenant du grand-maître de l'artillerie de France, 1660 ; Charles, capitaine au régiment d'Humières, 1695 ; Claude-René, commissaire provincial d'artillerie, directeur à l'armée de Flandres, rang de lieutenant colonel, 1702 ; Charles, garde de la porte du roi Louis XVI, chevalier de Saint-Louis, et plusieurs autres capitaines et officiers.

Nous donnons, d'après le 7e registre complémentaire de l'Armorial de d'Hozier, la situation actuelle de cette branche, l'aînée des Chevalier.

XIII. Louis-Théodore Chevalier, vicomte d'Almont, ancien garde d'honneur, né à Romorantin, le 29 décembre 1791. mort à son château de l'Echéneau, commune d'Ennordres, le 6 juin 1868, épousa à Ennordres, par contrat passé devant Joffart, notaire à Méry-ès-Bois, le 11 mai 1813, Ursule-Emilie Berton de Monnot, sa cousine, dont cinq enfants, savoir :

A. Joseph-Théodore, né à Vignoux, le 6 septembre mort au berceau.

B. Frédéric-Théodore, qui suit, XIV.

C. Rodolphe-Maximilien, qui suit XIV *bis*.

D. Eugène-Charles Chevalier d'Almont, né à Ennordres, le 24 avril 1821, mort le 20 août 1824.

E. Emilie-Appoline, née à Ennordres, le 5 septembre 1817, morte enfant.

XIV. Frédéric-Théodore Chevalier, vicomte d'Almont, maire d'Ennordres, né à Ennordres, le 16 novembre 1816, épousa à Issoudun, devant Rousseau, notaire à Issoudun, le 21 février 1865, Marie-Françoise-Emilie-Elisa Pénigault, fille de Joseph-Jules et de Marie-Joséphine Bonneau d'Alençon, dont la mère était Marie-Julie Baucheron de Lecherolles. De ce mariage sont nés deux enfants, savoir :

A. Alice-Marie-Marguerite-Ursule Chevalier d'Almont, née à Issoudun, le 25 janvier 1866.

B. Emile-Georges-Pierre-René Chevalier d'Almont, né à Issoudun, le 10 avril 1869.

XIV *bis*. Rodolphe-Maximilien Chevalier, baron d'Almont, né à Ennordres, le 14 novembre 1818, épousa à Quincy, par contrat passé devant Richard, notaire à Mehun-sur-Yèvre, le 30 août 1846, Marie-Madeleine Chenu de Corgy, fille de Louis-Augustin et de Marguerite-Julie Guérin d'Homéry, dont la mère, Marguerite de Lauverjat, était sœur de Joseph de Lauverjat, commandant d'artillerie, chevalier de Saint-Louis et de la Légion d'honneur. De ce mariage sont nés deux enfants, savoir :

A. Louis-Joseph-Michel-Rodolphe Chevalier d'Almont, né à Quincy, le 15 juin 1847.

B. Marie-Jeanne-Claire-Emilie Chevalier d'Almont, née à Quincy, le 20 août 1854.

Les principales alliances de la branche aînée ont été prises : Pour les hommes, dans les maisons de Choart, Harville, Roillart, Viole, Mareau, Fesque, Sainxe, Riou, du Main, Lalande, Voisines, Westrebourg-d'Alguet, Sailly, Poullain, Hallot, Passac, Lelarge-de-Bois-Durand, Bouchault, Cosne, Lachapelle, Foucault, Berton de Monnot, Chenu de Corgy, Pennigault-Bonneau, etc.

Pour les femmes, dans les maisons de Guillemeau, de Contes, Chaludet, du Croiset, Arcemale, Musnier, Malivaud, Maussabré, Bonneval, Saint-Mesmin, Levasseur, Humery, Lefort de Cernoy, Potin, Louault, Marechal, Monnot, Tarragon, Leconte de la Dabinerie, Perilieux, etc.

Voir les auteurs cités au commencement de la Notice.

VI *bis*. Étienne chevalier, seigneur de Vignau, conseiller et secrétaire des commandements des rois Charles VII et Louis XI, maître des comptes, trésorier général de France, ambassadeur en Angleterre et à Rome, exécuteur testamentaire d'Agnès Sorel avec Jacques Cœur et du roi Charles VII avec Dreux de Budé, prévôt des marchands de Paris et grand audiencier de France, son beau-père, etc,

Voir Godefroy; Courcelles, article de Budé, etc.

Étienne prenait pour armes de fantaisie de gueules à la licorne d'argent couchée, la tête et le cou contournés, au chef d'azur chargé de trois annelets d'or et portant pour devise : *Exaltabitur sicut unicornis cornu meam.*

Il fut l'auteur de plusieurs branches : Champagne, Ile-de-France, Lorraine et Normandie, savoir :

1° Celle du Vignau, des barons de Crissé, éteinte, a donné : Jacques, secrétaire du roi, maître des comptes,

1470; Nicolas, conseiller au parlement de Paris, 1572; Jean, conseiller au parlement, 1587; Nicolas, page d'Henri IV, commandant de chevau-légers, colonel de Paris, premier président de la cour des aides, chevalier de la reine Anne d'Autriche, surintendant des finances de Navarre et de Béarn, chevalier de Saint-Michel et savant célèbre; Antoine, conseiller et maître d'hôtel du roi et chevalier de son ordre, 1612; Jacques, auditeur des comptes, 1521; Germain, officier, tué à la bataille de Senlis, 1589, etc.

Cette branche s'est alliée aux maisons de Budé, Picard, Guillart, Turquant, Aurillot, Teste, Veau de la Bauchère, Crèvecœur, par les hommes. Ses filles sont entrées dans les maisons de Leboulanger de Montigny, Arbalètre de Melun, de Cordes, des Jardins, Vion, Barreau, Sallo, Boullenc, etc. — Voir Godefroy : *Histoire de Melun*, par Rouillard; *Histoire des Conseillers au Parlement,* par Blanchard; *Histoire des conseillers à la Chambre des Comptes*, par Denis, etc.

2° La branche d'Aunay de Saint-Hilaire, éteinte, dont proviennent les marquis de Chevry, vicomtes de Courtavant, barons d'Enfrenel, etc.

On cite parmi ses membres : Pierre, conseiller au Parlement, évêque de Senlis en 1563 et confesseur du roi; Thomas, lieutenant du roi, à Châtillon-sur-Marne, 1478; Jacques, bailli d'Epernay, 1495; Georges, bailli et gouverneur de Reims, 1599; Claude, lieutenant criminel à Reims, 1600; Oudar, capitaine au régiment de Champagne, 1640; Joachim, capitaine au régiment de Ramhures, 1660; Joachim, lieutenant de carabiniers, tué à la bataille de Nerwinde, 1693; Jacques, Claude, Louis et Philibert-Antoine, receveurs généraux des finances, à Metz, 1679, 1684, 1704 et 1711; Nicolas-Louis, enseigne aux gardes françaises, 1720; Jacques-Amable-Claude, conseiller au parlement de Paris, et grand-maître des eaux et forêts, 1730; François, lieutenant aux gardes, 1709; Nicolas-Léonard, capitaine aux gardes du roi, rang de général, chevalier de Saint-Louis, tué au siége du Quesnoy, 1712; Pierre, commissaire général des guerres; Nicolas, capitaine au régiment de Saluces; Armand, maître d'hôtel du duc de Berry, 1715; Louis, président au parlement de Paris, 1704; Marc-René, brigadier des armées du roi (général) et chevalier de Saint-Louis, 1762, et plusieurs autres magistrats et officiers.

Alliances masculines : Budé, Luillier, Charlet, Beguin, Cauchon de Maupas, Godet, Linage, Bonnet, Ollier, Ailly-d'Annebault, Guyon, Etienne d'Ogny, Combault-d'Auteuil, Daniau de Saint-Gilles, Leclerc, Fermé, Fourault, Boulleur, Lapersonne, etc.

Féminines : Malval, Mathé, Fouravet, Geoffroy, Dary de la Fautrière, Letellier de Marsan, Levieux, Tarteron, Leconte de Nonant, Bouillé, Aubeterre, Preissac, des ducs d'Ésclignac et de Fimarçon, Cadot de Sebbeville, Ranchin, Masson, Larivière, Lecocq d'Assy, etc.

Cette branche portait d'azur, à la fasce d'or, accompagnée en chef d'une molette d'or. Le baron d'Enfrenel, grand-maître des eaux et forêts, y a ajouté deux glands d'or. — Voir d'Hozier, *Armorial général de France*; Lachesnaye-Desbois, le père Anselme, Blanchard, etc.

3° La branche des Chevalier de Malpierre et de Légeville, éteinte, dont proviennent les vicomtes d'Abbeville ou d'Abainville, barons de Malpierre, etc. Elle a donné : Guillaume, conseiller et maître à la cour des comptes, 1553; Joseph, commissaire général des armées et vivres de Sa Majesté, 1596; Jean, conseiller au parlement, 1580; François, gouverneur de Vaucouleurs, contrôleur général des fortifications de Champagne et de Brie, gentilhomme de la chambre du roi, chevalier de ses ordres, son ambassadeur aux Pays-Bas et à Parme, 1598; René, protonotaire du Saint-Siége, prélat romain, 1640; Pierre, écuyer de la princesse de Lorraine-Vaudemont, 1572; Guillaume, prévôt et capitaine de la ville de Dompierre, 1597; Louis, directeur des aides à Chaumont, 1699; Anne, dame d'honneur de la reine de France, Anne d'Autriche, femme de Louis XIV, etc.

Cette branche s'est alliée par les hommes aux maisons de Prévost, Ernecourt, Choiseul, Morlot, Friant de Favernay, Chambly, Miremont, du Pasquier, des Roberts du Houx-Vioménil, etc.

Par les femmes : aux maisons de Bruslard-Genlis, des Salles, Hennezel, Baillivy, Aigneville, Bonnardi, etc.

L'Armorial général de France lui donne pour armes : D'azur au chevron d'or (le chevron est souvent mis à la place de la fasce, comme brisure de cadet). Le père dom Calmet, dans son *Histoire de la maison de Salles*, les blasonne comme suit : D'azur à une bande abaissée d'argent terminée d'un croissant du même, côtoyée de trois molettes à huit rais d'argent, posées 2 et 1.

4° La branche des marquis du Coudray, comtes de Bouëlle, barons de Caunan, existante. Elle a donné entre autres hommes remarquables : Nicolas et Jacques, conseillers au parlement de Paris, 1635, 1638; Simon, maître des comptes, 1642; Antoine, contrôleur général de l'extraordinaire des guerres et de la cavalerie légère, 1640; François, écuyer du roi, 1680; Jacques, capitaine de cavalerie au régiment de Laferronnaye, 1740; Antoine-Louis, lieutenant du roi en la ville de Donnemarie, gentilhomme de la chambre du roi et chevalier de Saint-Louis,1788; Jean-Baptiste, maréchal des camps et armées du roi (général), gouverneur du Bengale, chevalier de Saint-Louis, 1780 ; Louis, maître des requêtes, préfet, officier de la Légion d'honneur ; Guillaume et Guillaume-Pierre, conseiller à la cour des comptes de Normandie, 1675, 1720 ; Guillaume Robert, président au parlement de Rouen, 1760 ; François-Robert, capitaine d'infanterie, 1788 ; Alexis-Guillaume, capitaine au bataillon des chasseurs cantabres, 1786, etc.

Cette branche s'est alliée par les hommes aux maisons de : Le Picart, Gaudart, Fraguier, Aguenin-le-Duc, chevalier de Monthion, Villefeu, Nicaise, Lecamus, Breteau, Robin d'Alligny, Lempereur de Querny, Lucas de Boscourcelles, Lhermette, Blondet, Mesnage, Postel des Minières, Dufour de Longrue, Beurges, Oudinot de Reggio, des ducs de Reggio, etc.

Par les femmes, elle a contracté alliance avec les maisons Potier, des ducs de Gesvres et de Thrèsmes, Cremeaux d'Entragues, Laporte, Gordon, Ledain, Leignet, Marest de Richebourg, Lecavelier de Cuverville, Lebarbier de Grainville, Brévedent, Guyon d'Anfreville, Lecourtois de Minut-Castera, Saint-Gilles Broc, etc.

Des auteurs ont, par erreur, blasonné les armes de cette branche comme suit : D'azur à trois chaudrons de sable, ce qui était les armes du Chevalier de Morvillars, en Normandie (Armorial général). Cette branche porte : d'azur, à la tête de licorne d'argent, au chef d'argent chargé de trois demi-vols de sable. Couronne : de marquis.

Devise : *In concilio celeritare exequendo robur.*

(*Nobiliaire de Normandie*, par Magny ; *Recherches sur la noblesse de Champagne*, par Caumartin ; Lachesnaye-Desbois, Blanchard, etc.

La maison de Chevalier d'Istras, des Oches et de Saint-Martin, comtes de Sinard, existant encore, anciennement fixée en Auvergne, en Dauphiné, en Provence est, croit-on, une branche de la maison de Chevalier d'Almont. Elle porte : d'azur au chevron d'or, chevron qui serait une brisure de cadet.

(Voir Armorial général : *Histoire des Chevaliers de Saint-Louis*, par Théodore Anne, Lachesnaye-Desbois, Charrier, Guy-Allard, Robert de Briançon (*Histoire de Provence*, etc.)

Les principaux membres de sa race sont : Jean, capitaine en chef de gens de pied, 1635; Pierre et François, juges royaux de la ville de Seyne; Georges et Louis, conseillers au parlement de Grenoble, 1699, 1789; un chanoine, comte de Vienne, 1785; Jean-Jacques, capitaine de cavalerie, qui reçut la croix de Saint-Louis du roi Louis XVIII, sous le titre de comte de Sinard; Frédéric-Louis Maxime, officier à l'armée de Condé, capitaine dans la légion du Nord, en 1806, chevalier de Saint-Louis, vivant à Grenoble en 1868, et plusieurs autres magistrats et officiers.

Cette branche s'est alliée aux maisons de Lauzanne, L'Olivier, Forbin-Gardanne, Gueirot de la Brimaudière, du Vache, Joannis-Châteauneuf, Ferry, Abzac, Laugier, Bonfils, Plan de Sièyes, Vincent de Pannette, etc.

Indépendamment de celles dont la dénomination va suivre, on compte encore en France d'autres familles du nom de Chevalier, savoir : Chevalier de Chantepie, dans la Mayenne, dont le représentant a épousé une demoiselle de Quatrebarbes; Chevalier de Boischevalier, dans la Loire-Inférieure, maintenu dans sa noblesse en 1669, dont le premier membre était échevin d'Angers, maire sous François Ier; Chevalier de la Petite-Rivière, dont le chef actuel de nom et d'armes est officier supérieur d'infanterie ; Chevalier de la Bigottière, dont le représentant officier supérieur de cavalerie, fils de Jacques Rose, chevalier de Saint-Louis, ancien chef vendéen, puis colonel des dragons de la garde de Louis XVIII, a été anobli par lui ; Chevalier ou Lechevallier, au Havre ; Chevalier de Lourcières, fonctionnaire au ministère des finances, et enfin Chevalier de Saint-Robert, dont le chef est secrétaire de légation de France, à Copenhague.

CHEVALIER. *France, Flandre, Bretagne, Champagne, Dauphiné, Provence, Orléanais, Berry, Bourgogne, Anjou.*

France. D'azur à la tête de licorne d'argent au chef d'or, chargé de trois demi-vols de sable.

Flandre. D'or à trois chaudrons de sable.

Bretagne. D'azur au héron d'argent. — De gueules à trois clefs d'or, les deux du chef adossées ; à la bordure cousue d'azur. — De sable à trois annelets d'or ; au chef cousu de gueules chargé d'un lion d'argent. — De sable au cavalier d'argent armé de toutes pièces, courant sur une terrasse de sinople et tenant de sa main dextre un bardelaire du second.

Champagne. D'azur à la fasce accompagnée en chef d'une molette et en pointe de deux glands tigés et feuilletés, le tout d'or.

Dauphiné, Provence. D'azur au chevron d'or, accompagné d'une aigle du même en pointe ; au chef cousu de gueules chargé de trois étoiles d'argent.

Orléanais, Berry. Ecartelé : aux 1 et 4 d'argent à la fasce d'azur ; aux 2 et 3 de gueules à trois roses d'argent ; à la bande de sable brochant sur le tout.

Bourgogne. D'azur au lion d'argent; à la fasce engrelée de même brochant sur le tout. — De gueules au lion d'or; à la fasce d'argent brochant sur le lion.

Anjou, Bretagne. D'azur au chevron d'argent. — D'azur au lion léopardé d'argent; à la fasce denchée du même brochant sur le tout.

Ces différentes familles du nom de Chevalier ont trois représentants : Jean-Georges-Louis-Armand Chevalier de Conan, à Versailles; Jacques-Paul Chevalier de Préville, ancien officier de marine, décoré de la médaille de Sainte-Hélène, à Roubaix, département du Nord; Jules-Jean-Marie Chevalier de la Teillais, maire d'Augné, département d'Ille-et-Vilaine, officier de la Légion d'honneur, commandeur de plusieurs ordres.

CHEVARDIÈRE. *Champagne.*

D'argent à une branche de fougère de sinople.

Cette famille est représentée par deux officiers supérieurs d'infanterie.

CHEVEIGNÉ. *Bretagne.*

De sable à quatre fusées d'or rangées en fasce, accompagnées de six besants du même rangés 3 et 3. — De gueules à quatre fusées d'or rangées en fasce, accompagnées de huit besants du même posés 4 et 4.

Cette famille compte deux représentants : de Cheveigné, officier de la Légion d'honneur, ancien maître des requêtes, à Paris; de Cheveigné, secrétaire général de la préfecture, à Besançon.

CHEVERRY. *Biscaye, Languedoc.*

Écartelé : aux 1 et 4 de gueules à trois billettes d'argent; aux 2 et 3 d'argent à une tête de More.

Originaire du pays Basque, d'où, au seizième siècle, elle s'est répandue en Béarn, puis en Languedoc, cette famille a été maintenue dans les droits et privilèges de noblesse d'ancienne extraction par M. de Besons, intendant du roi pour la généralité de Toulouse. (Voyez manuscrit d'Aubais, pièces fugitives pour servir à l'histoire de France; Paris-1759, volume 3e, page 37). Pierre de Cheverry, baron de la Réole, vint du Béarn à Toulouse, pour y exercer les fonctions de général des Finances; il fut créé, par Henri II, baron de Saint-Michel.

Cette famille a fourni des chevaliers de Malte, des capitouls de Toulouse, des conseillers du roi, etc.

Elle est représentée actuellement par :

1° Julie de Cheverry, mariée en 1812, à Pierre-Gabriel Boulanger;

2° Clara de Cheverry, mariée en 1824, à Charles-Claude-Antoine Davout, officier supérieur de cavalerie, officier de la Légion d'honneur, chevalier de Saint-Louis, frère du maréchal, prince d'Eckmühl.

CHEVIGNÉ. *Poitou.*

D'azur à quatre fusées d'or pommetées de même aux deux extrémités et posées en fasces; accolé d'azur à trois coquilles d'argent posées 2 et 1.

Cette famille titrée a quatre représentants : le marquis de Chevigné, chef de nom et d'armes, au château de Flesselles, département de la Somme; le comte de Chevigné, au château de Villers, près Braine-sur-Vesle, département de la Somme; le comte de Chevigné, à Reims. — De Chevigné, sans titre, au château de Saint-Thomas, par Saint-Étienne-du-Mont-Luc, département de la Loire-Inférieure.

CHEVIGNY. *France.*

D'azur au lion d'or accompagné en pointe d'un croissant d'argent.

Le comte de Chevigny, seul représentant de son nom, réside à Paris. Il tire son nom d'une terre et seigneurie possédée, dans le quinzième siècle, par Thibault du Plessis, seigneur de Barbery, premier chambellan de Charles, duc de Bourgogne.

CHEVILLY. *Lorraine.*

D'azur à une bande d'argent chargée d'un tourteau du champ.

Cette famille est aujourd'hui fixée en Savoie, où elle compte deux représentants : l'un au château de son nom, par Saint-Julien, dans le département de la Haute-Savoie; l'autre, avocat à Chambéry.

CHEVREUSE. *Ile-de-France.*

D'argent à la croix de gueules cantonnée de quatre lionceaux d'azur.

Cette famille, qui continue la célèbre maison des anciens ducs de Chevreuse, n'a qu'un représentant, dont la résidence est fixée à Mansle, département de la Charente.

CHEVROZ. *Bourgogne.*

De gueules au sautoir d'or, cantonné aux trois premiers cantons de trois étoiles, et au quatrième d'un croissant d'argent.

Cette famille de robe remonte à Guillaume Oyselet, qualifié damoiseau dans un titre de l'an 1369. Son fils, Nicolas Oyselet de Buzailles, reçut, de Jean Chalons, des lettres patentes de noblesse.

Deux de ses membres ont été conseillers au parlement de Franche-Comté.

Le chef de cette maison est François-Xavier Oyselet de Chevroz, au château de Chevroz, par Varay, département du Doubs. Il a trois fils : Antoine-Albert, officier d'infanterie; Charles-Henri, juge, à Vesoul; Joseph-Arthur, attaché à l'administration des lignes télégraphiques.

CHEVRY (Langlois de). *Gatinais.*

Écartelé : aux 1 et 4 d'azur au chevron d'or accompagné de trois étoiles à cinq rais du même, deux en chef, une en pointe; aux 2 et 3 d'azur à l'aigle à deux têtes d'argent. (Voir Langlois de Chevry.)

CHEYRON (du). *Périgord.*

D'azur à trois rocs d'échiquier d'or.

Nous retrouvons en France deux représentants du nom : l'un au château de Montlau, par Branne, département de la Gironde; l'autre, au château de Dulgarie, par Savignac, département de la Dordogne.

CHEZEAUD (Augier du). *France.*

Armes anciennes : d'argent au chevron de sable, accompagné d'une rose de même en pointe.

Armes actuelles : d'argent à deux couronnes d'épine de sable, accompagnées de trois croissants de gueules, 2 en chef, 1 en pointe.

Les armes primitives étaient celles de Jacques Augier, conseiller du roi, à Évaux, sous Louis XIV. Elles ont été remplacées depuis près de deux siècles par les armes actuelles.

François d'Augier, seigneur de Montgrémier, né en 1724, mort en 1799, fut maréchal des camps et armées du roi. — Claude Augier du Chézaud, député du département de la Creuse, officier de la Légion d'honneur, refusa ses services à la branche cadette des Bourbons, et se retira en 1830. — Son petit-fil, Augier du Chézeau, au château de la Monterolle, par Évaux, département de la Creuse, a un fils au berceau. Ils sont aujourd'hui les seuls représentants du nom.

CHEZELLES. *Touraine.*

D'argent au lion de sable armé et lampassé de gueules.

Cette famille a trois représentants : le vicomte de Chezelles, chef de nom et d'armes, à Paris et au château de Frières-Faillonel, département de l'Aisne; de Chezelles, au château de Bouleaume, par Chaumont-en-Vexin, département de l'Oise; et de Chezelles, à Cormery, département d'Indre-et-Loire.

CHIAVARY. *Gênes, Provence.*

Écartelé : aux 1 et 4 d'or à deux colonnes de gueules aux 2 et 3 d'or au lion de sable, couronné du même, armé et lampassé de gueules.

Le seul représentant du nom a sa résidence au château de Saint-Andéol, par l'Albaron, département des Bouches-du-Rhône.

CHIC. *Armagnac.*

Parti : au 1 d'azur à trois fasces d'or; au 2 de gueules au lion d'or, armé et lampassé de gueules.

Cette famille, dont le nom s'écrit aussi dans les anciens titres Chicq, de Chicq, du Chicq et de Chicq, a formé deux branches. La première a conservé la particule de, comme dans les anciens titres; la seconde, du.

Elle est représentée aujourd'hui par le marquis du Chic d'Arcamont, chef de nom et d'armes, qui réside dans le département du Gers; et par du Chic, au château de Sainte-Ruffine, par Condom, dans le même département.

CHIEUSSE DE COMBAUD. *Provence.*

Parti : au 1 d'azur, au chevron d'or accompagné en pointe d'un rosier du même ; au chef d'argent ; au 2 d'or à trois bandes de gueules, au lion d'azur montant sur la dernière.

Cette famille, qui est établie depuis plus de quatre siècles à Lorgues, et qui a été maintenue par arrêt du conseil d'État en 1755, est représentée par Eugène-Louis-François de Chieusse de Combaud, chef de nom et d'armes, marié et ayant un fils et deux filles à Lorgues, département du Var, et à sa terre de la Martinette. Érasme de Chieusse de Combaud, à Draguignan, sans alliance, et Eugène de Chieusse de Combaud, juge au tribunal civil de Brignoles, marié et ayant postérité, sont tous deux cousins du chef de la famille.

CHIFFLET. *Franche-Comté.*

Écartelé : aux 1 et 4 de gueules au sautoir d'argent accompagné en chef d'un serpent plié en rond d'or ; aux 2 et 3 parti *a* de gueules à la bande engrelée d'or ; *b* d'or fretté de gueules.

CHIÈVRES. *Hainaut, Angoumois.*

D'argent à l'aigle au vol abaissé de sable.

Cette famille, qu'il ne faut point confondre avec celle de Chièvre, en Artois, qui portait de gueules à trois lions d'argent, est représentée par Amédée de Chièvres, avocat à Poitiers, et à Dax, département des Landes ; Aloïs de Chièvres, avocat à Poitiers, et à Saint-Gauthier, département de l'Indre ; Ruppert de Chièvres, propriétaire, à Poitiers.

Cette ancienne famille a fourni à Besançon plusieurs cogouverneurs. Elle s'est distinguée dans l'Église, la magistrature, les lettres. Elle est déjà citée en 1313, dans la personne de Gérard Chifflet, cogouverneur de Besançon, et Laurent Chifflet, conseiller d'État et conseiller au parlement de Dôle, sous Charles-Quint, qui obtint de l'empereur des lettres patentes de comte en 1555.

Le comte de Chifflet, seul représentant de nom et d'armes, réside au château de Técologne, par Audeux, département du Doubs.

CHIRAT DE MONTROUGE. *Bourgogne.*

D'azur au lion d'or gravissant un mont d'argent, mouvant à dextre.

Cette famille très-ancienne remonte à Annibal Chirat, qui épousa, en 1578, Marguerite de la Rivière. Elle a fourni un avocat du roi, conseiller au Châtelet, un prévôt général de la marine et des armées sous Louis XIII et Louis XIV, un prévôt des maréchaux de France de la province de Chalonnais, etc. Elle est aujourd'hui représentée par Charles-Jean-Antoine-Aymé, chevalier de Chirat du Vernay, à Lyon.

CHIRON. *Bretagne, Limousin.*

Bretagne. De gueules au croissant d'argent; au chef du même chargé de trois coquilles de sable. — Chiron de la Cazinière. D'azur au chevron d'or accompagné de trois dauphins du même, les deux du chef adossés.

Limousin. D'azur à trois échelles d'or, surmontées chacune d'une étoile à cinq rais du même.

Ce nom a deux représentants : de Chiron du Brossay, juge de paix à Blain, département de la Loire-Inférieure; de Chiron de la Brousse, conseiller de cour, à Riom.

CHISSÉ. *Haut Faucigny.*

Parti d'or et de gueules, au lion de sable, armé, viléné, lampassé de gueules, brochant sur le tout.

Jean de Chissé, évêque de Grenoble en 1338, conseiller intime de Humbert II, dernier dauphin du Viennois, contribua à la réunion du Dauphiné à la France.

Une des branches de la famille, restée en Savoie, joint à son nom celui de sa terre de Polinges, dans le comté du Genevois.

Cette famille est encore représentée en Savoie par de Chissé, proprement dit, percepteur à Pont-de-Beauvoisin, et par Chissé de Polinges, au château d'Échelles, par la Roche, département de la Haute-Loire.

CHIVRAY. *Maine.*

D'argent au lion de sable.

Il ne reste plus qu'un représentant du nom : de Chivray, au château d'Auxais, par Carentan, département de la Manche.

CHODRON. *France.*

De gueules à trois chaudrons d'or.

Cette maison est représentée par le baron de Chodron de Courcel, à Paris, qui a trois fils : Alphonse, secrétaire d'ambassade; Valentin; Georges, lieutenant de vaisseau.

CHOISEUL. *Champagne.*

D'azur à la croix d'or, cantonnée de dix-huit billettes du même, cinq dans chaque canton du chef, et quatre dans chacun de la pointe.

(L'usage s'est établi pour l'aîné de cette maison de mettre vingt billettes, cinq dans chaque canton.)

Cri de guerre : *Bassigny.*

Devise : *Virtutis fortuna comes.*

La maison de Choiseul, originaire de la baronnie de son nom, située en Bassigny, au comté de Champagne, était grande, illustre et puissante dès les premiers temps de la féodalité. Selon le père Jacques Viguier, jésuite, elle est issue d'Hugues, comte de Bassigny et de Boulogne-sur-Marne, qui vivait environ l'an 937 ; l'abbé Le Laboureur prétend, au contraire, qu'elle descend des anciens comtes de Langres, dont Raynier, seigneur de Choiseul, était le premier vassal dès l'an 1060. Moreri, rapportant ces deux opinions dans son *Grand dictionnaire historique*, ajoute : « Quoi qu'il en soit de l'origine de cette maison, les chartes des donations qu'elle a faites à l'Église de Langres et aux abbayes de Molesme, de Morimond et de la Charité, et qui sont confirmés de degrés en degrés, pendant les onzième, douzième et treizième siècles, établissent clairement sa filiation, et elle a cet avantage, que plus on remonte dans les temps reculés, plus on y trouve d'illustration et de grandeur. »

Voici aussi comment s'exprime le Mémoire de M. de Clerembault, généalogiste des ordres du roi, au sujet de cette maison : « L'ancienneté de la maison de Choiseul, l'étendue de ses possessions, la quantité de ses vassaux, ses alliances, la garde ou avouerie qu'elle avait d'un monastère (prérogative réservée aux souverains et aux hauts seigneurs), et tous les caractères de grandeur qu'elle rassemblait dès le commencement du treizième siècle, sont le fondement légitime des opinions qui lui donnent une origine comtale. Entre ces opinions, la plus vraisemblable est celle qui la fait descendre des comtes de Bassigny, puisqu'elle est fondée sur la possession que cette maison avait de plusieurs terres qui formaient le patrimoine de ces anciens comtes, et sur un cri de guerre, qui est le mot Bassigny. Elle a pour tige certaine Raynier, seigneur de Choiseul, de Varennes et autres terres situées en Bassigny, le premier vassal et conséquemment l'un des plus grands seigneurs du comte de Langres, lequel vivait en l'an 1060. Il fonda le prieuré de Saint-Genguel de Varennes et en fit don à l'abbaye de Molesme, vers l'an 1084. Raynier de Choiseul avait pour vassal Renaud, comte de la Ferté, auquel il permit de faire une donation au même monastère; cette seule qualité de suzerain d'un comte, qu'avait le seigneur de Choiseul dans le onzième siècle, suffit pour prouver qu'il était d'une famille ancienne et illustre. Les bienfaits de ses descendants pendant plusieurs siècles envers la même abbaye et envers celles de Morimond, de la Charité et de Charlieu, et l'église de Langres, leurs services militaires, etc., ont conservé une foule de monuments authentiques qui assurent leur filiation continuelle de mâle en mâle depuis le onzième siècle jusqu'à présent. »

Raynier eut pour fils Roger, et Adeline de Choiseul, femme d'Ulric, seigneur d'Aigremont, fondateur de l'abbaye de Morimond. Roger, seigneur de Choiseul, prit part, avec d'autres seigneurs de France, à la première croisade de l'an 1095.

Raynard III, sire de Choiseul, de la descendance de Roger, fut marié, en 1221, avec Alix de Dreux, dame de Salins et de Tranes, veuve de Gautier de Bourgogne, sire de Salins, frère d'Étienne II, comte de Bourgogne, mari d'Agnès de Dreux, sœur d'Alix, toutes deux filles de Robert II, comte de Dreux, de Nevers et de Braine, et d'Yolande de Coucy, et petites-filles de Robert, comte de Dreux, quatrième fils du roi Louis VI, dit le Gros, et d'Alix de Savoie : c'est de ce mariage que sont sorties toutes les branches de la maison de Choiseul.

La maison de Choiseul, outre les caractères de grandeur qui la placent au rang des premières maisons de France, a l'avantage, par les nombreuses ramifications qu'elle a formées, d'avoir pu, sous tous les règnes de nos rois, donner un grand nombre de sujets de son nom, soit dans les armées, soit à la cour et dans les conseils, soit enfin dans les hautes dignités ecclésiastiques. Avant l'institution des grades généraux, on distingue dans ses diverses branches une foule de capitaines, d'hommes d'armes et de chevau-légers, des chevaliers des ordres du roi, des gouverneurs de province et de places de première ligne, etc. Dans les temps postérieurs, elle a donné des cardinaux, des archevêques, des évêques, plusieurs ministres, des ambassadeurs, des chevaliers du Saint-Esprit et de la Toison-d'Or, quatre maréchaux de France, plusieurs colonels généraux, et plus de trente lieutenants généraux et maréchaux de camp, outre beaucoup d'officiers supérieurs, tels que brigadiers des armées et mestres de camp de régiments de leur nom. Les quatre maréchaux de France furent :

Charles de Choiseul, marquis de Praslin et de Chaource, en Champagne, etc., créé maréchal de France par le roi Louis XIII, en 1619. Sa branche s'est éteinte le 23 octobre 1705.

César de Choiseul, comte du Plessis-Praslin, duc de Choiseul, maréchal de France en 1645. Sa terre de Polisy fut érigée en duché-pairie de Choiseul, par lettres du mois de novembre 1665. Ce duché-pairie s'est éteint avec la branche qui le possédait le 12 avril 1705.

Claude, comte de Choiseul-Francières, créé maréchal de France en 1693.

Jacques de Choiseul, comte de Stainville, puis duc de Stainville, ayant été fait duc à brevet sous ce nom, créé maréchal de France en 1761 ; il était frère d'Étienne-François de Choiseul, duc de Choiseul, ministre et secrétaire d'État sous Louis XV, qui fut créé duc et pair de Choiseul en 1759. Ce duché-pairie consistait dans la baronie et château d'Amboise, en Touraine. Avec eux s'est éteinte la première branche de Beaupré.

Les branches de la maison de Choiseul qui existent actuellement et les membres de cette famille qui les représentent sont :

I. Celle des seigneurs de Sommeville, marquis de Choiseul-Beaupré, sortis de la première branche de Beaupré.

Marquis de Choiseul-Beaupré, dont un fils en bas âge, en résidence à Cherbourg.

II. Celle des seigneurs de Daillecourt, comtes de Choiseul-Beaupré, sortis de la première branche de Beaupré. Cette branche a formé trois rameaux.

1° Celui des Choiseul-Gouffier, lesquels sont fixés en Russie depuis nombre d'années, tant par leurs possessions que par leurs alliances;

2° Celui des comtes de Choiseul-Daillecourt :

Comte Charles de Choiseul-Daillecourt, né à Paris, 9 mars 1834.

Son oncle, comte Léon de Choiseul-Daillecourt, né à Versailles, le 2 juin 1812, marié, le 30 mai 1837, à sa cousine, Léa-Marie-Régine de Choiseul-Praslin. Réside à Paris.

Cousin-germain du précédent : comte Gabriel de Choiseul-Daillecourt, né à Paris, 5 février 1826, veuf le 21 août 1861 d'Emma-Marie-Virginie de Talleyrand-Périgord, fille unique d'Élie de Talleyrand-Périgord, prince de Chalais, et d'Élodie de Beauvilliers de Saint-Aignan. Réside à Paris;

3° Celui des Choiseul-Labaume. Le dernier représentant en a été Claude-Antoine-Cléviadus de Choiseul, devenu duc de Choiseul par substitution, ayant épousé une fille de Jacques de Choiseul-Stainville, maréchal de France, frère d'Étienne-François, duc de Choiseul, ministre de Louis XV, lequel était oncle maternel de sa femme et n'avait pas de descendance. Il est mort en 1838, ne laissant qu'une fille, mariée au duc de Marmier, et le duché de Choiseul s'est ainsi éteint.

III. Celle des Choiseul-Chevigny, qui se sont appelés Choiseul-Praslin lorsque César-Gabriel de Choiseul, comte de Chevigny, ministre de la marine sous Louis XV, fut fait, le 2 novembre 1762, duc et pair de Praslin. Ce duché-pairie fut érigé sur la terre de Vaux, près Melun, acquise des héritiers du maréchal de Villars, sous le nom de Praslin.

Gaston de Choiseul, duc de Praslin, réside au château de Praslin.

Ses frères : comte Horace de Choiseul-Praslin, marié à Béatrix de Beauveau, fille du prince Charles de Beauveau et de la comtesse Louise de Komar. Réside au château de Praslin.

Comte Raynald de Choiseul-Praslin. Réside à Paris.

Oncle des précédents : Edgar de Choiseul-Praslin, dit le comte de Praslin, veuf de Georgina Schikler, dont une fille unique mariée au comte Carl de Mercy-Argenteau. Réside à Paris.

CHOISY. *Champagne.*

Choisy de Maigneville. D'azur au sautoir engrelé d'or, cantonné d'un croissant et de trois besants d'argent.

Choisy de Thiéblemont. D'azur au chef emmanché de quatre pointes et deux deniers d'or.

Cette maison, qui obtint concession du titre de marquis avant 1692, est représentée au château de Laroque, département de Lot-et-Garonne.

CHOLET. *Bretagne, Guyenne.*

BRETAGNE. D'argent à la croix de gueules cantonnée de quatre clefs du même.

GUIENNE. D'or au pin de sinople terrassé du même ; au lion léopardé de sable brochant sur le pin ; au comble de gueules chargé de trois étoiles à cinq rais d'argent.

Cette famille, qui s'honore d'avoir donné un cardinal, a trois représentants : le comte de Cholet, ancien pair de France ; le vicomte de Cholet, à Paris ; le baron de Cholet, à Paris.

CHOLIER. *Dombes.*

D'or à trois bandes de sable ; au chef d'azur chargé d'un lion passant du même.

Cette famille, qui prend aussi le nom de sa terre de Cibeins, son patrimoine immémorial, érigé en comté en faveur de Pierre Cholier, est la plus ancienne du pays. Elle est représentée par Hector de Cholier, comte de Cibeins ; Pierre de Cholier, comte Pierre de Cibeins ; Léonor de Cholier, comte Léonor de Cibeins, marié en 1861, à Berthe, fille aînée du dernier marquis de Noyria-Chatillon, morte le 10 octobre 1862, dont une fille, Suzanne, née le 1er octobre 1862.

CHOLLET. *Normandie.*

Bandé d'argent et de sable.

Cette famille a deux représentants : le baron de Chollet, au château de Sauvage, par Gondrecourt, département de la Meuse ; le baron de Chollet, à Échenay, par Pancey, Haute-Marne.

CHOMEL. *Ile-de-France.*

D'or à la fasce d'azur chargée de trois carreaux d'argent, accompagnée de trois trèfles de sinople; au chef d'azur, chargé d'une comète d'argent, la queue à senestre.

Les armes de cette famille ont été enregistrées en 1696. Au siècle dernier elle était représentée par le lieutenant général criminel de Chomel, qui fit partie des assemblées électorales de 1789. Elle l'est aujourd'hui par de Chomel de Dieune, au château de Vilherols, par Mur-de-Barres, département de l'Aveyron.

CHONET DE BOLLEMONT. *Autriche.*

D'azur au sautoir d'argent, chargé de quatre flèches entées, empennées et apointées de gueules, se réunissant en cœur; à l'aigle d'argent mise en chef.

On connaît deux représentants de cette famille : de Chonet de Bollemont, juge à Rethel, département des Ardennes et de Chonet de Bollemont, conseiller de Cour.

CHOPPIN D'ARNOUVILLE. *Anjou, Ile-de-France.*

D'azur au cerf ailé d'or passant sur un épieu du même, posé en fasce à la pointe de l'écu.

Cette maison descend de René Choppin, seigneur de Chatou, né en 1537, à Bailleul, près de La Flèche, en Anjou, avocat célèbre. Élevée au titre de baron le 7 septembre 1826, elle est aujourd'hui représentée par René-Paul, baron de Choppin d'Arnouville, à Paris; de Choppin d'Arnouville, inspecteur de colonisation à Sidi-bel-Abbès, Algérie; de Choppin d'Arnouville, conservateur des hypothèques, à Colmar; de Choppin d'Arnouville, avocat général à Limoges; et de Choppin d'Arnouville, ancien préfet, à Paris.

CHOSSAT. *Bourgogne.*

D'azur à un chevron d'or, accompagné en chef de deux croissants d'argent et en pointe d'une rose d'or.

Cette famille est représentée par de Chossat, au château de la Garde, par Bourg, département de l'Ain.

CHOUE (DE LA). *Bretagne.*

D'argent à trois chouettes de sable, becquées et membrées de gueules.

Cette famille qui joint à son nom celui de la Mettrie, a deux représentants : La Choue de la Mettrie, à Rennes ; La Choue de la Mettrie, au château de la Haute-Mettrie, par Ploubalay, département des Côtes-du-Nord.

CHOULY DE PERMANGLE. *Limousin.*

D'azur à la fasce d'argent accompagnée en chef de trois fleurs de pavot du même et en pointe d'une feuille de chataignier d'or.

Cette famille a pour unique représentant le comte de Chouly de Permangle, chef du cabinet du préfet du département des Landes, à Mont-de-Marsan.

CHRESTIEN. *Ile-de-France, Normandie, Bretagne.*

ILE-DE-FRANCE. D'azur à la bande accompagnée de quatre étoiles à cinq rais en chef et de trois roses tigées en pointe, le tout d'argent.

NORMANDIE. CHRESTIEN DE GAIARD. D'azur à la fasce d'argent chargée de trois roses de gueules et accompagnée de trois fleurs de lis au pied nourri d'or.

BRETAGNE. De sinople à la fasce d'or accompagnée de trois casques du même, tarés de profil.

Le nom de Chrestien est représenté par de Chrestien de Beauménil, au château d'Art, par Saint-Nicolas-du-Port, département de la Meurthe ; de Chrestien de Poly, conseiller à la Cour impériale à Amiens ; de Chrestien de Poly, au château de Lithus-le-Grand, département de l'Oise et par Chrestien de Lithus, à Paris.

CHRISTIN. *Lyonnais.*

D'azur à la fasce d'or accompagnée de trois aiglettes d'argent rangées en chef et en pointe d'une croix pattée et alésée d'argent.

Cette famille n'est plus représentée que par la baronne douairière de Christin, à Tours.

CHRISTOFLE. *Flandre française.*

D'azur à un chevron d'or accompagné en chef de deux roses, et en pointe d'une étoile du même, brisée au côté dextre en chef d'un croissant aussi d'or.

Cette famille est représentée par de Christofle, député du Puy-de-Dôme.

CHRISTOL. *Toulouse, Montauban.*

D'azur à un lion lampassé de gueules.

Le représentant de cette famille, chevalier de la Légion d'honneur, réside à Montpellier.

CHRISTOPHE DE BREJOT.

Coupé : au 1 de sinople à une tête de cheval d'argent : au 2 d'argent au dextrochère au naturel, mouvant du flanc dextre, paré de sinople, la manche chargée de cinq chevrons du champ, la main de carnation tenant un badelaire de gueules.

Christophe de Brejot, seul représentant du nom, réside à Paris.

CILLART. *Bretagne.*

De gueules au greslier d'argent. Cimier : couronne de comte.

Devise : *Mon cor et mon sang.*

Cette maison dont la noblesse est antérieure aux plus anciennes réformations connues se divise en trois branches dont l'aînée, celle de Villeneuve est aujourd'hui représentée par Alphonse-Marie-Damas, comte de Cillart de Villeneuve, à Quimperlé et au château de Bois-de-la-Roche, près Morlaix.

CIRCEY. *Normandie.*

De gueules à trois coquilles d'argent.

Le marquis de Circey, seul représentant connu du nom, réside au château d'Harencourt, par Meulan, département de Seine-et-Oise.

CISSEY (Cissay). *France.*

D'azur à deux chevrons d'or chargés chacun de cinq coquilles de gueules.

Cette famille est représentée au château de Cissey, par Meursault, département de la Côte-d'Or.

CISSEY DE COURTOT. *Bourgogne.*

De gueules à la licorne passant d'argent.

Cette famille a deux représentants : de Cissey de Courtot, président de la société des secours mutuels, à Mercueil, département de la Côte-d'Or et de Cissey de Courtot, officier de la Légion d'honneur, général de division, à Paris.

CIVILLE. *Normandie.*

D'argent au chef d'azur, chargé d'une fleur de lis d'or, accostée de deux molettes du même.

Cette famille est originaire d'Espagne. Alonce de Civille, qui vint en France en 1488, obtint des lettres de naturalité et d'agrégation à la noblesse de France, en 1518. Elle est représentée par le marquis de Civille, au château de Boisheroult, par Buchy, département de la Seine-Inférieure, et le comte de Civille, à Caen.

CLACY. *Picardie.*

De gueules à trois pals échiquetés d'argent et d'azur de deux traits; au chef d'or.

Cette ancienne maison doit son nom à la terre de Clacy que Louis le Gros, roi de France, donna à Barthélemy, évêque de Laon, en 1125, et que le prélat conféra à un seigneur du pays, souche de la famille. Elle est représentée par de Clacy, au château de Laniscourt, par Laon, département de l'Aisne.

CLAM DE PATY.

Écartelé : aux 1 et 4 tranché d'argent sur sable, qui est de Clam ; aux 2 et 3 d'or à la chatte rampante de sable ; sur le tout d'or à une vierge issante de carnation, mouvante de trois pics de rocher au naturel, les cheveux épars, couronnée de feuillage, supportant de sa main dextre une ramure de cerf au naturel.

Cette famille a pour unique représentant le colonel de Clam de Paty, officier de la Légion d'honneur, commandant le 3e régiment de spahis.

CLAMECY (CALLANDE, BARON DE). *Berry.*

D'argent au chevron de gueules, accompagné en chef de deux étoiles d'argent et en pointe d'un griffon rampant de même. Couronne : de baron.

Le baron de Clamecy, secrétaire général de la préfecture, à Orléans, est chef de nom et d'armes de sa famille.

CLAPPIERS. *Provence.*

Fascé d'azur et d'argent de six pièces au chef d'or.

Cette noble et ancienne famille s'est divisée en plusieurs branches. La principale, celle des seigneurs de Vauvenargues, a produit Joseph Clappiers, premier consul d'Aix, créé marquis de Vauvenargues en 1722. Cette branche, éteinte en 1747, s'est illustrée dans les lettres.

Cette famille est représentée par le président du tribunal civil à Digne ; le comte de Clappiers, à Marseille ; Louis de Clappiers, à Aix.

CLARET DE FLEURIEUX. *France.*

Coupé : au 1 d'azur à un soleil d'or et une lune d'argent ; au 2 de sinople au compas d'argent, les pointes tournées vers les centres des astres.

Cette famille est représentée par de Claret de Fleurieux, au château de Laye, à Saint-Georges de Reneins (Rhône), et par Claret de Fleurieux, à Estrablin (Isère).

CLARY. *Languedoc, Provence, Limousin.*

D'azur au chevron d'or, surmonté d'un croissant d'argent, accompagné en chef de deux clés d'or et en pointe d'un soleil du même.

Cette famille a donné des reines à l'Espagne et à la Suède, par le mariage de Julie Clary avec Joseph Bonaparte et d'Eugénie Clary avec Jean Bernadotte. Elle est représentée par François, comte de Clary, ex-sénateur, officier de la Légion d'honneur ; Just, vicomte de Clary, commandeur de la Légion d'honneur, député de Loir-et-Cher, à Paris ; le baron de Clary, officier de la Légion d'honneur, conseiller général, ancien maire de Trouville, par Pont-l'Evêque, département du Calvados.

CLAUSADE. D'argent à trois grenades ouvertes de gueules.

Cette maison a plusieurs représentants : de Clausade, à Paris; de Clausade, à Toulouse; de Clausade, conseiller de préfecture, à Toulouse; de Clausade-Scalibert, à Toulouse.

CLAUSEL DE COUSSERGUES. *France.*

Parti : au 1 d'azur au lion d'or; au chef du même, chargé de trois étoiles du champ; au 2 de gueules à la tour d'argent, ouverte, ajourée et maçonnée de sable, le tout soutenu d'une champagne de sable.

Cette famille a deux représentants : de Clausel de Coussergues, au château de Cayleret, à Laissac, département de l'Aveyron; de Clausel de Coussergues, avocat, à Paris.

CLAUZEL. *France.*

Écartelé : au 1 d'azur à trois étoiles à cinq rais d'argent; aux 2 et 3 d'azur à deux chevrons d'or, accompagnés de trois mains appaumées d'argent; au 4 d'or à trois crabes de gueules.

Cette famille est représentée par le comte de Clauzel, à Paris.

CLAVEL. *Dauphiné, Lyonnais, Provence, Savoie, Suisse.*

Dauphiné. Lyonnais. D'azur au chevron d'or, accompagné de trois mouchetures d'hermine de sable.

Provence. D'argent à la bande de gueules chargée d'un crapaud empalé d'un clou et accosté en chef à dextre d'une étoile à cinq rais, le tout d'or; au chef d'azur chargé de trois étoiles à cinq rais, aussi d'or.

Savoie, Suisse. Parti d'or et d'azur, à trois clous de l'un en l'autre.

Cette famille a deux représentants du nom de Clavel de Veyrens, à Tournon (Ardèche) : l'un est juge, et l'autre, avocat.

CLAVIÈRES. *Vivarais, Auvergne.*

Vivarais. De gueules à la main d'argent, tenant deux faucons d'or longés de sable.

Auvergne. De gueules au sautoir d'argent cantonné de quatre clefs du même. — Clavières de Zugues. — De gueules à la clef d'argent en pal; au chef cousu d'azur chargé de trois étoiles à cinq rais d'or.

Cette famille a deux représentants à Lyon.

CLAVIERS. *Provence.*

De sable à trois clefs d'argent mises en pairle et passées dans un annelet du même.

Cette famille a pour unique représentant le baron de Claviers, maire, à Seillons, département du Var.

CLEBSATEL. *Alsace.*

Ecartelé : aux 1 et 4 d'or à l'arbre de sinople terrassé de même; aux 2 et 3 de gueules à un bouc contourné d'argent, passant sur une terrasse raboteuse du même.

L'unique représentant de cette famille réside à Dunkerque, département du Nord.

CLÉDAT. *Ile-de-France.*

D'argent à une fasce d'azur, chargée d'une épée d'or posée aussi de fasce, accompagnée en chef de deux quintefeuilles d'azur et en pointe d'une clef de sable.

Cette famille a deux représentants : la baronne douairière de Clédat, à Chambourcy, près Saint-Germain-en-Laye, et de Clédat de la Viguerie, médecin-major dans l'armée.

CLÉMENCEAU DE SAINT-JULIEN. *Poitou.*

De gueules à une clef d'argent; coupé d'argent à un sceau de gueules.

L'unique représentant du nom de Clémenceau de Saint-Julien est régisseur de l'octroi, à Paris.

CLÉMENT. *France, Bretagne, Languedoc, Dauphiné.*

France. D'argent à trois bandes de gueules.
Bretagne. De gueules à trois écussons d'argent.
Languedoc. D'or à trois bandes de gueules.
Dauphiné. D'or au lion de sable, accompagné de sept tourteaux du même, rangés en orle. — D'azur au chevron d'argent, accompagné en chef de deux étoiles d'or, et en pointe d'une colombe d'argent portant en son bec une branche d'olivier de sinople. — D'azur à la bande d'argent, chargée de trois merlettes de sable et accompagnée de deux étoiles d'or.

On rencontre en France deux représentants du nom de Clément : le baron do Clément d'Aerzen, officier de la Légion d'honneur, ancien préfet, receveur des finances, à Paris; de Clément des Ormes, au château de Beaumont, à Chatillon-sur-Chalaronne, département de l'Ain.

CLERC. *Picardie, Anjou, Lyonnais, Ile-de-France, Maine, Artois, Nivernais, Bretagne, Normandie.*

Picardie. D'argent à la bande de gueules accompagnée en chef d'une aigle et en pointe d'une molette d'éperon du même.

Anjou. D'argent à la croix de gueules bordée d'une engrelure de sable et cantonnée de quatre aiglettes du même, becquées et membrées de gueules. — Coupé : au 1 de gueules au lion de Saint-Marc couché d'or, tenant en ses pattes de devant un livre d'argent ouvert, avec ces mots : *Pax tibi*, qui est devise ; au 2 d'azur à deux épées d'argent posées en sautoir, les gardes et poignées d'or et en bas.

Lyonnais. D'argent au chevron de gueules accompagnées de trois annelets de sable.

Ile-de-France. D'azur au lion d'or au chef cousu de gueules, chargé d'un soleil du second.

Maine. D'azur au chevron d'or accompagné en pointe d'un croissant d'argent ; au chef du même chargé de trois molettes de sable.

Artois. De sable à la fasce d'argent.

Nivernais. D'azur au lion d'or; au [chef cousu de gueules chargé de trois têtes de femme de carnation, chevelées d'or, posées de front. — D'azur au chevron d'or, accompagné de trois roses d'argent.

Bretagne. D'or à la bande de gueules, chargée d'une macle du champ, entre deux coquilles d'argent. — D'or à trois roses de gueules. — De gueules à la croix ancrée d'or, accompagnée en chef de deux macles du même.

Normandie. D'azur à trois croissants d'or.

Le nom de Le Clerc ou de Clerc est très-répandu en France. On distingue parmi ses représentants : Le Clerc de Bussy, au château de Bussy-lez-Poix, département de la Somme; Le Clerc de la Merverie, officier de la Légion d'honneur, colonel directeur de l'École polytechnique, à Bayonne; Achille Le Clerc de Landremont, conducteur de première classe des ponts et chaussées à Douai; Le Clerc de Landresse, juge de paix, à Port, département de la Haute-Saône; Le Clerc de Landresse, chevalier de la Légion d'honneur, avocat à Besançon; Le Clerc de Landresse, officier de la Légion d'honneur;

maire de Besançon; madame la douairière Le Clerc de la Monnerie, à Rennes; Le Clerc d'Osmonville, officier de la Légion d'honneur, conseiller général, député, à Laval; mademoiselle Le Clerc de Romefort, à Rennes.

CLERC DE JUIGNÉ-VERDELLES (LE), *Anjou*.

D'argent à la croix de gueules engrelée de sable, cantonnée de quatre aigles de sable; becquées ou onglées ou parées de gueules. Cimier : un coq aux ailes ouvertes.

Devise : *Ad Alta*. Cri : *Battons et abattons*.

Cette famille, qui doit aux croisades la croix de ses armes, est connue par un cartulaire de l'abbaye de Saint-Aubin d'Angers, concernant Hisgaud Le Clerc, seigneur de la baronnie de Vihiers, en Anjou, depuis érigé en comté, vivant au dixième siècle.

Cette famille a trois représentants : le marquis de Juigné, membre du conseil général de la Sarthe, au château de Juigné, Sarthe; le comte de Juigné, son fils; le comte Gustave de Juigné, membre du conseil général de la Loire-Inférieure, au Bois-Rouand, Loire-Inférieure.

CLERC DE LADEVÈZE. *Languedoc*.

D'azur au chevron d'or chargé de trois tourteaux de gueules, accompagnés de trois pommes de pin d'or, deux en chef, une en pointe.

Devise : *Virtute clara*.

Cette ancienne famille est connue dans l'histoire par Raimond de Clerc, qui rendit une sentence arbitrale dans un différend survenu entre les habitants de Rescols et Béranger du Breuil, leur seigneur, le 6 des nones de juillet 1296.

Cette famille compte pour unique représentant, le

marquis de Clerc de Ladevèze, au château de son nom, par Saint-Vit, département du Doubs.

CLERC DE JUVIGNY. *Bourgogne.*

D'azur au chevron d'argent chargé de trois lionceaux de sable et accompagné en chef de deux têtes de femme de carnation et en pointe d'une aiglette d'or.

Cette famille est représentée par le Clerc de Juvigny, maire d'Alluy, Nièvre.

CLERCK. *Flandre française.*

D'azur à la fasce d'or accompagnée de trois étoiles d'argent.

Cette famille est représentée par de Clerck, avocat au tribunal civil, à Arras.

CLERCQ. *Hainaut, Artois.*

Hainaut. D'argent à la croix fleurdelisée de gueules.

Artois. D'or au tourteau de sable accompagné de trois rocs d'échiquier de même, le tout accompagné de dix-neuf billettes de gueules posées 5, 4, 4, 2 et 4. — Écartelé : aux 1 et 4 d'azur à deux palmes d'or passées en sautoir, enfilées d'une couronne de même et cantonnées de quatre étoiles aussi d'or ; aux 2 et 3 d'argent à neuf billettes de gueules posées 3, 3 et 3.

Cette famille est représentée par le comte de Clercq, au château de Derchigny, près Offranville, Seine-Inférieure ; Alexis de Clercq, officier de la Légion d'honneur, ministre plénipotentiaire, à Paris ; de Clercq, président de la Société de secours mutuels, à Oignies, Pas-de-Calais ; de Clercq, à Paris.

CLERCY. *France.*

De sinople à la fleur de lis d'or.

Le vicomte de Clercy, chef de nom et d'armes, réside à

Paris ; de Clercy, autre représentant du nom, habite le château de Fresnay, par Doudeville, département de la Seine-Inférieure.

CLÈRE (LE). *Normandie.*

D'argent à une fasce d'azur chargée de deux lions, et d'un aigle à deux têtes, le tout d'or.

Cette noble et ancienne maison du baillage de Rouen, une des plus considérables de la province, est issue de Godefroi, comte d'Eu et de Brionne, fils naturel de Richard Ier, duc de Normandie, vivant en 921.

Ce nom est encore porté par le Clère d'Hières, avocat, à Bellay, département de l'Ain.

CLEREL DE TOCQUEVILLE. *Normandie.*

D'argent à la fasce de sable, accompagnée en chef de trois merlettes du même et en pointe de trois tourteaux de gueules, *alias* d'azur.

Ce nom, très-ancien en Normandie, distingué dans le Parlement de Rouen, est représenté par le comte Hippolyte de Clérel de Tocqueville, membre de l'Assemblée nationale, et par le vicomte Louis-Édouard de Clérel de Tocqueville.

Le nom de Tocqueville leur est contesté par le comte Victor de Tocqueville.

CLÉREMBAULT. *Bretagne.*

D'or au chêne arraché de sinople.

Le comte de Clérembault, chef de nom et d'armes et unique représentant, est général de division de cavalerie.

CLERGET DE SAINT-LÉGER. *Bourgogne.*

De sinople à une fontaine jaillissante d'argent, accompagnée en chef d'un soleil d'or.

L'unique représentant de cette famille est président de la Société de secours mutuels, à Plainoiseau, département du Jura.

CLÉRISSY DE ROUMOULÈS. *Provence.*

D'argent à trois chandeliers de sable; au chef d'azur, chargé d'un soleil d'or.

Cette famille a pour principal auteur, Pierre de Cléricy ou Clérissy, secrétaire du roi en 1747.

Cette famille a deux représentants : Édouard-Antoine-Emmanuel de Clérissy de Roumoulès, à Aix, département des Bouches-du-Rhône; de Clérissy de Roumoulès, au château de Champagne, par Riez, département des Basses-Alpes.

CLERMONT. *France.*

D'azur au château d'argent maçonné de sable, ajouré de gueules et sommé de trois tours, celle du milieu crénelée. L'écu fascé dans le bas de trois pièces; la première en pointe de sable, la deuxième d'or, la troisième de sable à trois annelets d'or.

Cette famille a quitté la France lors de la révocation de l'Édit de Nantes pour aller s'établir dans les environs d'Aix-la-Chapelle. Le trisaïeul du chef de la famille actuel, devint plus tard propriétaire des seigneuries de Gulpen, Margraten, Neuenbourg et ajouta à son nom celui de Vanalsbrouck, un de ses châteaux. Le père du chef actuel rentra en France. L'unique représentant du nom de Clermont, proprement dit, est secrétaire d'ambassade, chevalier de la Légion d'honneur. Il réside à Paris.

CLERMONT-MONT-SAINT-JEAN. *Dauphiné.*

De gueules à deux clefs d'argent passées en sautoir.

Ce beau nom a deux représentants : le marquis de Clermont-Mont-Saint-Jean, à Paris ; la comtesse de Clermont-Mont-Saint-Jean, au château de Cussac, département de la Gironde.

CLERMONT-TONNERRE. *Dauphiné.*

De gueules à deux clefs d'argent passées en sautoir.

Devise : *Si omnes ego non.*

Ducs en 1775, princes romains en 1823.

Ce grand nom de la noblesse de France compte encore de nombreux représentants : Aymé, duc de Clermont-Tonnerre, général, chef de nom et d'armes, réside alternativement à Évreux et à Paris. Il a un fils, un frère puîné et deux oncles ; le frère, Aynard de Clermont-Tonnerre, officier de la Légion d'honneur, chef d'escadron d'état-major, a un fils. Ses oncles sont : le marquis Gaspard de Clermont-Tonnerre et le comte André de Clermont-Tonnerre. Ce dernier a un fils, de Clermont-Tonnerre, marquis de Thoury. Il réside au château de Bertangles, par Amiens.

CLERVAUX. *France.*

D'azur à trois glands.

Cette famille est représentée par le baron de Clairvaux, directeur des hauts-fourneaux et fonderies, à Torteron, département du Cher et par de Clairvaux, maire à Montrolles, par Confolens, département de la Charente.

CLINCHAMP. *Touraine, Normandie, Maine, Provence.*

Armes anciennes. D'argent à six pigeons ou merlettes de gueules posées 3, 2 et 1. — D'argent à la bande vivrée de gueules, accompagnée de six merlettes de même posées 3, 2 et 1.

Armes actuelles. (Concession de saint Louis). D'argent au gonfanon de gueules, l'étendard ou oriflamme des croisades découpé en trois manipules posées en sautoir. Supports : deux griffons. Couronne : de marquis.

Devise : *Pro Deo et Rego.*

Les armes concédées par saint Louis, sont aussi celles d'une branche collatérale fixée en Provence. Les Clinchamp du Maine ont continué à porter d'argent à six merlettes ; ceux d'Orléans et d'Avranches la bande vivrée et les merlettes.

Cette maison qui tire son nom de la terre de Clinchamp en Touraine, son berceau, est connue depuis Gautier de Clinchamp, qui vivait en 1098 et s'établit en Normandie où il fonda le fief de Clinchamp, situé dans la vicomté de Falaise.

Elle a donné dans les temps modernes un capitaine d'artillerie, chevalier de saint Louis sous Louis XIV, à la première promotion. Son fils, Joseph de Clinchamp-Bellegarde, brigadier d'artillerie, brigadier des armées du roi, mort en 1774, commandait en second le camp et l'école d'artillerie de Normandie, commandait en chef le camp et l'école d'artillerie de Grenoble. Son petit-fils, chevalier de saint Louis, était lieutenant colonel.

Le marquis de Clinchamp-Bellegarde, chef de nom et d'armes, fils de ce dernier, réside au château de Jarsey, par Nonencourt, département de l'Eure. Il a un fils, ancien volontaire aux guides pontificaux.

Les autres branches du nom de Clinchamp sont représentées à Orléans, à Avranches et au Mans.

CLOSEL (Barbat du). *Auvergne.*

De sable au chevron d'argent.

Cette famille se divise en deux branches : la première

a pour chef Charles-Antoine Barbat du Closel, au château de Charbonnière, à Barbérieux, département de l'Allier. Elle est également représentée par Henri Barbat du Clozel, conseiller de cour à Riom, qui a un fils; par Théodore Barbat du Closel, ancien inspecteur général de la librairie, à Paris, et par les enfants de trois frères décédés.

Une branche cadette est représentée à Orléans et par de Barbat du Closel, notaire à Mauriac, département du Cantal.

CLOSMADEUC. *Bretagne.*

D'argent à trois chouettes de sable, becquées, membrées et allumées de gueules.

L'un des représentants du nom est armateur à Nantes; l'autre, avocat, à Paris.

CLOYS. *Champagne.*

D'or coupé aux deux tiers, en chef d'une aigle éployée à deux têtes de sable; l'autre tiers en pointe d'azur. Couronne : de marquis.

Cette famille est représentée au château de Montpoignant (Eure), par Charles-Thomas-Gaston Le Blanc de Cloys, qui épousa Marie-Marthe-Louise Roussel de Courcy, dont trois filles.

CLUNY. *Bourgogne.*

D'azur à deux clefs adossées d'or.

Le marquis de Cluny, seul représentant du nom, réside à Passy (Paris).

CLUZEAU. *Auvergne.*

D'azur à un cœur d'or, surmonté d'une étoile du même.

Du Cluzeau de Clérons, chef de nom et d'armes de

cette famille, chevalier de la Légion d'honneur, est maire à Valajoux, par Montignac, département de la Dordogne; du Cluzeau Rodillon de Chapettes, réside à Moulins, et du Cluzeau de Roumfort, habite son château de la Léard, par Saint-Hilaire, département de la Charente-Inférieure.

COAT (LE). *Bretagne.*

D'azur au chevron d'or, accompagné de trois trèfles d'argent.

Ce nom est grandement considéré dans les annales de la noblesse bretonne. Il est représenté par le vicomte le Coat-Kerveguen, député du Var; le Coat de Kerveguen, à Paris, et le Coat de Saint-Haouen, officier de la Légion d'honneur, commissaire de la marine, à Lorient.

COATCOUREDEN. *Bretagne.*

De gueules à la croix dentelée d'argent.

Il n'existe plus qu'un représentant du nom. Il a sa résidence au château de Kerjean, par Landivisiau, département du Finistère.

COCHET DE SAVIGNY. *Bourgogne.*

D'argent au coq de gueules, becqué, membré, crété et barbé d'or.

L'unique représentant du nom est conseiller de préfecture, à Versailles.

COCHON DE L'APPARENT. *Berry.*

D'or au chevron de gueules, chargé d'une croix de la Légion d'honneur d'argent, et accompagné de trois hures de sanglier de sable.

Cette famille a deux représentants : Henri de Cochon de l'Apparent, officier de la Légion d'honneur, directeur des constructions navales, à Paris, et le commandant de Cochon de l'Apparent, officier de la Légion d'honneur, chef de bataillon du génie, à Bourges, département du Cher.

COCKBORNE. *Brie.*

D'argent à trois coqs de gueules.

Cette maison, originaire d'Ecosse, est représentée par Antoine-Edme-Marie-Henry, baron de Cockborne, à Paris.

COCQ DE LA FONTAINE (LE). *Cambrésis.*

D'azur à la fasce d'or, accompagné de trois coqs d'argent.

Cette famille est représentée par Frédéric-Casimir-Désiré le Cocq de la Fontaine, à Paris.

COEFARD DE MAZEROLLE. *La Rochelle.*

D'azur à un faucon d'or grilleté de même et longé de gueules.

Cette famille est représentée par de Coefard de Mazerolle, au château de Bourron, par Créon, département du Cher.

COEHORN. *Pays-Bas.*

Écartelé : aux 1 et 4 d'or à quatre pals d'azur; aux 2 et 3 de sable au cor de chasse d'or, lié, engrelé et virelé de gueules.

Cette famille à laquelle appartenait le général grand-maître de l'artillerie de Hollande, connu dans les annales militaires par l'invention d'une bouche à feu, principalement employée dans les siéges, le mortier qui porte son nom, a plusieurs représentants : le baron de Coehorn, député du Bas-Rhin, au Corps législatif, et maire de Saint-Pierre; ses fils : l'un, officier de cavalerie; l'autre, lieutenant dans la garde mobile du Bas-Rhin; son frère, ancien secrétaire d'ambassade.

COETLOGON. *Bretagne*.

De gueules à trois écussons d'hermine ou de Bretagne, posés 2 et 1.

Cette ancienne maison, qui a donné son nom à une châtellenie et fief, situé dans le diocèse de Saint-Brieuc, est connue depuis le douzième siècle. Elle descend d'un puiné des comtes de Porhouet, branche cadette de la maison ducale de Bretagne, éteinte à cette époque, et le premier dont l'histoire fasse mention, est Eudes de Coëtlogon, qualifié chevalier dans un acte du troisième jour avant Pâques, 1180. Elle est aujourd'hui représentée par le marquis de Coëtlogon, au château de Kerno, par Lesneven, département du Finistère, et par le comte de Coëtlogon, à Paris. Il existe, en outre, deux frères, deux sœurs, et quelques membres d'une branche éloignée.

COETLOSQUET. *Bretagne*.

De sable semé de billettes d'argent; au lion morné de même, brochant sur le tout.

Devise : *Franc et loyal*.

L'ancienneté de cette maison est prouvée par le livre de la réformation de Léon, en 1443, disant que Jean de Coetlosquet est employé au rang des nobles de toute antiquité. Elle est représentée par le comte de Coetlosquet, à Metz, et par le vicomte de Coetlosquet, au château de Mercy-le-Haut, par Courcelles-Chaussy, département de la Moselle.

CŒUR. *Berry*.

D'azur à la fasce d'argent, chargée de trois coquilles de sable et accompagnée de trois cœurs de gueules.

Devise : *A cœur vaillant, rien d'impossible.*

Cette famille a deux représentants : de Cœur de l'Etang, à Paris ; de Cœur de l'Etang, son frère, à son château, à Nogent-sur-Vernisson (Loiret).

CŒURDOUX. *Normandie.*

De Cœurdoux, famille ancienne de Normandie. Lors de l'édit de Nantes, une branche protestante se réfugia en Angleterre ; la branche catholique resta en Normandie. De cette dernière, sont issus : Charles-Jean-François-Nicolas de Cœurdoux, né le 8 mars 1729, à Condé-sur-Noireau (Calvados). Il assista à la bataille de Fontenoy, en qualité de garde du corps du roi, dans la compagnie de Luxembourg, fit la guerre de Sept Ans, et fut reçu chevalier de Saint-Louis, le 5 juillet 1772. Il mourut le 24 août 1811.

Ses deux fils, incorporés dans la compagnie de Luxembourg, suivirent les princes, frères du roi, dans l'émigration, et servirent dans le corps de Béou. L'aîné succomba bientôt. Le second, Emmanuel-Jean, né le 10 mai 1773, fut plus tard un des rares survivants de l'expédition de Quiberon. Rentré en France, il fut condamné à mort, comme émigré ; et, après les événements de brumaire, sa peine fut commuée en la déportation. En 1814, il reprenait son poste comme garde du corps dans la compagnie de Luxembourg, et était nommé chevalier de Saint-Louis, le 27 juin 1814. Il a vécu jusqu'au 3 mars 1859.

Son fils, Charles-Louis-Constant, est le seul représentant en France du nom de Cœurdoux. Né le 24 juin 1805, il assistait à la prise d'Alger, en qualité de lieutenant d'état-major, et brisait son épée à la révolution de juillet 1830.

COGNET DE CHAZELLES. *Flandre française.*

D'or à un arbre de gueules sur une terrasse du même, le pied de l'arbre accosté de deux coins aussi de gueules fichés dans la terrasse en bande et contrebande.

Cette famille est représentée à Lyon. Elle est également représentée sous le nom de Cognet de la Roue.

COGOMBLIS. *Montpellier, Montauban.*

D'argent à un chevron de gueules chargé de cinq besants du champ et accompagné de trois mouchetures d'hermine, deux en chef et une en pointe.

L'unique représentant du nom de Cogomblis est maire à Bielle, département des Basses-Pyrénées.

COHORN. *Suède, Hollande, Provence.*

Écartelé : aux 1 et 4 d'or à quatre pals d'azur; aux 2 et 3 de sable au cor de chasse d'argent lié de gueules.

Famille illustre en Suède, en Hollande et en France. Le dernier représentant mâle de Pierre de Cohorn, généralissime et chambellan de Christiern Ier, roi de l'Union scandinave, exilé par ce prince et mort à Avignon en 1479, a été Alexandre, baron de Cohorn, brigadier des armées navales de France, gouverneur de Villeneuve-lès-Avignon, mort à Carpentras en 1816, laissant une fille unique, immortalisée dans l'histoire par son emprisonnement et son dévouement pour son père, sous la Terreur, mariée, en 1803, au comte Alexandre de Séguins, marquis de Vassieux, décédée à Carpentras en 1867, dont postérité :

Voir le *Chartrier français,* 1867, nécrologie; *Biographie universelle,* au mot Cohorn; Pithon-Curt, *Nobiliaire du comtat Venaissin,* 1743; *Mercure de France,* janvier 1725, mars 1735, janvier 1753; *Tablettes généalogiques,* année 1758; Lachesnaye-Desbois; *L'état de la*

France, ou les vrais marquis, comtes, vicomtes et barons, par M. de Combles, 1783; *Listes officielles des gentilshommes admis dans les carrosses du Roi, sous Louis XV et Louis XVI; Histoire du Consulat et de l'Empire*, par M. Thiers; *Chronique de Montfavet-lès-Avignon*, par l'abbé Moutonnet, 1850, Avignon; *Lettres de Silvio Pellico*, Paris, Dentu, 1857, etc., etc.

COIGNEUX. *Ile-de-France, Berry.*

D'azur à trois porcs-épics d'or.

Cette famille est représentée par le marquis de Belabre de Coigneux, au château de Belabre, département de l'Ain.

COIGNY. *Normandie.*

De gueules à la fasce d'or, chargée de trois étoiles d'azur et accompagnée de trois croissants du même.

Cette maison illustre, éteinte dans les mâles depuis le 2 mai 1865, établit sa filiation depuis Thomas Guillotte, seigneur de Franquetot, qui vivait en 1582. Son titre de comte remonte à l'an 1650, celui de duc à 1747, et de pair en 1787. Elle a donné deux maréchaux de France : François de Coigny en 1745, Henri de Coigny en 1816.

Son dernier hoir mâle, Augustin-Louis-Joseph-Casimir-Gustave de Franquetot, duc de Coigny, pair de France, général de brigade, chevalier de Saint-Louis, épousa Henriette Dundas, fille unique de sir Herri-John Dalrymple-Hamilton, dont deux filles mariées en Angleterre.

COL. *Montpellier, Montauban.*

De sinople à une fasce fuselée d'argent et de sinople.

L'unique représentant du nom est directeur de l'institution des sourds-muets, à Paris.

COLAS. *Orléanais, Beauce, Picardie, Dauphiné.*

D'or au chêne de sinople terrassé de même et au sanglier passant de sable.

Cette famille, qui a formé quatre branches différentes, a de nombreux représentants : Louis Colas des Francs, au château de la Motte-Saint-Cyr, par Olivet; Eugène de Colas des Francs, au château de Courtail, par la Ferté-Saint-Aubin; Thimothée Colas des Francs, au château de Gautray, par Olivet; Édouard de Colas des Francs, au château de Coquille, par Orléans. A Orléans : Athanase Colas des Francs; Gaston Colas des Francs; Adhémar Colas des Francs, avocat. Jabel Colas des Francs, au château de la Chevrolière, près Bracieux, département de Loir-et-Cher; Arthur Colas des Francs, au château de Mézières, près Cléry, département du Loiret; Albert Colas des Francs, chevalier de la Légion d'honneur, ancien capitaine au 1er chasseurs, à Orléans; Gabriel Colas des Francs, chevalier de la Légion d'honneur, président du tribunal civil, à Tours; Colas de Brouville, au château de Cherusceau, par Tigy, département du Loiret; Eusèbe Colas de Brouville; Léonce Colas de Brouville, à Orléans; Timothée Colas de Brouville; Timothée Colas de Brouville de Malmusse, au château de Mousseaux, par Chaumont-sur-Tharonne, département de Loir-et-Cher; Raoul Colas de Brouville de Malmusse, inspecteur au chemin de fer du Nord, à Lille; Gonzague Colas de Brouville-Malmusse, à la même administration; Louis Colas de la Noue, maire de Joué-lès-Tours, département d'Indre-et-Loire; Édouard Colas de la Noue, chevalier de la Légion d'honneur, secrétaire général du conseil d'État, à Paris; Antoine Colas de la Noue, attaché au ministère d'État, à Paris.

COLBERT. *Ile-de-France.*

D'or à la couleuvre ou bisse d'azur. Couronne : de marquis. Supports : deux licornes.

Devise : *Perite et recte.*

Illustre depuis deux siècles, cette famille a produit quatre ministres secrétaires d'État, cinq ambassadeurs et ministres plénipotentiaires, deux archevêques, d'autres prélats, des membres de l'Académie. Elle doit son lustre et toute son élévation au grand Colbert, ministre de Louis XIV, dont la postérité s'est éteinte en 1761.

C'est d'Édouard-François, troisième frère du ministre Colbert, que descendent les représentants de son nom, savoir : le baron de Colbert, au château de Batavia, par Saint-Omer ; le marquis de Colbert, au château de Bouillidans, par Luc, département du Var ; le comte de Colbert, au château de Boistrait, à Saint-Georges-de-Reneins, département du Rhône ; Albine de Colbert, douairière de Thomas Lefebvre de Trois-Marquet, conseiller de cour impériale, à Douai ; le marquis de Colbert-Chabanais, député du Calvados, au château de Saint-Jullien-de-Maillac et à Paris.

COLIGNY-CHATILLON. *Bourgogne.*

De gueules à l'aigle d'argent, becquée, membrée et couronnée d'azur, onglée d'or. Couronne : de duc. Cimier : une demi-aigle posée de profil, couronnée et becquée d'azur. Supports : deux limiers d'argent affrontés, assis et accolés de gueules.

Devise : *Je les éprouve tous.*

Issue, au dixième siècle, des comtes souverains de Bourgogne, cette maison illustre a pour chef de nom et d'armes le marquis de Coligny-Chatillon, au château de Choye, Haute-Saône.

COLIN. *Pontarlier, Bretagne.*

PONTARLIER. D'or à trois têtes d'aigles arrachées de sable, posées 2 et 1.

BRETAGNE. D'azur à trois merlettes d'or.

Cette famille était connue, avant le quatorzième siècle, à Pontarlier, lieu dont elle est originaire.

Colin de la Briochaye, en Bretagne, remonte à Julien Colin, chevalier, seigneur de la Briaye, de la Herbetière et de l'Ardenne, capitaine de cent hommes d'armes, vivant en 1440.

Cette famille a trois représentants : de Colin, à Toucy, Yonne ; de Colin de la Bellière, au château de Tartoul, par Janzé, Ille-et-Vilaine ; Colin de Saint-Monge, avocat, à Paris.

COLLARD DE VILLERS-HÉLON.

Écartelé : aux 1 et 4 de gueules au lion d'or ; aux 2 et 3 de sinople à l'écrevisse d'or posée en fasce.

Cette famille est représentée au château de Villers-Hélon, à Villers-Coterets, département de l'Aisne.

COLLAS. *Normandie, Bretagne.*

D'argent à une givre de sable tortillée de six pièces et engloutissant le bas du corps d'un enfant de gueules ; au chef de même, chargé de trois roses d'argent.

Jacques Collas, seigneur de Longprey, né le 12 novembre 1706, lieutenant des milices gardes-côtes des paroisses de Besneville, de Millepied, etc., épousa Suzanne-Françoise-Gabrielle-Antoinette Nicole. Sa descendance est représentée par de Collas de Chatelperron, vice-président de la société d'agriculture, à la Palisse, Allier ; de Collas de Courval, au château de Varaville, par Troarn, Calvados, et par de Collas de Gournay, à Paris.

COLLESSON. *Normandie, Lorraine, Champagne.*

NORMANDIE. D'argent à une coquille d'azur accompagnée de trois flanchis de sable.

LORRAINE, CHAMPAGNE. De gueules à la bande d'argent, chargées de trois croix alésées d'azur.

Cette famille est représentée par de Collesson, à Montluçon, département de l'Allier.

COLLET. *Dauphiné, Champagne, Bretagne.*

DAUPHINÉ. De sable au chevron d'or, chargé d'une tête de lion de gueules et accompagnée de trois losanges d'argent.

CHAMPAGNE. D'azur à la bande d'argent chargée de trois étoiles de gueules.

BRETAGNE. Écartelé : aux 1 et 4 d'argent à la fleur de lis de gueules ; aux 2 et 3 de gueules au lion d'argent.

Cette famille est représentée par Collet de Brissey, à Tours ; Collet de Longchamps et Collet de Messine, à Paris ; Collet de Mondescourt, en son château, par Coucy-le-Château, département de l'Aisne.

COLLETTE. *Ile-de-France.*

D'or à un myrthe terrassé de sinople, accosté de dix abeilles d'azur, posées en pal, cinq de chaque côté ; au chef de gueules chargé de deux colombes affrontées d'argent.

Cette famille est représentée par Collette de Baudicour, ancien membre du conseil municipal ; Prosper de Collette de Beaudicour et de Collette de Beaudicour, tous trois à Paris.

COLLIN. *Bourbonnais, Touraine.*

Tiercé, fascé en chef de sinople au croissant d'argent surmonté d'une aigle éployée d'or et en pointe de sable au lion d'or. Couronne de comte. Supports : deux lions en fasce d'argent.

Cette famille, dont les lettres d'anoblissement données par le prince Jean, duc de Bourbonnais, comte de Clermont, datent du mois de mai 1413, a plusieurs représentants : Collin de Barisien, président honoraire au tribunal civil, à Verdun ; Collin de la Contrie, conseiller à la cour impériale, à Rennes ; Collin de la Perrière, inspecteur des finances, à Paris ; Collin de Plancy et Collin de la Verdière, juge, à Paris.

COLLINET DE LA SALLE. *Lorraine.*

D'azur à un fleuret d'argent garni d'or mis en pal. Cimier : le fleuret de l'écu issant d'un tortil d'argent, orné de lambrequins aux émeaux de l'écu.

Les titres originaux de cette famille, présentés pour l'admission à l'école royale militaire, remontent à un contrat de mariage en date du 17 mai 1651. Elle est aujourd'hui représentée par le vicomte de Collinet de la Salle, à Seur, par Blois ; et par de Collinet de la Salle, officier de la Légion d'honneur, conseiller de cour à Nancy.

COLLONGUE (D'AVON DE). *Ile-de-France.*

De gueules au chevron d'or accompagné de trois étoiles d'argent, *ou* d'azur au chevron d'argent accompagné de trois étoiles également d'argent, suivant les branches, écartelé de gueules au pont de deux arches d'or, qui est de Pontevès, ou d'argent à trois roses de gueules, tigées et feuillées de sinople ; au chef d'azur chargé de trois croissants entrelacés d'argent, qui est de Marmet de Vaumale.

Cette maison, dont le nom patronymique est d'Avon, y ajoute celui de Collongue, d'une terre passée de la famille de Pontevès dans celle d'Avon, depuis deux cent cinquante ans. Elle est représentée par Paul-Gabriel d'Avon, baron de Collongue, à Collongue, près de Cadenet, Vaucluse, et à Paris; et par un de ses cousins, chef de la branche aînée, Philippe d'Avon de Sainte-Colombe, au château de la Corrée, près Lourmarin, département de Vaucluse.

COLNET DE MONTPLAISIR. *Hainaut, Picardie.*
D'argent à un bras de gueules paré d'argent, mouvant du côté de l'écu vers la pointe; la main ayant un gantelet d'or portant sur le poing un faucon au naturel becqué et membré d'or, chaperonné de gueules et accosté de deux branches de fougères de sinople.

Cette famille, citée dans l'*Armorial de France*, registre V, partie I, est représentée par du Colnet, à Dampierre, département du Nord.

COLOMB *Quercy.*
D'azur au chevron d'or accosté de deux étoiles surmontées d'un croissant et accompagné en pointe d'une colombe, le tout d'argent. Couronne: de marquis.

Cette famille se compose de deux frères: Louis de Colomb, général de division; Octave de Colomb, juge de paix à Saint-Céré, département du Lot.

COLOMB D'ARCINE. *Rouergue, Bresse, Vivarais.*
Rouergue. De gueules à trois colombes d'argent.
Bresse, Vivarais. D'azur à trois colombes d'argent.
Cette famille compte plusieurs représentants: de Colomb d'Arcine, chevalier de la Légion d'honneur, à Besançon; de Colomb d'Arcine, au château de Rumilly, par la Roche, Haute-Savoie; le colonel de Colomb d'Arcine, au château d'Esery, par Reignier, Haute-Savoie.

COLOMB DE BATTINE. *Maine.*

Tiercé en fasce de gueules, or et sable ; l'or chargé de trois colombes d'azur, becquées de sable. Couronne de comte. Supports : deux levrettes.

Devise : *En fedelta finiro la vita.*

Cette ancienne famille, originaire de la Côte-Saint-André, est représentée par Léopold, comte Colomb de Battine, au château des Aiguebelles, par le Lude, département de la Sarthe, et au Mans. Il a épousé, en 1833, Catherine Stellaye-Baigneux de Courcival, fille du marquis de Courcival, ancien page de la reine, dont un fils, Rodolphe, vicomte de Colomb de Battine.

COLOMBEL. *Normandie.*

D'azur à la fasce d'or accompagnée en chef de deux oiseaux d'argent affrontés et en pointe d'un serpent du même.

Cette famille, maintenue dans sa noblesse le 4 février 1667, est représentée par de Colombel, au château d'Annet, par Claye, département de Seine-et-Marne.

COLOMBET. *Franche-Comté.*

D'azur à trois colombes d'argent.

Un arrêt du parlement de Besançon rendu contradictoirement le 28 juillet 1739 reconnaît l'extraction noble de cette famille, aujourd'hui représentée par de Colombet, maire à Langogne, département de la Lozère.

COLOMBIER. *Vivarais, Bresse, Bretagne.*

Vivarais. D'argent au chevron d'azur chargé de deux colombes du champ et accompagné de trois roses de gueules. — D'azur à trois colombes d'argent becquées et membrées de gueules.

BRESSE. De gueules au chef d'argent chargé de trois coquilles du champ.

BRETAGNE. D'azur à trois gerbes d'or.

La Chesnaye-Desbois déclare cette famille originaire du pays de Vaud et lui donne pour auteur Claude, seigneur de Colombier, vivant en 1453. Elle est représentée par du Colombier, à Orléans.

COLOMBY (JOLLIVET DE). *Normandie.*

D'azur à un chevron d'or chargé de trois besants de sable et accompagné de trois glands d'or.

Cette famille est représentée par deux frères : César-Frédéric Jollivet de Colomby, au château de Baron, par Coulibœuf, département du Calvados, et Jules-Adrien de Colomby, dans la même résidence.

COLONGES. *Auvergne.*

D'azur à une fasce d'or chargée de trois têtes de lion arrachées de gueules.

L'unique représentant de la famille de Colonges réside au château de Cinac, par Rieupeyroux, département de l'Aveyron.

COLONIA. *Provence.*

De sable à une colonne d'or.

Le nom est ancien. Il n'y a qu'un seul représentant : de Colonia, ancien conseiller à la cour des comptes à Paris.

COLONJON. *Haut Vivarais.*

D'azur au chevron d'or, sommé d'une colombe d'argent et accompagné de trois étoiles d'or.

Cette famille, qui remonte à Gilbert de Colonjon, officier d'infanterie au service de Savoie, et qui prit part, en 1789, aux assemblées de la noblesse convoquées à

Annonay pour l'élection des députés aux États-Généraux, a pour chef de nom et d'armes Gilbert-Henri de Colonjon, à Saint-Vallier, département de la Drôme, qui épousa Louise-Thérèse Ithier, dont deux fils, entre autres Henri Gilbert, officier de cavalerie.

COLONNA. *Corse.*

Écartelé : au 1 de gueules à une main senestre d'argent, posée en bande dans l'angle senestre du chef, les doigts en bas et tenant une palme d'or en barre ; au 2 de gueules à trois mîtres épiscopales d'or ; au 3 de gueules à une colonne d'argent, la base et le chapiteau d'or, sommée d'une couronne du même ; au 4 de gueules à une tour d'or.

Cette famille a pour chef de nom et d'armes le comte de Colonna d'Istria, conseiller de cour à Bastia. Elle est encore représentée par de Colonna d'Istria, juge de paix à Sari-d'Orcino (Corse) ; de Colonna d'Ornano, juge d'instruction à Alger ; de Colonna de Giovelina, officier supérieur de cavalerie.

COLONNE. *Paris.*

De gueules à une colonne d'argent, sommée d'une couronne d'or, la base et le chapiteau du même.

Cette famille est représentée par le vicomte de Colonne, au château de Romont, par Buire-le-Sec, département du Pas-de-Calais.

COMA. *Perpignan, Ariége.*

D'azur à la tour d'argent sommée d'une comète du même.

La famille de Coma existait déjà dans le Roussillon en 1521, où elle vivait considérée. Philippe III d'Espagne accorda en 1599 des lettres de chevalerie à Antoine de Coma, citoyen noble de Perpignan, où ses descendants ont maintenu leur résidence, entourés de l'estime publique.

Le dernier chef de nom et d'armes, Joseph de Coma, capitaine commandant de cavalerie, chevalier de la Légion d'honneur, mort pour la patrie des suites des fatigues de la guerre de 1870-1871, a laissé un fils : Henry de Coma, candidat à l'école militaire. Xavier de Coma, rentier, frère aîné de Joseph, précité, n'a pas d'enfants et réside à Bayonne.

Une seconde branche de cette famille habite l'Ariége.

COMBAREL DE LEYVAL. *Poitou, Limousin, Auvergne.*

Parti : au 1 d'azur, à trois coquilles d'or en pal; au 2 de gueules à une demi-molette d'éperon d'argent, mouvante de la partition.

Cette famille, qui a formé les branches de Gibanel et de Leyval, a été maintenue dans sa noblesse en 1666; elle a deux représentants : de Combarel de Leyval, officier de la Légion d'honneur, au château de Laurentie, par Vernet-Lavarenne, département du Puy-de-Dôme ; de Combarel de Leyval, chevalier de la Légion d'honneur, à Paris et au château de Grande-Noue, par Vierzon, département du Cher.

COMBARIEUX. *Toulouse, Montauban.*

D'azur à une jumelle d'or.

Cette famille n'a qu'un représentant : de Combarieux, au château de Grès, par Lauzerte, département de Tarn-et-Garonne.

COMBAUD. *Provence.*

D'or à trois fasces d'azur, deux haussées et une abaissée en pointe, celle-ci surmontée de trois aiglettes de sable, le vol abaissé.

L'unique représentant du nom de Combaud est juge au tribunal civil à Brignolles, département du Var.

COMBAULT D'AUTEUIL.

D'or à trois merlettes de sable; au chef de gueules chargé à dextre d'un écusson d'or au lion de gueules, à l'orle de huit coquilles d'azur.

Le comte de Combault d'Auteuil, unique représentant du nom, est conseiller général à Berneuil, département de l'Oise.

COMBE. *Lyonnais.*

D'argent au chevron de gueules, accompagné en chef de deux têtes de cheval affrontées de sable, et en pointe d'un lion d'azur tenant de la dextre une branche de laurier de sinople.

Cette famille a deux représentants : de Combe, chevalier de la Légion d'honneur, directeur des contributions directes à Lyon; de Combe, au château d'Escurolles, département de l'Allier.

COMBES. *Languedoc.*

De gueules à la croix pattée chargée d'un soleil, le tout d'or.

Il existe en Languedoc plusieurs familles du nom de Combes, et la conformité des armes semble indiquer une commune origine.

La première de ces familles a trois représentants : P. de Combes, à Lyon; de Combes d'Alran, à Saint-Thibéry, département de l'Hérault, et de Combes de Monmedon, chevalier de la Légion d'honneur.

COMBES. *Languedoc.*

De gueules à la tulipe d'argent, accompagnée d'une

croisette pattée du même, sommée d'un soleil dardant à l'angle dextre de l'écu.

Cette autre famille du nom de Combes a plusieurs représentants, savoir :

Armand de Combes, chevalier de la Légion d'honneur, à Lyon. Il a un fils, Marie-Léon-Louis de Combes, magistrat dans le ressort de la cour de Lyon, et un frère, Edgard de Combes, dans la Gironde, sa résidence temporaire, qui a un fils, Gabriel, encore jeune.

Jules de Combes, parent au sixième degré d'Armand, ci-dessus, dont la résidence est fixée à Paris.

COMBETTES. *Auvergne.*

Écartelé : aux 1 et 4 d'or à l'arbre de sinople; aux 2 et 3 d'azur au levrier d'argent; sur le tout d'azur à la croix d'or et au chef de même.

Cette famille a plusieurs représentants : le vicomte de Combettes-Caumont, à Toulouse; Louis de Combettes-Labourelie, au château de Labourelie, par Gaillac, département du Tarn ; Louis de Combettes du Luc, à Rabastens, près Gaillac, également; de Combettes des Landes, au château des Landes, par Millau (Aveyron) ; il a un fils, Edmond de Combettes des Landes, vérificateur des domaines de la province d'Alger; de Combettes-Sirac, à Paris.

COMBLES. *Lorraine, Bretagne, Champagne.*

Ecartelé : aux 1 d'or plein; aux 2 de gueules à une étoile d'or; au 3 d'azur; au 4 d'argent à une croix de sinople bordée de sable, brochante sur le tout.

François-René-Marie de Combles, écuyer, seigneur de Naives, né le 23 juillet 1716, mousquetaire du roi, descendait au neuvième degré de François de Combles, souche des différentes branches de cette famille.

COMBLES (Masse de). *Picardie.*

D'azur à deux masses d'argent surmontée d'une étoile à cinq rais d'or.

Cette famille n'a plus d'autre représentant mâle qu'Henri Masse de Combles, âgé de quatorze ans (1873), au château de Saint-Mard, près d'Étampes, département de Seine-et-Oise. Sa résidence d'hiver est à Paris.

Il possède en Picardie le domaine de Combles passé depuis trois cents ans dans sa famille et dont son grand-père, officier au régiment de la Fère, fut le dernier seigneur.

COMEAU. *Bourgogne.*

D'azur à la fasce d'or, accompagnée de trois étoiles de même à six rais cométées d'argent.

Cette famille noble, en possession depuis la fin du quatorzième siècle de la seigneurie de Créancey, dont elle joignit le nom au sien, est représentée par le docteur Comeau, médecin à Limoges, et par de Comeau, au château de Maizières, par Vic, département de la Meurthe.

COMEIRAS. *Montpellier, Montauban.*

Écartelé : au 1 de gueules, à une main d'argent tenant une épée de même ; au 2 d'argent à une aigle éployée d'azur ; au 3 d'argent à trois rochers de gueules posés 2 et 1 ; au 4 de gueules à une tour d'argent surmontée d'un croissant d'or et senestrée d'un lion d'argent rampant contre la tour.

Cette famille a deux représentants : l'abbé de Comeiras, chanoine à Perpignan ; de Comeiras, à Besançon.

COMMARQUE. *Guyenne.*

D'or à une bande d'azur chargée de trois alérions d'argent et accompagnée de deux demi-vols échiquetés d'azur et d'argent, un en chef et un en pointe.

Cette famille a cinq représentants, trois frères : l'abbé de Commarque, curé de Douzaine, canton de Castillonnès, département de Lot-et-Garonne; Pierre et Louis de Commarque, au château de Labourlie, par Belvès, département de la Dordogne.

Deux autres frères, Louis et Joseph de Commarque, gentilshommes fort estimés, ayant chacun plusieurs enfants, font également partie de la famille.

COMMINES DE MARSILLY. *Flandre française.*

De gueules au chevron d'or, accompagnée de trois coquilles d'argent,

Cette famille a cinq représentants : Auguste de Commines de Marsilly, officier de la Légion d'honneur, colonel du génie; Louis de Commines de Marsilly; Amédée de Commines de Marsilly, inspecteur des contributions indirectes à Lons-le-Saunier; Adolphe de Commines de Marsilly, ingénieur en chef au corps des mines, directeur général des mines d'Anzin; Arthur de Commines de Marsilly, officier de cavalerie.

COMMINGES. *Armagnac.*

De gueules à quatre otelles ou amandes d'argent posées en sautoir.

Comminges, Cominge ou Commenge, est le nom d'un ancien comté situé au pied des Pyrénées, et qui formait une province particulière soumise à des comtes héréditaires ou souverains.

Le premier de ces princes connu d'une manière certaine est Anérius, qui vivait de 850 à 900. Sa postérité masculine a formé deux branches, dont l'aînée s'éteignit en la personne de Pierre-Raymond, deuxième du nom (1341-1375).

Pierre-Raymond, comte de Comminges par la grâce

de Dieu, ne laissa que deux filles, dont l'aînée, Marguerite, recueillit l'héritage paternel et finit par le léguer au roi Charles VII. Mais ce ne fut qu'en 1498 que le roi Louis XII réunit définitivement le comté de Comminges à la couronne.

La branche cadette, celle des comtes de Péguilhan, dont l'auteur est Guy, seigneur de Sainte-Foix, septième fils de Bernard II, comte de Comminges, forma plusieurs rameaux, dont le seul existant aujourd'hui est celui des barons de Saint-Lary.

La maison actuelle de Guitaut-Comminges a pour auteur Pons de Pechpeyrou, qui épousa, le 13 février 1593, avec dispense de Rome pour cause de parenté, Françoise de Comminges, fille de François, seigneur de Guitaut, et de Catherine de Touges-Noailhan. Ce mariage eut lieu à la condition que celui des enfants qui jouirait des biens de ladite Comminges porterait, lui et les siens, à perpétuité, le nom de Comminges-Guitaut, ajouté à celui de Pechpeyrou.

Ainsi les comtes de Comminges-Saint-Lary sont à ce jour les seuls représentants en ligne directe et masculine de l'illustre maison des anciens souverains de Comminges.

Cette origine, établie sur des titres les plus incontestables, a été formellement reconnue par les lettres patentes du roi Henri IV, du mois de mars 1597, et du roi Louis XIII, de l'an 1612, enregistrées au Parlement de Toulouse le 30 mars 1613.

(Généalogie manuscrite dressée par P. d'Hozier, en 1634 ; — *Dictionnaire de la Noblesse*, de La Chesnaye-Desbois ; — *Histoire des Grands Officiers de la Couronne* ; — *Archives de Foix, d'Auch et de Toulouse.*)

COMPAGNON DE LA SERVETTE. *Bugey.*

Semé d'hermines.

Cette famille est représentée par Charles-Victor de Compagnon de la Servette, qui épousa Louise-Françoise de Drujon, petite-fille du général de Drujon, gouverneur de Gênes en 1820.

COMPAING. *Poitou.*

D'azur à trois fasces d'or : la première surmontée de deux étoiles cantonnées du même, la seconde d'un cœur de gueules navré d'une flèche de sable, la troisième d'une étoile d'or au centre.

Cette famille, originaire du Poitou, anoblie par lettres de Charles VII de l'an 1429, a pour chef de nom et d'armes Michel Compaing de la Tour-Girard, chevalier de la Légion d'honneur, ingénieur en chef des ponts et chaussées à Poitiers, qui épousa Zoé-Éléonore Baudry, dont quatre fils et une fille.

COMPAROT DE BERCENAY. *Champagne.*

D'azur à un lion d'or compassé de gueules, chargé de trois molettes de sable.

L'unique représentant de la famille de Comparot de Bercenay est attaché à l'administration de l'enregistrement à Nevers.

COMPASSEUR DE COURTRIVON (LE). *Bourgogne.*

Mi-parti, coupé : au 1 d'azur à trois compas ouverts d'or; au 2 d'or, au créquier de gueules; le coupé d'azur a trois bandes d'or.

Originaire du Roussillon, établie ensuite en Champagne et de là en Bourgogne, cette famille, très ancienne, fait remonter ses preuves au quatorzième siècle. Elle est représentée par le comte le Compasseur de

Courtrivon, au château de Saint-Marcel de Felines, par Roanne, département de la Loire ; le Compasseur de Courtrivon, officier supérieur de cavalerie ; autre le Compasseur de Courtrivon, officier supérieur de cavalerie ; le Compasseur de Courtrivon, garde général à Haguenau, département du Bas-Rhin, et le Compasseur de Courtrivon, à Chassagne, département de la Côte-d'Or.

COMPS. *Dauphiné, Provence.*

De gueules à l'aigle échiquetée d'argent et de sable.

L'unique représentant du nom de Comps réside à Versailles.

COMS. *Lorraine.*

D'argent à cinq roses de gueules.

L'unique représentant du nom a servi dans l'armée, où il a gagné le grade de capitaine. Retraité, il a fixé sa résidence a Rennes.

COMTE (LE). *Pays-Bas, Lorraine, Artois.*

D'azur au chevron d'argent, accompagné de trois quintefeuilles du même.

Le Carpentier, dans son *Histoire de Cambrai et du Cambrésis,* parle de cette ancienne famille, dont la branche de Toul-Lorraine s'est éteinte dans la personne de François-Joseph le Comte, seigneur de Beaumont, tué à la bataille de Rocoux. Le nom a encore plusieurs autres représentants : Charles le Comte du Colombier ; Maurice le Comte du Colombier ; René le Comte du Colombier ; Pierre-Maurice le Comte du Colombier, sous-inspecteur des lignes télégraphiques à Brest ; l'abbé le Comte du Parc, aumônier du collége de Domfront, département de l'Orne ; le Comte de Teil, à Poitiers ; le Comte de Teil, à Riom (Deux-Sèvres).

CONAN. *Bretagne, Guyenne.*

BRETAGNE. Coupé d'argent et de gueules au lion de l'un en l'autre.

GUYENNE. D'argent à trois roses de gueules.

J.-G.-L.-A., baron de Conan, chevalier de la Légion d'honneur, unique représentant du nom, réside à Versailles.

CONDAMINE (HARENC DE LA), *Jouz, Auvergne.*

D'azur à trois croissants d'or posés en bande. Couronne : de marquis, Supports : deux lions.

Devise : *Nul bien sans peine.*

Cette maison, anciennement de la Roue, d'une terre située sur les confins du Jouz et de l'Auvergne, prit celui de Harenc au commencement du quatorzième siècle, à l'occasion du mariage de Josserand de la Roue avec l'héritière de l'ancienne souche des seigneurs de Harenc. Ses preuves de cour remontent à Pierre de la Roue, damoiseau, vivant en 1328.

Antoine de la Roue, petit-fils de Josserand ci-dessus, épousa, le 4 janvier 1400, Louise de Montaner, dame de la Condamine,

Le marquis d'Harenc de la Condamine, seul représentant, réside à son château d'Ampuis, par Condrieu, département du Rhône.

CONDAT. *Toulouse, Montauban.*

D'argent à un coq de sable crêté, becqué et membré d'or.

Cette famille est représentée au château de Vodable, département du Puy-de-Dôme.

CONDÉ. *Hainaut, Ile-de-France.*

Écartelé : aux 1 et 4 d'or à la fasce de gueules ; aux 2 et 3 d'azur au chevron d'or, accompagné de trois heaumes d'argent.

Devise : *Loyauté*. Cri : *Vieux Condé*.

Cette famille est représentée par Georges-Ferdinand-Émile, baron de Condé, officier de la Légion d'honneur, conseiller général, etc., qui a sa résidence d'été au château de Montataire, département de l'Oise, et celle d'hiver à Paris.

CONDREN DE SUZANNE. *Soissonnais.*

De gueules à un chevron d'azur chargé de cinq fleurs de lis d'or et accompagné de trois lions d'argent, deux en chef affrontés et un en pointe.

Cette famille a pour unique représentant de Condren de Suzanne, au Mans.

CONÉGLIANO. *France.*

D'azur à une main d'or, mouvante d'une aile d'argent et tenant une épée du même ; au chef cousu de gueules semé d'étoiles d'argent.

Jeannot de Moncey, maréchal de France, duc de Conégliano en 1809, est la souche de cette famille, qui compte aujourd'hui six représentants : le duc de Conégliano, au château de Baillon, par Luzarches (Seine-et-Oise) ; le duc de Conégliano, au château de Vaivre, par Rioz (Haute-Saône) ; le marquis Adrien de Conégliano, par substitution, gendre du maréchal, fut chambellan de l'empereur Napoléon III et député du Doubs ; de Conégliano, juge à Épinal ; Léopold et Louis de Conégliano, avocats à Épinal.

CONIAC. *Bretagne.*

D'azur à l'aigle éployée de sable.

Cette famille est représentée par de Coniac, à Rennes ; l'abbé de Coniac de la Pommerais, au château de Saint-Gilles-du-Mené, département des Côtes-du-Nord, et par de Coniac de la Pommerais, à Paris.

CONNY. *Bourbonnais.*

D'azur au chevron d'or accompagné de trois taux du même.

Cette famille est représentée par le vicomte de Conny, à Moulins et au château de Toulle, par Varenne-sur-Allier, département de l'Allier; Adrien de Conny protonotaire apostolique, à Moulins et au château de Toury-sur-Beslre, près Dompierre-sur-Beslre (Allier); Édouard, baron de Conny, au château de Villeneuve-sur-Allier et à Paris.

CONSTANS. *Provence.*

D'or à la colonne isolée de gueules, sur laquelle est placée un coq; au chef d'azur chargé de trois étoiles d'or.

Cette famille, dont le chef fut honoré d'une charge de conseiller secrétaire du roi en la chancellerie près la cour des comptes, aides et finances de Provence, est représentée par de Constans de Bénac, au château de Pouget, par la Canourgue, département de la Lozère, et par de Constans de Bonneval, à Toulouse,

CONSTANT-REBECQUE. *Artois.*

Coupé : au 1 d'argent à l'aigle éployée de sable; au 2 écartelé d'or et de sable.

Cette famille, à laquelle appartenait le célèbre Benjamin Constant, s'est fixée dans le Ponthieu. Elle est représentée par le baron Seymour de Constant-Rebecque, à Élysée-sous-Lausanne, canton de Vaud (Suisse).

CONSTANTIN. *Provence.*

D'argent à la bande de gueules, accompagnée de six fleurs de lis de même.

Cette famille fut anoblie par Louis XIII, dans la personne de Yvon de Constantin, à Arles, en 1616; mais elle possède des titres où elle est qualifiée noble, remontant à l'an 1249. Elle compte deux représentants : le marquis de Constantin, adjoint au maire à Nice, et le comte de Constantin.

CONSTANTIN. *Berri.*

Bandé d'or et d'azur de six pièces; au chef d'or chargé de l'aigle impériale de sable languée et onglée de gueules.

Originaire d'Italie, cette famille est fixée dans le Berri depuis que Jehan de Constantin, gentilhomme florentin, vint en France avec François Ier, dont il reçut le commandement d'une compagnie et des lettres de grande naturalisation. Il acquit le fief du Pin, près de la petite ville de Levroux, en Berri, que lui et ses descendants habitèrent presque constamment. La terre de Greuille leur vient de leur alliance avec les Bertrand de Greuille, branche cadette de la famille du grand maréchal du palais Bertrand, dont la mémoire est légendaire.

Cette famille est représentée par trois frères : Alfred, Henri et Jules de Constantin. Alfred et Henri possèdent en commun la terre patrimoniale de Greuille ; Jules, le cadet, réside à Châteauroux, département de l'Indre.

CONTADES. *Languedoc, Anjou.*

D'or à l'aigle au vol abaissé d'azur, becquée, languée et armée de gueules.

Cette famille, qui a produit depuis deux siècles un maréchal de France et d'autres officiers généraux, a reçu les honneurs de la cour en 1787, sous le titre de marquis de Giseux, et a été appelée à la pairie sous celui de comte de Contades, le 17 août 1815. Elle compte aujourd'hui cinq représentants : le marquis de Méry de Contades, officier de la Légion d'honneur, conseiller général à Vihiers, département de Maine-et-Loire ; Léon, comte de Contades, à son château de Saint-Maurice-du-Désert, département de l'Orne ; Ernest, vicomte de Contades, à Angers ; André de Contades, au château de la Roche, par Nogent, département de Maine-et-Loire ; le comte de Contades-Giseux, au château de Filonnière, par Luynes, département d'Indre-et-Loire.

CONTAGNET. *Bas Vivarais.*

D'argent à l'aigle éployée de sable, au levrier de même courant sur un champ de sinople, l'un sur l'autre ; au chef d'azur chargé de trois étoiles d'or.

La terre de Borée et Contaignet *alias* Contaignet était une seigneurie importante du Bas Vivarais, mouvante de la baronnie de Chalançon, qui avait dû passer par beaucoup de mains avant d'entrer dans la maison de Chambon.

Pendant les douzième et treizième siècles, cette terre appartenait à une famille de seigneurs du nom même de Contaignet, que la Chartreuse de Bonnefoi compta parmi ses premiers et ses plus insignes bienfaiteurs ; en 1190, Armand de Contaignet fit à ce monastère des donations considérables[1], accrues encore par les libéralités de ses successeurs, Chabert de Contaignet et Armand, son fils, en 1229[2], et Guillaume de Contaignet, en 1256. Ce dernier élut sa sépulture dans l'église de la Chartreuse et y fonda, en 1279, une chapelle où devait être célébrée une messe quotidienne pour le repos de son âme[3]. Avec

---

1. Archiv. de la **Chartreuse Bonnefoi**, préfecture de l'Ardèche.
2. *Ibid.*
3. *Ibid.*

lui s'éteignit l'antique race des premiers seigneurs de Contaignet.

2° Une alliance sans doute fit passer alors (1300) cette seigneurie à Guillaume de Tournon, qui fit la branche puînée des Tournon, seigneurs de la Chaise et de Contaignet. — Guillaume de Tournon, seigneur de Contaignet, ratifia, en 1317, toutes les donations de ses prédécesseurs, aux chartreux de Bonnefoi [1]. Il fit hommage, en 1328, pour la Chaise et Contaignet, au comte de Valentinois, à raison de la baronnie de Chalançon, hommage renouvelé, en 1332, par son fils, Hugues de Tournon; en 1350, par son petit-fils, Louis de Tournon, seigneur de Contaignet, de la Chaise et en partie de Gluiras, dont il avait épousé l'héritière, noble Alise de Bonneville [2]. — Nous trouvons ensuite Guillaume II, seigneur de Contaignet, en 1408; François de Tournon, en 1469 : Jacques 1er de Tournon, en 1530; Claude de Tournon, en 1546; enfin, Jacques II, qui hommagea, en 1551, ses terres de Contaignet [3], la Chaise et Gluiras, à Diane de Poitiers, baronne de Chalançon. Comme il mourut sans laisser d'enfant de son union avec dame Claire de la Tour de Saint-Vidal, tous les domaines de la maison de Tournon-Contaignet passèrent, vers 1560, par substitution, à la branche aînée de Tournon. Il paraît que la seigneurie de Contaignet fut aliénée, à cette époque, et acquise par la famille du Pont de Mars, car nous voyons Madeleine du Pont apporter cette terre en dot au capitaine Sautel qui fut la tige de la troisième race des seigneurs de Contaignet.

3° Noé Sautel, plus connu sous le nom du capitaine

---

1. Archiv. de la Chartreuse Bonnetoi, préfecture de l'Ardèche.
2. Archives de la Chambre des comptes de Grenoble.
3. Archiv. de Bonnefoi et de la Chambre des comptes.

Sautel, était fils d'un marchand du lieu de Sautel, paroisse de Serre, qui lui laissa pour tout bien, par son testament de 1570, 200 livres de légitime, avec la faculté, s'il voulait apprendre un art ou métier quelconque, d'être nourri, logé et défrayé de tout sur les biens paternels, durant le temps de son apprentissage [1]. On était alors au plus fort de la guerre allumée par le protestantisme en Vivarais. Noé Sautel choisit le meilleur des métiers, celui des armes, et devint l'un des plus fougueux chefs de bande des religionnaires de nos Boutières.

Dans ces luttes fratricides, où le pillage marchait de pair avec le meurtre, « le capitaine Sautel s'acquit *prou de gloire et de prouffit* [2]. » C'est au point qu'il se trouva assez riche, en 1621, pour acheter le château de la Chaise, y loger garnison, et s'y défendre victorieusement contre toutes les forces du duc de Vantadour [3], et la considération dont il jouissait dans son parti était telle qu'il put prétendre à une illustre alliance : ses services et son épée lui avaient valu, ou du moins lui tinrent lieu de lettres de noblesse. Le capitaine Sautel ou noble Noé Sautel, comme il se qualifie dans les actes, obtint la main de noble demoiselle Madeleine du Pont de Mars, qui lui apporta la seigneurie de Borée et Contaignet.

De cette union, vint Jacques de Sautel, sieur de Borée, qui épousa, en 1627 [4], Claude de Sautel, et testa, en 1628, « *estant sur le point d'aller à la guerre pour le service des églises réformées* [5]. » — Gédéon de Sautel,

---

1. Testament de Joachim Sautel, pièces justificatives, N° 1.
2. La décadence du Cheylard, ms. de 1629.
3. *Ibid.*
4. Pièces justificatives, N° 2.
5. Testament de noble Jacques Sautel, sieur de Borée; pièce justificative, N° 3.

sieur de Contagnet, son fils, contracta mariage, en 1660, avec Lucrèce du Pont [1], qui lui donna quatre enfants [2], dont trois moururent sans alliance. Ainsi, l'aîné, 1º Pierre de Sautel, sieur de Salignas, puis sieur de Contaignet, en 1622 [3], ne vivait déjà plus en 1627; 2º le troisième, Gédéon de Sautel, sieur des Saignolles, étant entré dans la compagnie des cadets, fit, cette même année 1627, ses dispositions en faveur de son frère Jacques-Louis de Sautel, sieur de Saint-Geniest [4]; 3º héritier de ses deux frères, celui-ci le devint également de son aïeule, Glaude de Sautel, en 1628 [5], mais il fut à son tour emporté par la mort, le 27 décembre 1629 [6]. Ce Jacques-Louis de Sautel avait abjuré publiquement l'hérésie avec sa sœur, demoiselle Esther de Sautel, le 15 octobre 1685 [7]. — Il ne restait donc pour recueillir toute la succession que cette unique fille, déjà mariée au sieur Louis Chambon du Cheylard. Pour la troisième fois, la seigneurie de Contagnet venait de tomber en quenouille; 4º devenue dame de Contagnet, Esther de Sautel transporta, par contrat de mariage, ce fief à son fils, Pierre-Louis Chambon, à condition qu'il en prendrait le nom et les armes [8]. C'est ce Pierre Louis Chambon, seigneur de Contagnet et coseigneur de Buriane, qui est l'auteur de la branche des Chambon de Contagnet, dont voici maintenant la généalogie :

1. Pièce justificative, Nº 4.
2. Testament de Gédéon de Sautel et de Lucrèce du Pont, pièces, Nº 5.
3. Rémission d'héritage pour Pierre de Sautel, pièce Nº 6.
4. Testament et pièce, Nº 7.
5. Testament, Nº 9.
6. Pièce justificative, Nº 9.
7. Pièce justificative, Nº 10.
8. Acte de mariage de Pierre-Louis Chambon, sieur de Contagnet, pièce Nº 14.

I. Louis Chambon, fils d'autre Louis Chambon, notaire au Cheylard, et de dame Suzanne Marcon, épousa le 3 mai 1683, demoiselle Esther de Sautel, fille de Gédéon de Sautel, sieur de Contagnet [1].

Il eut de son mariage quatre enfants, savoir :

a. Louis Florimond Chambon, né en 1686, et mort bientôt après.

b. Pierre-Louis Chambon, sieur de Contagnet, né le 26 novembre 1693, souche de la branche des Chambon de Contagnet, qui suit, II.

c. Gédéon Chambon, né le 1er mai 1700.

d. N. Chambon, épousa le sieur de Pontanier.

II. Pierre-Louis Chambon de Contagnet, seigneur de Contagnet et coseigneur de Buriane, épouse le 29 mars 1715, demoiselle Anne Montagne, fille de sieur Toussaint-Montagne et de demoiselle Marguerite du Faur [2].

Il eut de son mariage dix-sept enfants, savoir [3] :

a. Pierre-Toussaint Chambon, qui suit, III, né le 27 novembre 1716.

b. Marie-Marguerite, née le 27 mars 1718.

c. Jeanne-Lucrèce, née le 31 mai 1719.

d. Anne-Henriette, née le 12 septembre 1720, mariée à M. de Vergèse.

e. Isabeau-Ennemonde, née le 26 décembre 1721, mariée à N. Druchier.

f. Pierre-Joseph Chambon, né le 25 juin 1723, mort jeune.

g. Marie-Dorothée, née le 16 septembre 1724.

h. Marianne-Clémence, née le 23 décembre 1725.

---

1. Mariage de Louis Chambon, testament et pièces, Nos 11, 12 et 13.
2. Pièce justificative, N° 14.
3. Registre, N° 15, pages 12 et 59.

i. Marie-Hélène, née le 24 janvier, 1727, mariée au sieur Dupérier.

j. Pierre-Louis Chambon, né le 5 janvier 1729.

k. Marianne-Catherine, née le 3 mars 1731.

l. Pierre-Antoine Chambon, né le 6 mai 1732, mort en 1738.

m. Joseph Chambon, né le 8 novembre 1734.

n. Marie-Marguerite, née le 11 juillet 1736, mariée à M. Boucharin.

o. Marie-Catherine, née le 8 décembre 1737.

p. Claude-Joseph Chambon, né le 1er avril 1739, mort quelques jours après sa naissance.

q. Marie-Henriette, née le 23 mars 1741, mariée à N. de Monteil.

Pierre-Louis Chambon de Contagnet fit son testament le 26 novembre 1745 et mourut le 8 mars 1749. Il ne lui restait alors de sa nombreuse famille que six filles et trois fils, dont un seul a laissé postérité[1]. C'est, avons-nous dit, Pierre-Toussaint, qui suit III.

III Pierre-Toussaint Chambon de Contagnet, seigneur de Contagnet et coseigneur de Buriane, épouse : 1º demoiselle Madeleine-Henriette d'Audoyer, de la Cour[2], dont il n'eut pas d'enfant; en secondes noces, le 19 février 1760, demoiselle Marie-Julien de Ronchol[3].

Joseph-Toussaint-Alexandre, né le 18 mars 1762, qui continue la lignée, son père était mort, le 16 mars 1763.

IV. Joseph-Toussaint-Alexandre Chambon de Contagnet, épouse, le 6 août 1792, demoiselle Jeanne-Catherine-Joséphine de Valleton, fille de sieur Joseph-Fran-

---

1. Inventaire pour Pierre-Toussaint Chambon de Contagnet, pièce Nº 15.
2. Registre, Nº 16.
3. Pièce justificative, Nº 17.

çois de Valleton et de dame Marguerite-Simonne de Mayol[1] ; il meurt le 27 octobre 1811.

Ses enfants sont :

a. Joseph-Camille Chambon de Contagnet, docteur-médecin, né le 6 mars 1794, mort le 10 décembre 1816, sans alliance.

b. Clotilde, née le 12 septembre 1795, mariée le 4 décembre 1823, à Joseph Freydier - Laffont, docteur en médecine[2], et décédée le 14 juillet 1828.

c. Lucien, né le 6 octobre 1797, aujourd'hui chanoine de la cathédrale de Viviers, seul survivant du nom de Contagnet[3].

d. Albin, né le 29 novembre 1807, décédé, le 25 novembre 1826,

Enfants de dame Clotilde Chambon de Contagnet, épouse de feu Freydier-Laffont.

a. Louis-Joseph-Henri Freydier-Laffont.

b. François-Lucien, qui suit[4].

Philippe-Félix-Adolphe, mort, le 13 mai 1847.

Un décret impérial du 20 juin 1866, inséré au *Bulletin des Lois*, autorisa François-Lucien Freydier-Laffont, docteur en médecine, à Sainte-Agrève, département de l'Ardèche, à ajouter à son nom patronymique celui de Contagnet. Un jugement du tribunal de Tournon, en date du 31 mars 1868, ordonne que son acte de naissance dressé à Sainte-Agrève, le 22 mai 1826, sera ratifié en ce sens.

Freydier est d'origine suisse. Le premier des Freydier combattit avec Guillaume Tell pour l'indépendance

---

1. Mariage de sieur Joseph-Toussaint-Alexandre Chambon de Contagnet, pièce N° 17.
2. Contrat de mariage, pièce N° 19.
3. Pièce justificative, N° 19.
4. Pièce justificative, N° 20.

de son pays et fut obligé de s'expatrier lors de la captivité de ce grand homme. Il se réfugia en France et vint se fixer dans les montagnes du Haut Vivarais, aux environs de Fay-le-Froid, sans doute parce que ce pays lui rappelait sa patrie.

Quoique proscrit et sans fortune, il fut assez heureux pour captiver les bonnes grâces d'une jeune veuve noble et riche qui lui donna sa main. Quelques années plus tard, lorsque la Suisse eut conquis son indépendance, l'épouse sut retenir auprès d'elle son mari. Depuis cette époque, la famille des Freydier, dont un cadet ajouta le nom de Laffont au sien vers le milieu du dix-septième siècle, a contracté plusieurs alliances avec la noblesse, une entre autres avec l'arrière petite-fille du de Laroche qui fut créé chevalier avec Arthaud de Faï de la Tour-Maubourg, sur le champ de bataille, par Charles VII. Joseph Freydier-Laffont est encore aujourd'hui en possession de l'ancienne terre noble de Fournet que la descendante des de Laroche avait reçue en dot.

François-Lucien Freydier-Laffont de Contagnet a épousé le 7 février 1866 Marie David des Nots, du Pont-Saint-Esprit, dont il a deux enfants, savoir :

A. Marie-Marthe, née le 5 novembre 1866.

B. Marie-Lucien-Raimond Freydier-Laffont de Contagnet, né le 11 mai 1868.

CONTE (LE). *Forez.*

D'argent à trois merlettes de sable posées 2 et 1 ; au chef d'azur chargé d'un lion passant d'or.

Cette famille est représentée par Jacques-Jean-Marie-Hubert-Madeleine le Conte, à Montbrison, et ses trois fils, dont l'un, Jean-Jules le Conte, au château de la Curée, par la Pacaudière, département de la Loire, a deux fils.

CONTE DE NONANT DE RARAY (LE). *Normandie.*

D'azur au chevron d'argent, accompagné en pointe de trois besants d'or mal ordonnés, posés 1 et 2.

Cette famille, d'origine chevaleresque, reconnaît pour auteur, d'après ses preuves faites en 1784, Colinet le Conte, connétable du roi de Navarre vers la fin du treizième siècle. Elle se distingue par son ancienne noblesse d'épée, ses alliances illustres, ses riches possessions seigneuriales.

Elle est aujourd'hui représentée par le marquis le Conte de Nonant de Rarey, chef de nom et d'armes, au château de Poncé, département de la Sarthe, et par le Conte de Nonant de Rarey, au château de Maslou, par Bourg-Théroulde, département de l'Eure.

CONTES. *Artois.*

D'or au créquier de gueules.

Cette famille, qui a possédé les seigneuries de Blingel, de Planque, de Bucamp et la baronnie d'Égronges, porte les mêmes armes que la maison de Créquy.

Cette maison est représentée par le baron de Contes, maire de Planque, par Fruges, département du Pas-de-Calais.

COOLS. *France.*

D'azur à six étoiles d'or. — De gueules semé de billettes d'or ; à la bande d'argent brochant sur le tout.

Cette famille est représentée par le baron de Cools, chevalier de la Légion d'honneur, aide de camp du général de Cousin-Montauban ; par de Cools, à Paris ; G. de Cools, chevalier de la Légion d'honneur, à Saint-Pierre, Martinique ; L. de Cools, receveur de l'enregistrement, à Fort-de-France, Martinique; J.-E. de Cools, officier supérieur de dragons.

COPPENS. *Flandre française.*

D'azur à trois pommes de pin d'or.

Cette famille est représentée à Paris par le baron de Coppens, inspecteur des finances.

COPPIER. *Dauphiné.*

De gueules au chef d'hermine.

Cette famille n'est plus représentée que par Hyacinthe de Coppier, ingénieur de la marine.

COQUEBERT. *Champagne.*

De gueules à trois coqs d'or, deux en chef, un en pointe.

Originaire du pays de Liége, cette famille s'est établie en Champagne sous le règne de Charles VII, en 1440. Chérin lui donne une communauté d'origine avec la maison de Cockburn, en Écosse, qui porte les mêmes armes.

Le dernier représentant de cette maison est sir Alexandre Cockburn, lord chief-justice d'Angleterre, qui siége à Londres.

La branche française qui nous occupe est représentée par le baron de Coquebert de Mombret, à son château de Romain, par Reims, département de la Marne.

L'histoire et la généalogie de la famille sont authentiquement établies par les œuvres de Chérin, d'Hozier, de Saint-Allais et de Magny.

COQUEREL D'IQUELON. *Picardie.*

Armes primitives. D'azur, au coq d'or, accosté de quatre fleurs de lis d'or.

Armes modernes. De sinople au coq d'argent crêté, becqué, barbé et membré de gueules, surmonté d'une fleur de lis d'or (armes modernes).

Le seul représentant du nom est de Coquerel d'Iquelon, conseiller général, au château de Crique, par Bellencombre, département de la Seine-Inférieure, maire de Sommereuil, qui épousa Marthe Chapelle de Jumilhac.

COQUET. *Guyenne.*

D'azur au chevron d'or accompagné en pointe d'un coq de même, crêté et barbé de gueules; au chef cousu de gueules chargé de trois étoiles d'argent.

La Chesnaye-Desbois a donné les trois branches de cette famille qui existaient à cette époque. Elle est représentée aujourd'hui par la baronne de Coquet de la Roche-Montbrun, à Angoulême, et par de Coquet de Saint-Lary, qui réside dans son château, près de Fleurance, département du Gers.

COQUILLE DE MONCOURT. *Nivernais.*

D'azur à un mas alésé d'argent, accompagné de trois coquilles d'or.

Cette famille, qui tire son nom de Guillaume de Coquille, échevin de Nevers en 1264, et qui fut anoblie par lettres de Charles VI, en date du mois de juillet 1391, n'a plus d'autre représentant du nom que de Coquille de Moncourt, notaire à Vauclin, Martinique.

CORAIL. *Gascogne.*

D'or à l'écureuil de gueules regardant une étoile du même posée au canton dextre du chef.

Ernest de Corail, seul représentant du nom, réside au château de Lahaye, par Rieumes, département de la Haute-Garonne.

CORAL. *Poitou.*

De gueules à la croix pattée, alésée d'or, soutenue par deux lions affrontés du même ; au bâton alésé d'azur en bandes brochant sur le tout.

Cette famille est représentée par de Coral, conseiller référendaire à la cour des comptes, et par le comte de Coral de Hugues, tous deux à Paris.

CORBEAU. *Dauphiné, Vivarais, Forez.*

D'or chargé de trois fasces de sable. Supports : deux corbeaux au naturel..

Cette ancienne maison, originaire d'Italie, connue en Savoie dès le douzième siècle, est représentée par Marie-François-Charles, marquis de Vaulserre de Corbeau, qui épousa, le 7 juillet 1846, Hélène de Thellusson, dont trois fils, nés en 1850, 1851 et 1853. Il réside au château de Vaulserre, dans le département de l'Isère.

CORBERON. (BOURRÉE DE).

Écartelé : au 1 d'azur à trois gerbes ou bourrées d'or ; au 2 d'azur au chef d'or chargé de trois tourteaux de gueules ; au 3 de gueules à la fasce d'argent, surmontée de trois grillets du même ; au 4 d'argent à la tête de More de sable bandée d'argent, accompagnée de trois molettes de gueules.

Cette famille de robe, du parlement de Bourgogne, a pour chef de nom et d'armes Daniel-Jean-Charles, marquis de Bourrée de Corberon, au château de Toissereux, département de l'Oise. Elle est encore représentée par le baron de Corberon, député de l'Oise, au château de Saint-Maurice, département de l'Oise.

CORBIER. *Poitou.*

D'argent au cormier de sinople, accosté de deux

caisses de sable, et surmonté de trois annelets de gueules rangés en chef.

Cette famille est représentée par Mme la douairière de Corbier, au château de Roufignac, par Lubersac, département de la Corrèze.

CORBIÈRE (DE LA). *France.*

D'argent au lion de sable, armé, lampassé et couronné de gueules.

Cette famille, d'ancienne chevalerie, maintenue dans sa noblesse en 1635, 1668 et 1670, a pour chef actuel Robert-François-Yves de Corbière-Juvigné, au château de Coste, par Thouars, département des Deux-Sèvres.

Cette famille ne peut être confondue avec celle de Beunaiche, qui s'est adjugé la dénomination de la Corbière par suite de l'acquisition du fief de ce nom.

CORBIN DE MANGOU. *France.*

D'or à la fasce ondée d'azur accompagnée de trois cors de chasse de sable, virolés d'argent et enguichés de gueules.

L'unique représentant du nom, Adrien de Corbin de Mangou, réside à Bourg, département du Cher.

CORBINEAU. *Bretagne.*

Coupé : au 1 d'azur au lion d'argent tenant une épée du même; au 2 d'or à trois bras de carnation, les mains jurantes.

Cette famille a pour unique représentant le baron de Corbineau, au château de Balluère, par Châteaubourg, département d'Ille-et-Vilaine.

CORCELLES (TIRCUY DE). *Lyon.*

D'azur à une fasce d'or.

Cette famille, connue depuis deux générations dans

les annales parlementaires, est représentée par Francis Tircuy de Corcelles, au château de Beaufossé, par Essay, département de l'Orne, député de l'Orne à l'Assemblée constituante, et chargé d'une mission diplomatique auprès du pape sous le gouvernement du général Cavaignac.

CORDAY. *Normandie.*

D'argent au lion de gueules.

Ce nom, fameux dans l'histoire de la Révolution française, est encore représenté par de Corday, au château de Baudry, par Verneuil, département de l'Eure.

CORDEBEUF DE MONTGON. *Auvergne.*

Écartelé : aux 1 et 4 échiqueté d'argent et d'azur, au chef de gueules, qui est de Montgon ; aux 2 et 3 écartelé en sautoir d'hermine et d'argent, à deux fasces d'azur brochant sur le tout, qui est de Cordebeuf moderne.

Cette famille est représentée par le comte de Cordebeuf de Montgon, au château de Montagne, par Lezoux, département du Puy-de-Dôme.

CORDEROY. *Poitou.*

De sable à la bande câblée d'or.

De Corderoy, unique représentant du nom, est médecin à Saint-Benoît, île de la Réunion.

CORDIER. *Normandie.*

D'azur à trois griffons d'or, à la bande d'argent chargée de trois losanges du même brochantes sur le tout.

Cette famille a donné un président à mortier au parlement de Rouen, et un premier président de la chambre des comptes de Normandie.

Léon de Cordier, baron de Montreuil, réside au château d'Ivoy, par Lachapelle-d'Angillon, département du Cher.

CORDON. *Bugey, Normandie.*

Bugey. Écartelé d'argent et de gueules.

Cette famille remonte à Josselin de Cordon, chevalier, vivant en 1200.

Normandie. D'azur à trois condors d'or.

Le comte de Cordon, unique représentant du nom, réside au château de la Balme, par Yonne, département de la Savoie.

CORDOUE. *Castille.*

D'azur à l'ours rampant d'argent, supportant de ses pattes de devant un monde d'or.

Cette famille est représentée par Fernand-Gonzalve, marquis de Cordoue, au château de la Gaultière, département de l'Indre.

CORIOLIS D'ESPINOUSE. *Provence.*

D'azur à deux chevrons d'or accompagnés d'une rose d'argent en pointe. Supports et cimiers : des aigles.

Cette famille, d'origine italienne, tient depuis plusieurs siècles un rang distingué en Provence. Elle a produit des hommes illustres par leurs vertus et des personnages considérables par leurs charges et leurs dignités. Elle est représentée par le marquis de Coriolis d'Espinouse, officier de la Légion d'honneur, ancien officier de marine, qui, de son mariage avec Félicie de Bonneuil, a un fils, Pierre. Sa résidence est au château de la Salle, à Marseille. Son frère fut tué pendant le siége de Paris.

Une autre branche est représentée par le baron de Coriolis, à Paris.

CORLIER DE COURSAC. *Limousin.*

D'argent à deux chevrons brisés de gueules.

Cette famille a pour unique représentant de Corlier de Coursac, au château d'Aisey, par Covre, département de la Haute-Saône.

CORLIEU (du). *La Rochelle.*

De gueules à trois cornettes d'argent posées 2 et 1.

Cette famille n'a qu'un représentant : du Corlieu, au château de Bellot, par Rebais, département de Seine-et-Marne.

CORMEILLES. *Normandie.*

De gueules à une tour d'argent.

Jean de Cormeilles, seigneur de Guedeville, fit ses preuves à Rouen, en 1486. Sa descendance, maintenue le 20 mars 1669, n'est plus représentée que par la baronne douairière de Cormeilles, au château d'Athis, département de Seine-et-Oise.

CORMETTE. *Artois, Poitou.*

D'azur à l'épée d'argent garnie d'or et une palme de sinople passées en sautoir, cantonnées de quatre molettes d'éperon aussi de sinople.

Amédée de Cormette, chef de nom et d'armes, est seul représentant de la branche aînée. Les autres branches sont représentées par des cousins : Henri de Cormette, inspecteur des haras, à Abbeville; Albert de Cormette et Francis de Cormette.

CORN. *Rouergue.*

D'azur à deux cors de chasse d'or, liés, engrelés, virolés de gueules et contre-posés.

L'unique représentant du nom, de Corn, chevalier de

la Légion d'honneur, est chef du bureau arabe à Lalla-Maghnia, Algérie.

CORNEILLAN. *Provence.*

Écartelé : aux 1 et 4 d'or, à 3 corneilles de sable posées 2 et 1 ; aux 2 et 3 de gueules à une croix d'or tréflée.

Cette maison aussi ancienne qu'illustre tire son nom de la terre de Corneillan, située dans le bas comté d'Armagnac, dont les premiers seigneurs étaient qualifiés de vicomtes. Elle remonte à Guillelmus Feudacus, *vicecomes Castri-Corneillani*, cité avec Gougis, sa femme, dans un acte de donation à l'abbaye de Saint-Mont, près Corneillan, en 1642. Sa dépendance n'est plus représentée que par de Corneillan, à Toulouse.

CORNELY DE PRUDHOMME.

D'argent au cerf élancé de gueules, accompagné de trois corneilles de sable, la dernière soutenue d'une étoile d'azur ; au chef du même chargé de trois étoiles du champ.

Le seul représentant du nom, de Cornély de Prudhomme, chevalier de la Légion d'honneur, réside à Latronquière, département du Lot.

CORNEMONT. *Flandre française.*

D'argent à un cheval cabré de gueules.

Cette famille n'est plus représentée que par de Cornemont, sans titre. Éloigné de toute fonction publique, il réside à Strasbourg.

CORNET. *Normandie.*

De gueules à la fasce vivrée d'or, surmontée de deux roses d'argent.

Cette famille, considérée dans l'élection de Bayeux

avant l'an 1540, est représentée par le comte Cornet, chef de nom et d'armes, à Paris; de Cornet, à Paris; de Cornet d'Hinval, agrégé au tribunal de commerce, à Amiens.

CORNETTE. *Champagne.*

D'argent à un chevron de sable accompagné de deux rosettes de gueules en chef et en pointe d'un lézard de sinople.

Les titres de noblesse de cette famille furent enregistrés au conseil souverain de la Martinique, le 1er février 1677. Elle a trois représentants : Eugène, baron de Cornette de Vinancourt, chef de nom et d'armes, à Paris; Z. de Cornette de Vinancourt, receveur de l'enregistrement à la Pointe-à-Pitre (Guadeloupe), et de Cornette de Vinancourt, maire à la Rivière-Pilote (Martinique).

CORNILLIÈRE (DE LA). *Bretagne.*

De gueules à trois fleurs de lis d'argent.

Le marquis de la Cornillière, seul représentant de nom et d'armes, réside à Paris.

CORNOIS. *Picardie.*

D'or à la bande d'azur, chargée de trois têtes de cheval d'argent.

Cette famille a pour unique représentant : de Cornois, chevalier de la Légion d'honneur, à Villers-Coterets, département de l'Aisne.

CORNOT DE CUSSY. *Bourgogne.*

D'azur au chevron brisé d'argent, accompagné en chef de trois étoiles d'or et en pointe d'un cor de chasse du même, le pavillon à senestre.

Le seul représentant du nom de Cornot de Cussy,

chevalier de la Légion d'honneur, a fixé sa résidence à Paris.

CORNUDET DES CHOMETTES. *Combrailles et Marche.*

Coupé : au 1 d'azur, chargé à dextre d'un miroir d'or, accolé d'un serpent d'argent et à senestre d'un lion en pied d'or; au 2 de gueules à la fasce d'or.

Joseph Cornudet des Chomettes, membre de l'Assemblée législative, puis du Conseil des anciens, fut nommé sénateur, puis pair de France. Il était grand-officier de la Légion d'honneur et mourut en 1834.

Émile Cornudet des Chomettes, son fils, d'abord auditeur au conseil d'État, puis sous-préfet, fut pendant vingt ans membre du conseil général de la Creuse; il fut aussi député pour ce département pendant quatre législatures, enfin pair de France. Il était officier de la Légion d'honneur, et il est mort en 1870.

Alfred Cornudet des Chomettes, fils unique de ce dernier, chef de nom et d'armes, ancien attaché d'ambassade, est membre du conseil général de la Creuse depuis 1853. Il a été membre du Corps législatif et il est chevalier de la Légion d'honneur.

Léon Cornudet, ancien président de section au conseil d'État, et Michel Cornudet, maître des requêtes au conseil d'État, appartiennent également à la famille. L'auteur commun des branches existantes vivait en 1711.

CORNULIER. *Bretagne.*

D'azur au rencontre de cerf d'or, surmonté entre son bois d'une moucheture d'hermine, d'argent.

Cette maison, anciennement Cornillé, tire son nom de la paroisse de Cornillé, près de Vitré. Elle eut pour premier auteur Hamelin à qui Robert Ier de Vitré, à son retour de l'expédition d'Angleterre en 1066, donna différentes terres dans cette paroisse de Cornillé, en récompense de ses services.

Maintenue dans sa noblesse, par arrêt du parlement de Bretagne, le 17 novembre 1668, elle est aujourd'hui représentée par le marquis de Cornulier, chef de nom et d'armes, au château de Fontaine-Henri, département du Calvados; le vicomte Arthur de Cornulier, à Nantes; A. de Cornulier, au château de Lande, par Montaigu (Vendée); Hippolyte, comte de Cornulier-Lucinière, député à l'Assemblée nationale, à Nantes; R. de Cornulier, officier de la Légion d'honneur, contre-amiral, membre du conseil supérieur de l'instruction publique.

CORNUT DE LA FONTAINE DE COINCY. *Ile-de-France.*

De gueules au lambel de trois pendants d'argent.

Le seul représentant du nom, Léon de Cornut de la Fontaine de Coincy, est attaché à l'administration des lignes télégraphiques, à Paris.

CORRAR. *Champagne.*

D'azur à trois têtes de faucon arrachées de sable.

Cette famille a deux représentants : de Corrar de Breban, officier de la Légion d'honneur, président honoraire du tribunal de Troyes; de Corrar des Essarts, chevalier de la Légion d'honneur, conseiller de cour à Nancy.

CORREUR. *Picardie.*

D'azur au chevron surmonté d'un soleil et accompagné de trois étoiles, le tout d'or.

Cette famille est représentée par de Correur, à Amiens.

CORSI. *Provence.*

Coupé de sinople sur gueules, au lion de l'un en l'autre, et au bâton d'argent brochant sur le tout.

Félicien de Corsi, seul représentant de son nom, chevalier de la Légion d'honneur, est chirurgien de la marine, à Toulon.

CORTADE. *Guyenne.*

De gueules à deux épées d'argent passées en sautoir; les gardes et les poignées d'or.

Cette famille a deux représentants : l'abbé de Cortade, principal du collége de Lectoure, département du Gers ; de Cortade, receveur particulier, à Montmédy, département de la Meuse.

CORVISART. *Champagne.*

Concession de Louis XIV. D'or au chevron d'azur accompagné en chef de deux croissants de gueules, d'une merlette entre les branches du chevron et en pointe de deux épées de gueules en sautoir.

Concession de Napoléon Ier, avec titre de baron. Ecartelé : au 1 d'or au cœur de gueules en abîme; au 2 de gueules à la palme d'argent ; au 3 d'or au lion rampant de gueules ; au 4 de gueules à la verge de sable tortillée d'un serpent de sinople.

Cette maison célèbre aujourd'hui dans les annales de la science, de noblesse ancienne, originaire de Champagne, est issue, suivant Bertin de Rocheret (manuscrits d'Epernay, 1730, n° 39), de Philippe Corvisart, centurion préposé à la garde des Pères du Concile d'Attigny, en 870, dont la descendance se divisa en deux branches sous Louis XIV : l'une prit la carrière des armes et fit le plus souvent partie de la maison militaire du roi; l'autre suivit la carrière de la magistrature et des sciences.

A la première branche appartiennent : Henri Corvisart, écuyer, seigneur de Fleury, capitaine des chevau-légers de la maison du roi, pendant la campagne de

Flandre, en 1668; Jean-Baptiste Corvisart, écuyer, seigneur de Montlaurent, brigadier des gardes du corps de la compagnie de Villeroy, sous Louis XV. Louis Corvisart, seigneur de Mutry, en 1768, et Jean Corvisart, écuyer, seigneur des Avaux, furent gardes du corps de Louis XVI. Leurs preuves sont conservées au cabinet des titres de la Bibliothèque nationale, à Paris. (*Armorial général de d'Hozier*, reg. 3, 1re part., p. 5.)

La seconde branche a donné : Jean-Nicolas, baron Corvisart, docteur en médecine à l'âge de vingt-sept ans, malgré la volonté de son père, procureur au parlement de Paris (1782), médecin de l'hôpital de la Charité, en 1788, professeur de clinique interne à l'Ecole de médecine, en 1795, professeur de médecine au collége de France, en 1797, premier médecin de l'empereur Napoléon Ier, dès son retour d'Égypte, mort le 18 septembre 1821; il eut la gloire de donner une vive impulsion à la médecine exacte, de publier un célèbre *Traité des maladies du cœur*, et de jouir, pendant les vingt-six dernières années de sa vie, d'une réputation méritée, que nul ne pût lui disputer.

Lucien, baron de Corvisart, son neveu, né à Thonnelong, département de la Meuse, en 1824, embrassa la même carrière que son oncle, dont il devait plus tard hériter des aptitudes, des fonctions et du titre.

Renommé pour la hardiesse inventive dont il fit preuve dans plusieurs ouvrages spéciaux, qu'il publia de 1849 à 1863, spécialement sur l'emploi du ferment digestif des animaux (pepsine), appliqué aux maladies des organes digestifs de l'homme, baron par décret de l'empereur, en date du 1er juin 1867; il a été adjoint au premier médecin de Napoléon III.

COSNAC. *Limousin.*

D'argent au lion de sable, armé, lampassé, couronné de gueules, l'écu semé de molettes de sable. Tenants : deux sauvages.

Devise : *Neque auro, neque argento, sed honore.*

Cette maison, célèbre dans les annales militaires et les fastes du clergé, est originaire de la terre de son nom, près de Brives, en Bas Limousin. Elle a donné, en 1191, un chevalier croisé, dont le nom et les armes décorent le musée de Versailles, des capitaines d'hommes d'armes, des gentilshommes ordinaires de la chambre, un cardinal-évêque de Comminges au quatorzième siècle, le célèbre évêque et comte de Valence et de Die, puis archevêque d'Aix, commandeur de l'ordre du Saint-Esprit, en 1701, dont les *Mémoires* ont été publiés par les soins pieux de Gabriel-Jules, comte de Cosnac, membre du conseil général de la Corrèze, chevalier de la Légion d'honneur et de l'ordre du Chêne des Pays-Bas, auteur distingué, chef actuel de nom et d'armes de sa famille, qui réside au château du Pin, près Masseret, département de la Corrèze et à Paris; deux évêques de Tulle ; deux autres évêques et comtes de Die; un archevêque de Sens, aumônier du roi, mort le 24 octobre 1843. Du mariage de M. le comte de Cosnac avec Aline d'Arnouville, sont issus deux fils et une fille. L'aîné est sorti de l'école militaire de Saint-Cyr.

Fernand, vicomte de Cosnac, frère du chef de la famille, a épousé Gersinde de Sabran-Pontevès, dont quatre filles. Il réside au château de Vaugoubert, département de la Dordogne.

Une autre branche est représentée par Henri, comte de Cosnac, au château de Cosnac (Corrèze). De son mariage avec Berthe de Fénis de la Prade, sont issues deux filles.

Les principaux ouvrages dans lesquels il est question de la maison de Cosnac sont : les *Nobiliaires* du P. Anselme, de Moréri, de Saint-Alais ; les *Annales historiques* de M. Tisseron ; les *Mémoires* du duc de Saint-Simon, etc.

COSNE DE CARDANVILLE. *Dauphiné.*

D'azur au chevron d'argent, à la fasce d'or brochante sur le tout.

Cette belle famille, dont le berceau est le Dauphiné, se divise en plusieurs branches. La branche aînée s'établit en Normandie dans le courant du siècle dernier. Elle est représentée par François-Alexandre de Cosne de Cardanville, qui épousa le 6 février 1839 Marie-Alexandrine-Eglé de Renouard de Sainte-Croix, fille de Carloman-Louis-Félix de Renouard, marquis de Sainte-Croix, dont deux filles.

COSSART D'ESPIÈS. *Picardie.*

De gueules à la croix ancrée d'or, chargée de cinq ancres d'azur.

Originaire du pays de Liége et établie depuis plus de quatre siècles en Picardie, cette famille a donné des officiers généraux distingués. Elle a de nombreux représentants : la marquise douairière de Cossart d'Espiès, qui a six enfants, dont deux fils, au château d'Omécourt (Oise) ; le comte de Cossart d'Espiès, en Bourgogne, a trois enfants, dont un fils ; le comte Adrien de Cossart d'Espiès, au château de Fontaine-Lavaganne (Oise), qui a trois enfants dont deux fils ; le vicomte Ernest de Cossart d'Espiès, à Amiens, qui a une fille ; le vicomte Henri de Cossart d'Espiès, à Besançon, qui a un fils et une fille ; le vicomte de Cossart d'Espiès, leur oncle, qui a deux filles mariées, à Paris.

COSSÉ. *Anjou.*

De sable à trois fasces d'or denchées en leur partie inférieure.

Cette illustre famille, dont le berceau est Cossé-en-Anjou, établit sa filiation depuis Thibaut de Cossé, qui vivait en 1490. Elle a donné deux chevaliers croisés, quatre maréchaux de France, six chevaliers des ordres du roi, un grand maître de l'artillerie, trois lieutenants généraux. Elle obtint le titre de comte de Brissac en 1560, de duc et pair de Brissac en 1611, de duc de Cossé en 1748. Elle a pour chef de nom et d'armes, Marie-Artus. Timoléon de Cossé, duc de Brissac, qui épousa Angélique-Gabrielle-Marguerite-Marie le Lièvre de la Grange, dont trois fils :

Gabriel-Anne-Timoléon-Roland de Cossé, marquis de Brissac, qui a épousé Jeanne-Marie-Eugénie Say ;

Maurice de Cossé, comte de Brissac, officier ;

Pierre de Brissac.

Ce grand nom est encore représenté par un frère consanguin du duc, un oncle et un cousin.

Le frère est Aimé-Artus-Maurice-Timoléon, comte de Cossé-Brissac, qui fut chambellan de l'impératrice. De son mariage avec Alix-Marie de Walhs de Serrant, fille du duc de la Motte-Houdancourt, il a deux filles.

L'oncle du duc, Désiré-Emmanuel-Delie-Louis-Michel-Timoléon de Cossé, comte de Brissac, ancien chef d'escadrons, épousa Henriette de Montmorency-Tancarville, dont un fils et trois filles. Ce fils, Henri-Charles-Anne-Timoléon-Marie de Cossé-Brissac, épousa Louise-Marie-Matéa de Veau de Robiac, dont trois enfants, et Fernand, comte de Brissac.

Le cousin du duc, Charles-Marcel-Louis, marquis de Cossé-Brissac, épousa Marie-Antoinette-Françoise du

Cluzel, veuve en 1830 du comte Frédéric de Merode, mort de ses blessures reçues au combat de Berchem. Il a de ce mariage un fils, Antoine-François, comte de Cossé-Brissac, marié à Marie-Catherine-Adelaïde-Charlotte de Gontaut-Biron, dont deux enfants.

COSSERON DE VILLENOISY. *Ile-de-France.*

D'azur au vaisseau d'or ; au chef cousu de gueules, chargé d'un besant du second entre deux casses du même.

Cette famille a pour représentant Charles de Cosseron de Villenoisy, chef de bataillon du génie.

COSSETTE. *Touraine.*

D'or à la croix échiquetée de gueules et de sable de deux traits.

Cette famille est représentée par le comte Arthur de Cossette, à Vendôme, et au château de Roquefort, près d'Yvetot, département de la Seine-Inférieure.

COSTA DE BEAUREGARD. *Gênes.*

D'azur à trois bandes d'or ; au chef cousu d'azur, chargé de trois fleurs de lis d'or.

Cette maison d'ancienne noblesse, issue de Rustico Costa, vivant au douzième siècle, a donné un amiral et un général des galères de la République de Gênes, qui s'illustrèrent contre les Pisans et les Vénitiens. Elle a pour chef de nom et d'armes, Charles-Albert, marquis Costa de Beauregard, au château de la Motte-Servolin, département de la Savoie.

Elle est encore représentée par le comte Costa de Beauregard, au château de Beauregard (Savoie); Henry, comte Costa, secrétaire d'ambassade; Paul, comte Costa, ancien lieutenant de vaisseau; l'abbé Camille Costa; Olivier Costa, ancien élève de l'école de Saint-Cyr.

COSTARD. *Normandie.*

D'argent au lion de sable. — Burelé d'argent et de sable.

A cette famille appartenait Jean Costard, reçu chevalier de Malte en 1550. Il brisait d'une étoile de sable à senestre en chef. Sa descendance est représentée par le comte de Costard, au château d'Aubry, par Trun, département de l'Orne, et par de Costard, sans titre, à Paris.

COSTÉ DE BAGNAUX. *Normandie.*

D'azur au chevron brisé d'argent, accompagné de trois coquilles d'or.

Le seul représentant de la famille de Costé de Bagnaux, est l'ancien maire à Saint-Privé-Saint-Mesmin, par Orléans.

COSTE DE CHAMPERON. *Touraine, Poitou, Ile-de-France.*

D'azur au lion d'or, au chef du même, chargé de trois roses de gueules.

Couronne : de comte. Supports : deux lions.

Cette famille est représentée par le comte de Coste de Champéron, général de division de cavalerie, commandant la 13e division militaire, qui a un fils militaire et une fille mariée à Paris.

Elle est aussi représentée par de Coste de Champeron, directeur des postes, à Avranches, qui a un fils et cinq filles.

COSTECAUDE. *Toulouse, Montauban.*

D'azur à un besant d'or.

Cette famille est représentée par de Costecaude, conservateur des hypothèques, à Pithiviers, département du Loiret.

COSTON. *Comtat Venaissin.*

De gueules à trois têtes de bœuf d'or.

Cette famille connue depuis Pierre de Coston, officier au régiment de Piémont, est représentée par de Coston, notaire, à Montélimart, département de la Drôme.

COTOLENDY DE BEAUREGARD. *Berry.*

D'azur à trois glands d'argent. Couronne : de comte. Supports : deux lions.

Cette famille, originaire de Barcelonnette, est depuis longtemps établie à Neufchâtel, département de la Seine-Inférieure. Toutefois, ses archives ayant été détruites dans des temps calamiteux, nous ne pouvons remonter qu'aux derniers degrés de sa généalogie.

De Cotolendy de Beauregard, officier dans les armées de Sa Majesté très-chrétienne, chevalier de Saint-Louis, fils d'autre Cotolendy de Beauregard, aussi chevalier de Saint-Louis et officier dans les armées du roi de France, épousa noble demoiselle le Vaillant de la Salle et en eut un fils qui, de son mariage avec noble demoiselle N. d'Esquilmarre, eut de Cotolendy de Beauregard, né à Neufchâtel, lieutenant colonel de cavalerie, chevalier de Saint-Louis et de la Légion d'honneur. Il épousa à Liége, en 1796, Philippine von Loon, fille du commandant de la citadelle de Liége, sous la domination des princes-évêques, dont trois enfants :

1° Charles de Cotolendy de Beauregard, mort à Colmar en 1842, chef d'escadrons de cuirassiers, chevalier de la Légion d'honneur. Il épousa à Neufbrisach, Hélène Muller, dont deux filles : Anna et Hélène.

2° Antoine, qui suit ;

3° Louise qui épousa Louis, baron de Gaillard de Sénilhac ;

Antoine de Cotolendy de Beauregard, né à Munster, en Westphalie, chef de nom et d'armes de sa famille, chef de bataillon en retraite, chevalier de la Légion d'honneur, épousa à Bourges, le 7 novembre 1826, Albertine, fille du marquis de la Porte d'Ysertieux, d'une des plus anciennes familles du Berry, dont il a deux enfants :

1° Alix, qui épousa Edouard, baron d'Ornaut, colonel d'état-major ;

2° Henri de Cotolendy de Beauregard, lieutenant au 67ᵉ régiment d'infanterie de ligne, chevalier de la Légion d'honneur, marié le 26 février 1867 à Marie Villedey de Croze, de Paray-le-Monial, remarié à Aurélie Cristiani de Ravaran.

COTTES. *Montpellier, Montauban.*

De gueules à une rose d'or, écartelée aussi de gueules, et un levrier d'argent accolé et cloué d'or.

L'unique représentant du nom de Cottes réside au château de Tangry, par Heuchin (Pas-de-Calais).

COTTON. *Ile-de-France.*

De gueules à trois têtes de lion d'or.

Cette famille a trois représentants : le comte de Cotton, au château de Joux, par Tarare, département du Rhône; de Cotton d'Englesqueville, substitut du procureur impérial à Caen ; de Cotton d'Englesqueville, commissaire central à Poitiers.

COUAISNON. *Bretagne.*

Couaisnon du Haut-Verger. Écartelé : aux 1 et 4 d'azur à trois molettes d'argent ; aux 2 et 3 de sable à la coquille d'argent.

Couaisnon de la Lanceulle. D'argent à trois molettes de sable.

Le vicomte de Couaisnon, seul représentant du nom, réside au château de Terchaut, par la Gravelle, département de la Mayenne.

COUARIDON. *Bretagne.*

D'argent à quatre maillets de sable.

Cette famille n'a qu'un représentant : de Couaridon, au château de Kernabat, par Guingamp, département des Côtes-du-Nord.

COUCY. *Picardie.*

Fascé de gueules et de vair de six pièces.

Cette maison célèbre, qu'au siècle dernier on a parfois cru éteinte, a pour fondateur Dreux des Boves, sire de Coucy, vivant sous le règne de Henri II, et connu par deux chartes des années 1042 et 1059.

Elle est représentée par de Coucy, chevalier de la Légion d'honneur, conservateur des forêts, à Vesoul, et par de Coucy, maire à Chilly, par Frongy, département de la Haute-Savoie.

COUDENHOVE. *Brabant.*

D'or à la bande ondée de gueules. Heaume : couronné. Cimier : une hure de sanglier de sable allumée de gueules, défendue d'argent. Supports : deux griffons regardants, coupés de gueules sur or.

Cette famille remonte à Arnould de Coudenhove, chevalier, gouverneur de Ninove, tué en 1302, lors du sac de cette ville par les Français.

Jacques de Coudenhove, seigneur de Tougert et de Lusbeck, gentilhomme de la maison du roi Philippe II, fut créé chevalier le 5 novembre 1580.

Il existe aujourd'hui trois frères représentants du nom, dans le département des Ardennes : François-

Henri, baron de Coudenhove, à Boulons, près Poix ; Charles-Marie-Édouard de Coudenhove, au château de Fléville, par Grandpré, et Joseph-Eugène de Coudenhove, à Fléville.

COUDERT. *Languedoc.*

D'azur à un chevron d'or accompagné en pointe d'un agneau paissant d'argent ; au chef d'argent chargé de trois flammes de gueules. — La branche cadette porte le chef cousu de gueules chargé de trois roses d'argent.

Cette famille, originaire de Lyon, et qui a fourni ses preuves depuis 1521 pour l'admission à Saint-Cyr en 1695, a six représentants : Élie Coudert de Sardans, à Paris ; Amédée Coudert de la Villatte, capitaine au 100ᵉ régiment de ligne ; Joachim-Jules Coudert de la Villatte, juge au tribunal civil, à Guéret, département de la Creuse ; Coudert de la Villatte, juge à Guéret, et ses deux frères, l'un ancien conservateur des hypothèques à Cognac, l'autre propriétaire à Guéret.

COUDRAY DE LILLE. *Bretagne.*

D'or à la bande de gueules coticée d'azur et chargée de trois coquilles d'argent.

Cette famille, anoblie en 1440, sous le nom de la Coudray de l'Épine, est représentée par de Coudray de Lille, contrôleur des contributions indirectes, à Perpignan.

COUDRE DE MAUREPAS (DE LA). *Bourgogne.*

D'azur à deux chevrons d'or bordés de sable.

L'unique représentant de cette famille bretonne, entré dans les ordres, est curé à Saint-Servan, département d'Ille-et-Vilaine.

COUÉDIC (DU). *Bretagne.*

D'argent à une branche de châtaignier, à trois feuilles d'azur.

Cette maison, d'ancienne extraction, a donné un chevalier croisé et a été admise aux honneurs de la cour. Elle s'honore, dans les temps modernes, d'avoir donné le célèbre commandant de *la Surveillante,* qui, en 1769, soutint à Ouessant un combat contre la frégate anglaise *le Québec* et se fit sauter.

Son nom est encore représenté par du Couëdic de Kergoaller, officier de la Légion d'honneur, député du Finistère, conseiller général à Quimper.

COUESPEL. *Normandie.*

D'argent à trois têtes de lion de gueules, deux en chef et une en pointe ; à la fasce de gueules chargée de trois besants d'argent.

Cette famille est représentée par de Couespel, au château de Bochard, par Prez-en-Pail, département de la Mayenne. Il a épousé Éléonore-Alix de Varin de Prétenville, d'une famille anoblie sous Henri IV, et qui porte d'or à trois flammes de gueules, deux en chef, une en pointe ; au chef d'azur chargé d'un besant d'argent accompagné de trois croissants d'or.

COUESSIN. *Bretagne.*

D'azur à deux bandes d'argent.

A cette famille appartient un chevalier de Saint-Michel en 1654.

L'aïeul de la génération actuelle, comte de Couëssin du Boisriou, mort à Londres pendant l'émigration, épousa la fille du marquis de Trévelec, dont il eut trois fils, savoir :

Georges de Couëssin de Boisriou, aujourd'hui représenté par son fils, Jean de Couëssin du Boisriou, marié à Mathilde des Rieux, chef de nom et d'armes, au château du Boisriou, en Quevert, par Dinan (Côtes-du Nord), qui a un fils, Georges.

Maurice de Couëssin du Boisriou, qui épousa Pélagie de Gouyon-Matignon de Beaufort, représenté par ses deux fils : l'aîné, François de Couëssin du Boisriou, épousa Caroline-Marie-Louise de France, dont deux fils, Auguste de Couëssin du Boisriou, capitaine aux zouaves pontificaux, chevalier de l'ordre de Pie IX, décoré des médailles de Castelfidardo et de Mentana; le second, Charles de Couëssin du Boisriou. Il réside au château de Vaux, près Broons (Côtes-du-Nord). Le cadet, Charles de Couëssin du Boisriou, à Rennes, épousa Marie d'Audigné de Mæneuf, dont il n'a pas de fils.

Louis, comte de Couëssin du Boisriou, épousa la nièce du maréchal de Macdonald, dont il était l'aide de camp, obtint de Louis XVIII le titre de comte, et il est représenté aujourd'hui par Alexandre, comte de Couëssin du Boisriou, à Paris, qui épousa Mlle de la Roquette, dont il n'a pas d'enfants.

COUET. *Bresse, Lyonnais.*

D'or à deux pins arrachés et entrelacés, passés en double sautoir de sinople, fruités d'argent.

Maintenue dans sa noblesse par lettres du 26 novembre 1675, enregistrées aux archives de Provence, cette famille remonte à François de Couet, dont les fils, Martin et Jean, furent qualifiés nobles dans leur contrat de mariage, passé le 2 septembre 1561.

Cette famille a cinq représentants : de Couet, maire à Pailly, par Gien (Loiret); Théodore de Couet, au château de Hayes, par Vigy (Moselle); de Couet de la Haye, au château de Lattaye, par Balleroy, département du Calvados; le baron de Couet de Larry, à Paris; Alphonse-Théodore de Couet, attaché à l'administration des lignes télégraphiques, à Paris.

COUETUS. *Bretagne.*

D'argent au rencontre de cerf de gueules.

Albert, comte de Couetus, réside à son château de Margat, par Châteauneuf, département de Maine-et-Loire.

COUFFON DE KERDELLECH. *Bretagne.*

De sable à trois têtes de lévrier coupées d'argent, colletées d'or.

D'ancienne chevalerie, originaire de la paroisse de Plouha, dans l'évêché de Saint-Brieuc, où existait, avant la Révolution, la tour Couffon, ruines du château de ce nom, cette maison est connue depuis Urvoy Couffon, qualifié chevalier, *miles,* dans une charte originale du mois de mai 1267.

Cette famille n'est plus représentée que par de Couffon de Kerdellech, juge de première instance à Fort-de-France (Martinique).

COUGNY. *Berry.*

D'azur à trois aiglettes d'argent becquées et membrées de gueules.

Cette famille a deux représentants : de Cougny, au château de Pinaudière, par Lencloitre, département de la Vienne, et de Cougny, avocat à Poitiers.

COUIN DE GRANDCHAMPS. *France.*

Coupé : au 1 d'argent à une tour ruinée de sable, ajourée et maçonnée du champ, surmontée à senestre de trois foudres de sable ; au 2 d'azur à une pyramide d'argent, maçonnée de sable, senestrée d'un griffon d'or.

La baronne douairière de Couin de Grandchamps est aujourd'hui l'unique représentant de cette famille.

COULAINE. (Quérit de). *Touraine.*

De sinople au cygne d'argent nageant sur une rivière du même.

Devise : *Va ferme à l'assaut, Quérit à la prise.*

Cette famille a deux représentants : Auguste Quérit, baron de Coulaine, ancien élève de l'École polytechnique, ingénieur en chef des ponts et chaussées, à Bordeaux; Henri Quérit de Coulaine, ancien élève de l'École polytechnique, à son château de Coulaine, près Chinon, département d'Indre-et-Loire.

COULLANGES. *Bourgogne, Ile-de-France.*

D'azur à la bande d'argent chargée d'un lion de gueules; au chef d'or chargé d'une aigle éployée de sable.

Le comte de Coullanges, unique représentant du nom, réside à Paris.

COULARD. *Poitou.*

D'azur à un chef de sable chargé d'une tête de More d'argent.

Cette famille a cinq représentants : de Coulard, président de la Société de Saint-Vincent-de-Paul à Foix; de Coulard de Puyrenard, au château de Galmassin, par Gençay, département de la Vienne, et de Coulard de Puyrenard, au château de Roux, par Couché-Virac, département des Deux-Sèvres; de Coulard de la Verchère, juge de paix à Luzy (Nièvre); de Coulard de la Verchère, percepteur à Saint-Amans (Nièvre).

COULIBŒUF ou **COULLIBŒUF.** *Normandie.*

D'azur à la tête de bœuf d'argent encornée d'or.

Maintenue dans sa noblesse le 3 janvier 1667, cette famille a quatre représentants : deux du nom de Coulibœuf, l'un percepteur à Bordeaux, l'autre sans profession à Bayeux ; deux autres à Paris, la marquise et le comte de Coulibœuf de Bloqueville.

COULOGNE. *Pays de Liége.*

D'argent au chevron de gueules accompagné de trois roses du même.

Le vicomte de Coulogne, seul représentant du nom, réside à Paris.

COULOMBIERS. *Dauphiné.*

D'argent au singe assis de gueules.

Le comte de Coulombiers réside au château de Coulombiers-sur-Seulles, par Riès, département du Calvados.

COULON. *France.*

De sable au lion d'or armé d'un sabre d'argent, à la fasce de gueules brochante sur le tout.

Le seul représentant du nom, chevalier de la Légion d'honneur, était président de chambre à la Cour impériale à Metz.

COULONGES. *Normandie.*

Fascé d'argent et d'azur.

Le seul représentant du nom, chevalier de la Légion d'honneur, est professeur au collége Louis-le-Grand, à Paris.

COUPIGNY. *Artois.*

D'azur à l'écusson d'or ; au chef cousu de gueules chargé de trois fermaux ou boucles d'or. Tenants : deux sauvages au naturel, ceints et couronnés de feuillage et armés de massues.

Devise : *Pâtir pour jouir*. Cri : *Malet*.

D'origine chevaleresque et l'une des plus anciennes et des plus illustres d'Artois, où on la trouve établie depuis le treizième siècle, cette famille a deux représentants : le comte de Coupigny, au château de Louverval, par Cambrai ; de Coupigny, au château des Pierres, par Vassy, département du Calvados.

COURBON DE LA ROCHECORBON. *Saintonge.*

D'azur à trois boucles ou fermaux d'or, l'ardillon en pal.

Le premier de ce nom cité dans l'histoire est Arnaud de Courbon, mentionné dans les lettres de Charles V, données à Paris le 20 février 1375, par lesquelles il accorde à plusieurs gentilshommes et à leurs hoirs « de « pouvoir porter la royale étoile en tous lieux, soit ba- « tailles, combats, tournois, places, fêtes et compagnies, « qui bon leur semblera. »

Cette famille n'a plus d'autre représentant que la marquise douairière de Courbon de la Rochecorbon, à Paris.

COURCY. *Normandie, Bretagne.*

D'azur fretté d'or de six pièces. Couronne : de marquis. Supports : deux lions d'azur au chevron d'or accompagné de trois quintefeuilles du même.

Cette famille, qui emprunte son nom à une terre et baronnie située dans l'élection de Falaise, au diocèse de Séez, connue dès le commencement du onzième siècle, compte peu de représentants : la baronne de Courcy. à Paris ; de Courcy, percepteur à Blanc, département de l'Indre.

COURCY (Roussel de). *Orléanais.*

D'argent à quatre fasces jumelées de sinople, reliées

entre elles par deux barres du même, et reliées à la pointe par deux bandes aussi de sinople.

Les terres de Courcy et de Claireau, alors baronnies, furent, sous le nom commun de Courcy, érigées en marquisat par Louis XV, en faveur d'un Roussel, conseiller au Parlement et en récompense des services rendus par son fils aîné, mestre de camp de cavalerie, mort des blessures qu'il avait reçues à Fontenoy.

Les Roussel sont de famille de Parlement où ils siégeaient déjà en 1345.

Cette famille a pour chef de nom et d'armes Marie-René Roussel, marquis de Courcy, conseiller général du Loiret, officier de la Légion d'honneur. Elle est représentée également par le comte de Courcy, oncle du chef de la famille, président du conseil général de Seine-et-Marne, qui a deux fils : le comte Roussel de Courcy, officier de la Légion d'honneur, général de brigade ; le vicomte Ernest Roussel de Courcy, officier de la Légion d'honneur et lieutenant colonel démissionnaire. Elle est aussi représentée par le comte Royer de Courcy ; le vicomte Max de Courcy ; le baron Georges de Courcy, frère et cousins du chef actuel de la famille.

COURAUD DE BOURAN. *Touraine.*

De sable à une croix d'argent et une bordure cousue de gueules.

Le seul représentant du nom est conseiller municipal à Rouiba (Algérie).

COURIVAUD. *Poitiers.*

D'or à deux épées de gueules garnies d'or passées en sautoir ; au chef d'azur chargé de trois canettes d'argent.

L'unique représentant du nom est employé au chemin de fer à Poitiers.

COURLET DE VREGILLE. *Franche-Comté.*

D'azur au chevron d'or, accompagné en chef de deux étoiles à cinq rais et en pointe d'un cœur, le tout d'or.

Branche distincte de Courlet de Boulot (cette dernière aujourd'hui éteinte), même origine et même filiation, sous ce double nom, jusqu'au dix-huitième siècle.

Représentant actuel, M. Courlet de Vregille, président à la cour de Besançon; son père, officier du génie sous l'Empire; son aïeul, colonel, inspecteur général d'artillerie avant 1789, chevalier de Saint-Louis; autres ascendants, conseillers au parlement de Franche-Comté; résidence au château de Vregille, département de la Haute-Saône. Trois fils; alliances anciennes en Franche-Comté, en Lorraine, dans le Brabant et le Hainaut.

COURLIER. *Poitou.*

D'azur à un pal d'argent.

Cette famille n'a qu'un représentant : de Courlier, au château de Fourcheret, par Villeneuve, département de Seine-et-Marne.

COURNON. *Auvergne.*

D'azur à la croix ancrée d'or.

Cette famille a deux représentants : de Cournon, inspecteur des eaux et forêts, à Vassy, département de la Haute-Marne, et de Cournon, au château de Bonnet, par Gondrecourt, département de la Meuse.

COURONNEL. *Flandre, Artois, Picardie.*

D'or à trois maillets de gueules. Couronne : de marquis.

La filiation authentique de cette ancienne maison remonte à Pierre de Couronnel, seigneur de Cogneul, de

Loiselet et de Merle, qui, avant 1332, épousa Béatrix de Calonne, issue d'une maison connue depuis le douzième siècle, et qui tire son nom d'un village situé près de Tournai.

Il n'existe plus d'autre représentant du nom de Couronnel qu'au château d'Echenay, par Pancey, département de la Haute-Marne.

COURS. *Agenais, Bordelais, Languedoc, Armagnac, Chalosse, Couserans.*

De gueules au lion d'or tenant des deux pattes de devant un arbre arraché de même. — *Alias* : D'argent à un pin de sinople terrassé de sable, senestré d'un lion de gueules rampant contre le fût de l'arbre. — *Alias :* Parti : au 1 d'argent au pin de sinople et un lion de gueules rampant contre le fût de l'arbre ; au 2 d'argent à trois bandes de gueules.

Les de Cours de Pauilhac portent : d'azur à un lion d'or écartelé de gueules; à une meule de moulin d'argent.

Cette famille a plusieurs représentants : le vicomte de Cours, au château de Lavalade (Tarn-et-Garonne) et au château du Perché (Maine-et-Loire) ; de Cours de Labarthe, inspecteur d'académie, au château de Sieurac (Tarn) ; de Cours, baron de Montlezun, au château de Montlezun (Landes) ; de Cours, à Vic-Bigorre (Hautes-Pyrénées) ; Casimir de Cours de Pauilhac, à Villeneuve-sur-Lot (Lot-et-Garonne).

Les de Cours apparaissent, pour ainsi dire, au lendemain de la féodalité naissante. Pierre de Cours, bienfaiteur de l'abbaye d'Uzerche, vivait vers 1020; Hugues de Cours, que plusieurs auteurs, entre autres de Courcelles et Samazeuilh, disent issu des comtes de Toulouse, fut père d'Ermengarde de Cours, qui épousa, en 1092, Edouard Ier, vicomte de Comborn, haut baron limousin.

A partir de 1240, la ligne filiative des de Cours est dressée sans interruption jusqu'à ce jour, et toutes les alliances sont authentiquement connues.

La généalogie de cette famille comprend 150 pages dans un ouvrage intitulé : *Maisons historiques de Gascogne*. Cet ouvrage, en 6 vol. in-4°, a été édité par Dumoulin.

COURSON. *Bretagne.*

D'or à trois chouettes de sable becquées et membrées de gueules.

On retrouve aujourd'hui deux représentants du nom de Courson proprement dit : de Courson, conservateur de la bibliothèque au Louvre, à Paris ; de Courson, officier de la Légion d'honneur, à Saint-Brieuc.

Le nom de Courson est encore représenté par le général de Courson de Villeneuve, à Paris, et par de Courson de Villeneuve, receveur particulier à Domfront.

COURSY. *Ile-de-France.*

D'argent à la barre engrelée de gueules.

Le seul représentant du nom est inspecteur des forêts à Nice.

COURT (LE). *Ile-de-France.*

D'azur au lion d'or lampassé de gueules ; au chef du second chargé de trois étoiles du champ.

Cette famille est représentée par le Court de Saint-Aygue, au château de Mas d'Avayat, par Combronde, département du Puy-de-Dôme, et par Mme la douairière le Court de Sainte-Marie, à Granville, département de la Manche.

COURT (LE). *Bretagne.*

D'azur à l'aigle éployée d'or à deux têtes.

Cette famille est représentée par Charles le Court de Beru et Ferréol, à la Gleytière et à Senac, département d'Ille-et-Vilaine.

COURTADE DE MOUSSARON. *Languedoc, Gascogne.*

LANGUEDOC. D'or à un cerf courant de gueules.

GASCOGNE. COURTADE DE MOUSSARON. Écartelé : cousu de sinople et de gueules, à la croix d'or cantonnée de douze besants du même, mal ordonnés, brochant sur le tout. Couronne : de comte.

Cette ancienne maison, qui tire son nom d'une terre située dans le Languedoc, et dont une branche s'honore d'avoir été apparentée à Marie-Casimire de la Grange d'Arquien, reine de Pologne, est représentée par de Courtade de Moussaron et par son fils, au château de Moussaron, par Condom, département du Gers.

COURTAIS. *Bourbonnais.*

De sable à trois lions d'or couronnés, lampassés et armés de gueules.

Cette ancienne famille, qui tire son nom du fief de Mont-Courteix ou Mont-Courtais, dans les environs de Montluçon, est représentée par Gaspard-Henri, vicomte de Courtais, chevalier de la Légion d'honneur et de Saint-Louis, à son château de Doyet, par Montluçon, département de l'Allier.

COURTARVEL. *Maine.*

D'azur au sautoir d'or cantonné de seize losanges du même, rangées en fasce au chef et à la pointe, 1, 2 et 1 aux flancs, et tournées dans le sens de l'orle. Couronne : de marquis. Supports : deux lions.

Cette famille, qui tire son nom de la terre de Courtarvel, située près Sillé-le-Guillaume, a donné un chevalier croisé, Geoffroy de Courtarvel, dont le nom et les armes figurent dans le musée de Versailles, en vertu d'un titre authentique, daté du camp devant Damiette, en octobre 1249. Citée dans l'histoire dès l'an 1203, par une charte de l'abbaye de Champagne, cette maison est représentée par Ludovic, marquis de Courtarvel, au château de Baillon, par Mondoubleau, département de Loir-et-Cher, et par de Courtarvel, sans titre, maire de Baillon.

COURTE. *Touraine.*

D'azur à une fasce d'or accompagnée en chef d'une cotte d'argent accostée de deux besants du même, et en pointe d'un autre pareil besant.

Le vicomte de Courte, chef de nom et d'armes, réside à Paris : de Courte, autre représentant du nom, réside au château de Bongatrière, par Vitré, département d'Ille-et-Vilaine.

COURTEILLE. *Alençon.*

De gueules à trois étoiles d'or posées 2 et 1.

Cette famille est représentée par le comte et le vicomte de Courteille, à Paris.

COURTEN. *Auvergne.*

D'azur semé de couronnes à l'antique d'or ; à l'écu de sable en abîme, chargé d'un lion léopardé d'argent ; au chef d'or, chargé d'un croissant de gueules.

L'unique représentant du nom de Courten réside au château de Baroncourt, par Courcelles-Chaussy, département de la Moselle.

COURTET DE L'ISLE. *Champagne.*

D'azur à un chevron d'or.

Courtet de l'Isle, seul représentant connu du nom, réside à Paris.

COURTHILLE. *Auvergne, Marche.*

D'argent au chevron de gueules accompagné de neuf merlettes de sable ; 4 en chef, 2 en flancs et 3 en pointe, mal ordonnées.

Cette famille a deux représentants : le marquis de Courthille, au château de Voreille, par Chenerailles, département de la Creuse. ; le vicomte de Courthille, chevalier de la Légion d'honneur, ancien sous-préfet à Montfort-sur-Meu, département d'Ille-et-Vilaine.

COURTIAL (DU). *Montpellier, Montauban.*

D'or à deux lions affrontés de gueules, soutenant de leurs pattes un cœur du même.

Le dernier représentant du nom est consul à Sainte-Marthe, Colombie.

COURTILLOLES. *Normandie.*

D'or au lion rampant d'azur ; au chef de gueules chargé de trois besants d'argent sommés d'un casque de chevalier. Supports : deux lions au naturel.

Devise : *Non nobis mascimur.*

Cette famille a deux représentants : de Coutilloles, au château de son nom, à Saint-Rigome-des-Bois, canton de la Fresnaye-Chedonet, département de la Sarthe, branche aînée ; de Courtilloles d'Angleville, à Saint-Germain-de-Clairefeuille, par le Merlerault, département de l'Orne, branche cadette.

COURTILS (DES). *Ile-de-France.*

D'azur au lion d'argent grimpant, armé et lampassé

de gueules, portant au cou l'écusson de Flandres, d'or au lion de sable attaché par un collier de gueules. (Conforme à l'écusson de Jean des Courtils, chevalier croisé en 1249, admis en 1860 au musée des Croisades de Versailles, sous le n° 698 du plan.)

Cette famille, dont l'ancienneté et la noblesse ont été authentiquement constatées par les sentences de maintenue de noblesse en 1667, est représentée par le comte des Courtils de Merlemont, au château de Merlemont, près Beauvais, département de l'Oise, et le comte des Courtils, au château de Ply, même département.

Cette famille n'est pas la même que celle de Charles-Alexandre des Courtils de Bessy, ancien maire de Thaas, département de la Marne, qui épousa H. du Val de Thaas, dont deux fils. L'abbé des Courtils de Montbertein, à Nanterre, département de la Seine, appartient à la famille des Courtils de Bessy.

COURTIN. *Touraine, Normandie, Maine, Orléanais, Ile-de-France, Brie, Forez, Picardie.*

TOURAINE. D'azur à la fasce ondée d'argent, accompagnée en chef d'un lion naissant d'or adextré d'une fleur de lis du même, et en pointe de trois trèfles aussi d'or.

NORMANDIE. COURTIN DE TORSAY. De gueules à trois roses d'or tigées et feuillées de sinople.

MAINE, ORLÉANAIS, ILE-DE-FRANCE, BRIE, FOREZ. COURTIN D'USSY. D'azur à trois croissants d'or.

Courtin, comtes de Villers, en Picardie, portent les armes de Courtin d'Ussy. Les Courtin comptent aujourd'hui six représentants : Claude-Ernest Courtin de Neufbourg, chef de nom et d'armes, au château de Saint-Marcel-d'Urfé, Loire; Jean-Baptiste-Ludovic Courtin de Neufbourg, au château de Bauvoir, à Arthun,

Loire; Jean-Baptiste Courtin de Neufbourg, au château de Vernoël-Saint-Germain, Loire; Ernest Courtin de Neufbourg, au château de la Pierre, même département; le comte de Courtin de Torsay, à Paris; Courtin de Torsay, au château de Privas et à celui de Montmirail, département de la Sarthe.

COURTOIS. *Champagne.*

D'azur à trois mûres d'or, 2 en chef et 1 en pointe.

Cette famille, originaire de Troyes, et dont la généalogie est tracée dans l'ouvrage de M. de Caumartin, *Recherches sur la noblesse de Champagne*, remonte à Simon de Courtois, dont la postérité s'est divisée en trois branches, aujourd'hui représentées par A. de Courtois, agent vice-consul, à Roses, Espagne; F. de Courtois, au château de Raillon, par Saint-Martin-de-Crau, département des Bouches-du-Rhône; de Courtois, médecin major dans l'armée; de Courtois, chevalier de la Légion d'honneur, maire à Vabres, Aveyron; de Courtois de Sainte-Colombe, conseiller général, maire de Sainte-Colombe, à Saint-Sauveur-le-Vicomte, Manche.

COURVOL. *Nivernais.*

De gueules à la croix ancrée d'or, accompagnée en chef de deux étoiles d'argent. Supports : deux licornes. Cimier : une licorne issante.

Cette famille, qui emprunte son nom à la petite ville de Courvol, située près de Clamecy, remonte à Hugues de Courvol, qui vivait à la fin du onzième siècle.

Elle a deux représentants : Charles et Frédéric de Courvol.

COUSIN. *France.*

D'or à deux étoiles d'azur en chef, et une hure de sanglier de sable en pointe.

Cousin, proprement dit, n'a qu'un représentant : il est chef de la station des lignes télégraphiques, à Granville, département de la Manche.

COUSIN DE LA TOUR-FONDUE. *Nivernais, Berry, Bourbonnais, Auvergne, Languedoc.*

De gueules à la foi d'argent. Supports : deux levriers. Couronne : de marquis. Cimier : un lion issant armé d'un cimeterre.

Devise : *Fides exercitium.*

Cette famille, de race chevaleresque, est originaire du Nivernais, où elle possédait la baronnie de Cousin, près Saint-Pierre-le-Moutier, et établit sa filiation depuis 1295. De noblesse d'épée depuis son origine, elle a pour chef de nom et d'armes Marie-Barthélemy-Henri-Ferdinand, comte de Cousin de la Tour-Fondue. Sa branche est encore représentée par Marie-Dominique-Anatole, vicomte de Cousin de la Tour-Fondue, son frère, au château de Marsat, près Chambon-sur-Voueize, département de la Creuse. Elle l'est également par son oncle, Jean-Gilbert, baron de Cousin de la Tour-Fondue, qui épousa Henriette de Retz, dont une fille.

La branche cadette est représentée par un cousin-germain du chef de la famille, Jean-Baptiste Marcilly de Cousin de la Tour-Fondue, ancien sous-officier des zouaves pontificaux.

COUSIN DE MAUVAISIN. *Languedoc.*

D'or au chevron de gueules, accompagné de trois cousins au naturel, deux en chef et un en pointe.

Cette famille est représentée par Albert-Louis-Gabriel de Cousin de Mauvaisin, chef de nom et d'armes, et par son frère, Henri-Pierre-Marie de Cousin de Mauvaisin, tous deux à Toulouse. Ils ont postérité.

COUSIN DE MONTAUBAN. *France.*

Écartelé : au 1 d'azur, à l'épée haute d'argent, montée d'or, qui est le franc-quartier des comtes militaires ; au 2 d'argent à la fasce de gueules, accompagnée en chef de deux merlettes de sable, et en pointe d'une molette d'éperon d'or, qui est de *Delannoy* ; au 3 d'argent, au chevron de gueules accompagné en chef de deux merlettes, et en pointe d'un croissant renversé de sable, *qui rappelle les campagnes d'Algérie* ; au 4 d'azur à la croix de calvaire d'argent, terrassée de sinople, *qui rappelle le rétablissement de la religion catholique en Chine* ; sur le tout d'or, au pont de sable maçonné d'argent, à une arche criblée de boulets, *qui est le pont de Palikao.* Couronne : de comte. Supports : deux piles de boulets.

Devise : *Deo, Imperatori et Patria.*

Cette famille est représentée par Charles-Guillaume-Marie-Apolline-Antoine Cousin de Montauban, comte de Palikao, en récompense de l'expédition de Chine, qu'il commandait en chef en 1860, général de division, grand'croix de la Légion d'honneur, ancien sénateur. Il a un fils et des filles : l'aînée, qui épousa Auguste de Guentz, son cousin, ancien officier de cuirassiers, aujourd'hui receveur des finances dans le Cantal ; une autre de ses filles a épousé Robert de Brémont, petit-fils du vicomte de Brémont, ancien député, décédé maire de Reims, lors du sacre de Charles X.

Son fils, vicomte de Montauban, est officier supérieur de cavalerie.

COUSIN DE LA VALLIÈRE. *Bourbonnais, Auvergne, Languedoc.*

De gueules à la foi d'argent. Supports : deux levriers.

Le comte Cousin de la Vallière, réside à Toulouse.

COUSSAYE (DE LA). *Poitou.*

De gueules au lion d'or ; au chef d'argent chargé de trois étoiles à cinq rais d'azur.

Cette famille est représentée par le comte de la Coussaye, au château de Foix, à Angle-sur-Lenglin, département de la Vienne, et par de la Coussaye, commissaire-adjoint, à Paris.

COUSSEMAKER. *Flandre.*

Écartelé : au premier et au quatrième d'argent à trois merlettes de sable ; au deuxième et au troisième d'azur au chevron d'or, chargé d'une fleur de lis de gueules et accompagné de trois étoiles à six rais d'or ; sur le tout d'argent au lion de sable, armé et lampassé de gueules.

Ces armes ont été enregistrées par d'Hozier dans l'*Armorial général de France*, en novembre 1696.

Cette famille, très-ancienne, occupe, par son origine, ses charges et ses alliances, un rang distingué dans la noblesse de la Flandre maritime. Elle est citée dans de précieux recueils généalogiques, entre autres ceux de Borel d'Hauterive, la Chesnaye-Desbois, le baron de Herckenrode, Van den Bussche, Goethals, Bachelin-Deflorenne, les *Calendriers de Flandre, du Hainaut et du Cambrésis*, Magny, Gourdon de Genouillac, de Baecker, le Roux, la *Belgique héraldique*, etc.

En 1242, Walter de Conssemaker achète une maison à Ypres. — Un Loy de Coussemaker est inscrit sur la liste des bourgeois de Bergues, en 1383. — Parmi ceux qui, à Cassel, en 1428, ont pris les armes contre Philippe le Bon, figurent deux de Coussemaker.

La filiation régulière de la famille commence avec André, né à Nieppe vers 1450.

Ses descendants ont pris leurs alliances dans les familles nobles de Grootduyme, Bieswal de Briarde, Van Costenoble, Van Bambeke, de Brouckere, Sennesael, Baert de Neuville, de Meulenaere, de Vicq, Van Pradelles de Palmaert, de Wintere, Van der Helle de Perdekerchof, Van Merris, Carton de Winnezeele, Cleenwerck de Crayencourt, de Croeser, de Gheus, d'Halewyn, Hans de Lebbe, Lenglé de Scoubèque, Lenglé de Westover, de Hau de Staplande, etc.

Pendant une longue suite de générations ils ont occupé des charges honorables dans la magistrature de la ville de Bailleul, telles que avoué (bourgmestre), subdélégué de l'intendant, président des apaiseurs, conseiller au présidial, etc. Ils ont été honorés aussi de charges électives, entre autres, dans les temps modernes, de celle de membre de conseil général et de conseil d'arrondissement, de l'Institut, etc.

Charles-Edmond Henri de Coussemaker, fils de Charles-Romain-Stanislas et de Marie-Jules-Reine Joets de Metershof, chevalier de la Légion d'honneur, des ordres de Saint-Grégoire-le-Grand et de Léopold de Belgique, juge à Lille, conseiller général du département du Nord, membre correspondant de l'Institut, etc., marié à Marie-Joséphine-Uranie Mignard de Mouillère, est actuellement chef de nom et d'armes de sa famille qui est encore représentée à Bailleul.

Louis-Ignace-Joseph de Coussemaker, frère de Charles-Romain-Stanislas, épousa Sophie-Louise-Pélagie Joets de Metershof, dont Adolphe-Louis-Théodore de Coussemaker, chevalier de la Légion d'honneur, vice-président du tribunal civil de Saint-Omer, qui a épousé Aimée-Victoire-Marie-Anne Ghislaine de Neckere, fille de Joseph Ghislain, sénateur de Belgique, chevalier de l'ordre de Léopold, et de Clémence de Coninck.

COUSTALÉ. *Béarn.*

Écartelé : aux 1 et 4 des seigneurs de Larroque ; aux 2 et 3 des alliances de Navailles et d'Assat, accolées de l'écusson des barons Gros de Grune, comme gendre. (Concession de 1857.)

Cette famille, dont les preuves remontent aux dernières années du seizième siècle, est représentée par Brice, baron de Coustalé de Larroque d'Assat, médecin par quartier de l'empereur Napoléon III, et par Ernest de Coustalé de Larroque, officier au 34e de ligne.

COUSTANT. *Paris.*

Écartelé : aux 1 et 4 de gueules à trois fleurs de lis d'or ; au franc-quartier d'argent, chargé d'une étoile à six rais de sable (Coustant ancien) ; aux 2 et 3 de gueules à l'arbre d'or ; au chef d'argent chargé d'un croissant de sable. Couronne de comte : Supports : deux lions.

Devise : *A Coustant labeur ne couste.*

Seigneurs de Belle-Assise, Jouy, Sainte-Christine, Yanville, Villers, le Tillet, etc.

Comtes romains.

Cette famille, originaire du Beauvoisis, apparaît (comte de Clermont), dès le treizième siècle, à Ercuis, d'où elle passa à Compiégne, puis à Paris, et n'est sans doute qu'une branche de la famille d'Ercuis (de Erqueto), qui fournit un précepteur au roi Philippe le Bel.

Mais sa filiation suivie ne commence qu'au seizième siècle, avec les premières inscriptions sur les registres des paroisses de la ville de Compiégne.

Toutes les branches formées depuis cette époque sont éteintes, sauf la branche d'Yanville, ainsi représentée :

Charles-César Coustant d'Yanville, chevalier, comte romain [1] (fils de Charles-François-Marie Coustant d'Yanville, chevalier, conseiller du roi, président, trésorier de France, général des finances et grand voyer en la généralité de Soissons, puis conseiller-correcteur en la chambre des comptes de Paris, et de Marie-Louise-Antoinette-Thérèse de Belleval, des marquis de Belleval-Bois-Robin), conseiller honoraire à la cour des comptes, officier de la Légion d'honneur, décoré du Lys et de la médaille de Sainte-Hélène, ancien élève de l'Ecole polytechnique, garde du corps inscrit dans la compagnie de Wagram, avocat, licencié en droit, ancien membre du conseil d'arrondissement de Senlis et du conseil général de l'Oise, chef actuel du nom et des armes [2]. Résidences : Paris et le château du Tillet, près Ercuis, commune de Cives-lès-Mello (Oise).

Il a épousé :

1° Henriette-Zoé de Selle, des comtes de Selle, dont Henry, qui suit ;

2° Marie-Anne-Élisabeth Goullet de Rugy, des vicomtes de Rugy, dont : Marie-Albert-Raoul et Marie-Anne-Berthe, mariée à Marie-Léon-Gaston Brosseau de Juigné, conseiller de préfecture.

Henri Coustant d'Yanville, chevalier, vicomte d'Yanville, officier supérieur de cavalerie, chevalier de la Légion d'honneur, officier du Nichan de Tunis, membre

---

1. Le titre héréditaire de comte romain lui a été conféré par un bref de Sa Sainteté le Pape Pie IX, en raison des services rendus à la religion par dom Pierre Coustant, bénédictin connu par ses éditions de *Saint Augustin*, *Saint Hilaire*, *Lettres des Papes*, et l'abbé Paul-Maxime Brulley de la Brunière, fils d'un Coustant de Jouy, évêque nommé de Trinita, martyrisé en Mantchourie en 1846.

2. Le comte d'Yanville n'a eu qu'une sœur, Élisabeth-Louise, mariée à Auguste-Romain Coquilbert de Montleret, des barons de Montleret, conseiller à la cour royale d'Amiens, dont postérité.

de plusieurs sociétés savantes, marié à Charlotte-Louise Ada Daniel d'Euroille de Grangues, des marquis de Grangues, dont : Marie-Raoul-Raymond, né en 1862; Marie-Thibault-Pierre-Henri, né en 1865.

COUSTARD DE SAUVRÉ. *Anjou, Maine.*

D'azur au chevron d'or, accompagné de trois losanges du même, celle de la pointe surmontant un croissant d'argent.

Cette famille, dont la filiation authentique remonte au seizième siècle, qui a donné en 1648 un échevin de la ville d'Angers et des membres du parlement de Paris, est représentée par Lucien de Coustard de Sauvré, à Château-Gonthier, département de la Mayenne.

Une branche établie à Saint-Domingue dès le principe de la colonisation est représentée par Jules de Coustard de Nerbonne, officier dans l'armée.

Une branche naturelle de la maison de Coustard existe à Haïti.

COUSTIN DE MASNADAUD. *Limousin.*

D'argent au lion de sable, armé, lampassé et couronné de gueules.

Cette famille, connue aux croisades et dans le Limousin depuis le treizième siècle et qui a eu des branches dans la Marche, le Périgord, le Poitou, etc., a pour chef de nom et d'armes Alexandre-Marie-Léonard, marquis du Coustin du Masnadaud, au château de Sazerat, près Bénévent-l'Abbaye, département de la Creuze.

La maison est encore représentée par Henri-Marie de Coustin de Masnadaud, fils du chef de la famille, et par un frère de celui-ci, Joseph-Sylvain, comte de Coustin de Masnadaud, au château de Saint-Jarry-Lasbloux, département de la Dordogne.

COUSTIS. *Touraine.*

D'azur à trois roses d'argent, deux en chef et une en pointe, et un besant de même posé en abîme.

Cette famille est représentée par Charles, Edmond et Hippolyte Coustis de la Rivière, à Tours; Edmond est chef de gare au chemin de fer.

COUSTURIER (le). *France.*

De gueules au lion d'or.

Cette famille, qui joint à son nom celui de Courcy, a deux représentants : le Cousturier de Courcy, maire de Fai, par Moulins-la-Marche, département de l'Orne; le Cousturier de Courcy, à Paris.

COUSY FAGEOLLE. *Alsace.*

D'argent à trois flûtes de gueules en barre.

Cette famille a pour chef de nom et d'armes le marquis de Cousy de Fageolles, à Paris. Il a un fils, le comte de Cousy de Fageolles, à Marseille, et deux petit-fils.

COUTARD. *Guyenne.*

Écartelé : au 1 d'azur à trois créneaux posés en fasce; aux 2 et 3 de gueules au lion d'argent, la tête contournée, tenant une lance polonaise d'or; au 4 d'azur à trois jambes de cheval coupées au naturel. A la croix d'argent brochante sur les écartelures.

Le comte de Coutard, unique représentant du nom, réside à Paris.

COUTEULX DE CANTELEU (le). *Yvetot.*

D'argent au chevron de gueules accompagné de trois trèfles de sinople, deux en chef, un en pointe,

Cette famille a possédé la pairie héréditaire, comme comte de Fresnelles, jusqu'en 1830. Elle a pour chef de nom et d'armes Jean-Emmanuel-Victor Le Couteulx de

Canteleu, maire d'Étrépagny, membre du conseil général de l'Eure, chevalier de la Légion d'honneur et de Léopold de Belgique. etc.

La famille a d'autres représentants : Le Couteulx de Caumont, à Paris; le baron Le Couteulx du Moley, à Paris; Le Couteulx de Verclives, à Givet, département des Ardennes; Le Couteulx de Froissy, à Froissy, près Beauvais.

COUTURE (DE LA). *France.*

Écartelé : au 1 de sinople à l'ancre d'or; aux 2 et 3 de gueules au chevron d'argent accompagné en chef de deux molettes du même et en pointe d'un levrier courant aussi d'argent; au 4 d'azur aux cinq ordres d'architecture d'or, le composite à dextre et les autres à leur place selon leur élévation.

On retrouve encore deux représentants du nom de la Couture : l'un à Draguignan, l'autre à Paris.

COUTURES. *Béarn.*

D'azur à deux têtes de vache de Béarn, accompagnées d'une tête de nègre, d'un croissant et de deux étoiles; le tout d'or.

L'unique représentant du nom de Coutures est employé dans l'administration des contributions indirectes, à Bordeaux.

COUTURIER DE VIENNE (LE). *Paris.*

De gueules à l'arbre arraché d'or, au croissant contourné d'argent du côté dextre, posé au pied de l'arbre; au chef d'azur fermé par une nuée d'argent issante des deux côtés de l'écu; le chef chargé de deux étoiles d'argent.

Cette famille, à laquelle appartenait Eustache-François Le Couturier, seigneur de Mauregard et du Mesnil, trésorier général des troupes de la maison du roi, président au grand conseil, maître des requêtes et président en la chambre des enquêtes au parlement de Paris, est encore représentée par Le Couturier de Vienne, officier de la Légion d'honneur, à Paris.

COUX. *Auvergne, Limousin.*

D'argent à trois fasces d'azur ; à une bande de gueules brochante sur le tout.

Cette famille, maintenue dans sa noblesse en 1666, est fort ancienne. Ses titres et ses archives, actes de mariage, testaments, partages, datent du quatorzième siècle. Sa filiation suivie s'établit depuis l'an 1333.

Germain de Coux, écuyer, seigneur du Châtenet, vivait en 1548.

Ses représentants sont nombreux : la marquise douairière de Coux ; le marquis Gaston de Coux, au château d'Aprey, par Lonpau, département de la Haute-Marne ; le comte Louis de Coux, sont de la branche aînée, ainsi que les deux enfants de de Coux, directeur des postes, mort le 20 juin 1868.

La branche cadette est représentée par le comte Alfred de Coux, à Saint-Jean-Ligourne, et par son neveu, le vicomte Edmond de Coux.

COUYER DE LA CHESNARDIÈRE. *Bretagne.*

D'argent à trois cœurs de gueules.

Le seul représentant du nom de Couyer de la Chesnadière est ancien maire de Fougères, département d'Ille-et-Vilaine.

CRAMAYEL (Fontaine de). *France.*

D'argent à une fontaine de sable, à trois jets de sinople.

Cette famille, qui prit, vers la fin du siècle dernier, son surnom de la terre de Cramayel, commune de Moissy, près Lieusaint, en Brie, se rattache à Jean Fontaine, maître des œuvres et bâtiments du roi, échevin de Paris en 1611. Elle est représentée par le marquis de Cramayel, sénateur, général de division, et par son frère, le comte de Cramayel, ancien sous-directeur au département des affaires étrangères et ministre plénipotentiaire.

CRAPONNE. *Pise, Provence.*

D'or au château de sable bâti de deux tours, l'une plus haute que l'autre ; l'entremur crénelé, incliné en bande, sur lequel fond une aigle du même.

De Craponne du Villard, unique représentant du nom, est conseiller de cour à Grenoble.

CRAY. *Hollande.*

D'argent au chevron d'azur accompagné de trois corneilles de sable, couronnées à l'antique d'or. Supports : une corneille couronnée de l'écu.

L'unique représentant du nom de Cray, chevalier de la Légion d'honneur, est conseiller général à Decize, département de la Nièvre.

CRECY. *Picardie.*

D'argent au lion de sable, armé, lampassé et couronné de gueules ; à la bordure aussi de gueules.

Cette famille, d'ancienne noblesse d'épée, originaire du duché de Bourgogne, qu'elle quitta dès le quatorzième siècle pour s'établir en Franche-Comté, puis en Picardie, a été admise à Malte, à Saint-Georges et dans les chapitres nobles. Elle est représentée par le comte de Crecy, au château d'Azans-les-Dôles, département du Jura.

CRENY. *Normandie.*[1]

D'azur à une fasce d'argent et une bordure engrelée de gueules.

L'unique représentant du nom vit dans la retraite, à la campagne, au château de Maizet, par Évrecy, département du Calvados.

CRESOLLES. *Bretagne.*

Fascé, denché d'or et d'azur.

Une des plus anciennes du diocèse de Tréguier, cette maison, dont les armes sont gravées sur les plus vieux monuments de la ville de Lannion, et particulièrement au-dessus de la porte principale de l'église de Sainte-Anne, le plus antique du pays, était déjà grande et puissante dès le quatorzième siècle.

En 1364, à la bataille d'Auray, qui décida du sort de la Bretagne, en donnant la couronne ducale à Jean de Montfort, dit Jean IV, le Conquistor, par sa victoire sur Charles de Blois, Pierre de Cresolles était page du Conquistor.

Lors de son avénement, en 1399, Jean V, fils du Conquistor, créa Pierre de Cresolles, chevalier banneret, c'est-à-dire portant bannière, grand maître de son hôtel, et lui donna le fief de Penmant.

Après la félonie des Penthièvre, qui s'emparèrent, le 12 février 1420, par trahison, du duc Jean V et l'enfermèrent au château de Chinon, la duchesse de Bretagne, Jeanne de France, fille de Charles VI, roi de France, envoya à Paris, en qualité d'ambassadeurs auprès de son père et de son frère le dauphin, Pierre de Cresolles et Jean de Carné, pour demander vengeance et appui contre la trahison des Penthièvre. (Voir *Histoire de Bretagne*, dom Maurice, dom Lobineau et d'Argentré.)

Deux mois plus tard, Jean V était délivré de sa captivité par les troupes du comte de Parhoët, et en août de la même année, les Penthièvre, dont les biens étaient confisqués, furent réduits à se réfugier dans le Hainaut.

Quand Anne de Bretagne, fille de Louis XII, vint visiter pour la dernière fois sa chère Bretagne, elle descendit à Lannion, chez le sire de Cresolles, et fit présent à cette famille du fief de Penat-Stenay, ainsi que du droit de pêche au saumon dans toutes les rivières de Lannion, jusqu'à la mer, à l'exclusion de tous autres. Ce droit est resté dans la famille jusqu'en 1789.

Depuis la réunion de la Bretagne à la France, la maison de Cresolles a donné un grand nombre d'officiers supérieurs dans les armées françaises et a toujours suivi la carrière des armes. Le comte de Cresolles, aïeul du comte de Cresolles et des vicomtes actuels, d'abord page du roi Louis XV, capitaine commandant de cavalerie et chevalier de Saint-Louis en 1783, colonel de dragons en 1789, émigra en 1790. La comtesse de Cresolles, son épouse, rentra en France et fut guillotinée en 1793. A son retour d'émigration, le comte de Cresolles se remaria, et son petit-fils, le comte Charles de Cresolles, chef de nom et d'armes de la famille, a été page de Charles X.

Parmi les hommes recommandables du nom, on doit citer le père de Cresolles, né en 1568, mort secrétaire général de l'ordre des Jésuites, à Rome, en 1634, auteur d'un grand nombre d'ouvrages religieux et savants. On peut mentionner aussi l'oncle du chef de la famille, sous-préfet de Lorient, et ensuite préfet de Nancy sous la Restauration.

CRESPEL DE BONNIVAL. *Bretagne.*

De gueules à une main fermée d'argent, accompagnée

de trois lignes du même ; deux en chef et une en pointe.

L'unique représentant du nom de Crespel de Bonnival est maire à Saint-Laurent-Blangy, par Arras, département du Pas-de-Calais.

CRESPIN DE BILLY. *Anjou, Orléanais.*

D'azur au chevron d'or accompagné de trois pommes de pin du même, les tiges en bas. Couronne de comte. Tenants : deux sauvages.

On retrouve en France plusieurs représentants du nom : Crespin de Billy, maire à Bacon, par Meung (Loiret); Ernest Crespin de Billy, à Orléans; Crespin de Billy d'Hallot, à Orléans; Crespin de la Roche, à Paris.

CREUZÉ. *Poitou.*

D'argent au chef de gueules.

A cette famille ancienne appartiennent de Creuzé des Chatelliers, curé à Poitiers; de Creuzé de la Touche, chevalier de la Légion d'honneur, directeur des contributions directes, à Amiens.

CRÈVECŒUR. *Artois, Lorraine, Beauvoisis.*

De gueules à trois chevrons d'or. Cimier : deux bras parés de manches étroites d'or, sous d'autres manches larges et courtes d'azur, rebrassés d'hermine, pressant un cœur crevé et sanglant de gueules.

Cri : *Latour Landry.*

Cette belle famille a deux représentants : le comte de Crèvecœur, auditeur au conseil d'état, à Paris; de Crèvecœur, au château de la Plaine, par Dourdan, département de Seine-et-Oise.

CRIGNON DE MONTIGNY. *Picardie.*

De gueules au chevron d'argent accompagné de trois sauterelles d'or, deux en chef et une en pointe.

L'unique représentant du nom de Crignon de Montigny, chevalier de la Légion d'honneur, est maître des requêtes à Paris.

CRISENOY. *France.*

Tranché d'or sur azur ; au chef de gueules chargé d'un lion léopardé d'argent.

Cette famille a trois représentants : Pierre, baron de Crisenoy, chef de nom et d'armes, à Paris ; Jules de Crisenoy, ancien officier de marine, à Paris, son frère ; comte de Crisenoy de Lyonne, cousin-germain des précédents.

CROCHARD. *Anjou.*

D'argent à trois trèfles de sable, posés 2 et 1.

Cette famille emprunte son nom à une terre mouvante de la châtellenie de Chéviré-le-Rouge. Elle prouve sa filiation par un acte du 31 janvier 1496, et d'après l'aveu du juge d'armes de France, d'Hozier de Sérigny, sa noblesse est fort antérieure à cette époque.

L'unique représentant du nom de Crochard, aujourd'hui, vit dans ses terres au château de Châtelet, par Seiches, département de Maine-et-Loire.

CROISETTE DES NOYERS. *Beauvoisis.*

D'azur semé de croisettes pattées d'or et une fasce d'argent, chargées de trois merlettes de sable, brochantes sur le tout.

Laurent des Croisettes, seigneur de Sainte-Mesme, Mermont et Lamotte en Beauvoisis, épousa Catherine Le Cointre. Leur nom est représenté uniquement par Mme la douairière de Croisette des Noyers, à Paris.

CROISMARE. *Normandie.*

D'azur au léopard d'or. Supports : deux sauvages.

Cimier : une tête de léopard (Bibliothèque nationale); sceau de 1389.

Cette ancienne maison, connue dès le onzième siècle, et qui a donné des chevaliers au douzième, établit sa filiation sur preuves authentiqnes, depuis l'an 1370.

Le marquisat de Craon, en Lorraine, fut érigé en marquisat de Croismare, en faveur de Louis-Eugène de Croismare, maréchal de camp, cordon rouge, par lettres patentes de 1767. Sa famille obtint les honneurs de la cour en 1775 et 1783. Elle a donné un archevêque de Rouen en 1482; deux lieutenants généraux, grands-croix de Saint-Louis; deux écuyers commandant la Petite-Écurie; un président au Parlement et trois à la cour des aides de Rouen. Elle est représentée par Charles-Louis, marquis de Croismare, ancien capitaine de la garde royale, à Versailles, par le comte de Croismare, au château du Mesnil, par Boissy-le-Sec, département d'Eure-et-Loir, et par le vicomte de Croismare, au château du Bec, par Montivilliers, département de la Seine-Inférieure.

CROIX. *France.*

D'azur à la croix d'or.

Ce nom de noblesse est fort répandu en France. Il est porté par des familles distinctes. Lachesnaye-Desbois donne la généalogie de quatre maisons différentes du nom de Croix : Croix, proprement dit; Croix de Castries; Croix de Chevrières; Croix de Heuchin.

Afin d'éviter, autant que possible, de porter la confusion dans ces différentes familles, nous ne pouvons établir des groupes séparés, et nous plaçons sous le même contexte tous ceux qui portent le nom de Croix ou de la Croix, savoir :

Le marquis de la Croix, grand officier de la Légion d'honneur, sénateur, à Paris ;

Le comte P. de Croix, à Paris ;

De la Croix, juge suppléant au tribunal civil, à Perpignan ;

L'abbé de la Croix, aumônier, à l'hôpital de Bagnols (Gard).

L'abbé de la Croix, chanoine honoraire, à Poitiers ;

Léon de la Croix, à Toulouse ;

De la Croix, au château de Flaville, par Bonneuil (Charente).

De la Croix-Laval, au château de Monthivert, par Yssingeaux (Haute-Loire) ;

De la Croix-Laval, au château d'Orlianas (Loire) ;

De la Croix de Ravignan, conseiller général, à Villeneuve, par Mont-de-Marsan ;

De la Croix de Saint-Pierre, chevalier de la Légion d'honneur, député de la Drôme, à Paris ;

De la Croix de Senilhe, receveur particulier, à Apt (Vaucluse) ;

De la Croix-Vaubas, conseiller de cour à Agen.

CROIX DE CASTRIES. *France.*

D'azur à la croix d'or.

Edmond de la Croix, duc de Castries, au château de Castries (Hérault), et à Paris ; chef de nom et d'armes ;

Edmond de la Croix de Castries, neveu du duc, officier d'infanterie ;

Gaspard de la Croix, comte de Castries, chef de la seconde branche, à Paris, et ses fils : Eugène, René, Charles, Jean, Gabriel, Henri, Augustin, Robert, François de la Croix de Castries.

CROPTE. *Périgord.*

D'azur à la bande d'or accompagnée de trois fleurs de lis du même. Couronne : de marquis. Tenants : deux femmes nues et échevelées.

D'ancienne chevalerie du Périgord, cette maison a toujours tenu un rang distingué dans la noblesse par son origine, ses services et ses alliances. Elle a fait ses preuves de cour en 1783, s'honore dès le principe du titre de chevalier et remonte à Hélie de Cropte, chevalier, vivant en 1144. Hélie II fut du nombre des chevaliers qui prirent part à la deuxième croisade. Son nom et ses armes décorent la salle des Croisades, à Versailles. Il existe aujourd'hui quatre représentants du nom : le marquis de la Cropte de Chanterac, à Paris; le comte de la Cropte de Chanterac, commandeur de la Légion d'honneur, conseiller d'État, ancien maire de Marseille et conseiller général des Bouches-du-Rhône, à Paris; le comte Victor de la Cropte, ancien conseiller général de la Dordogne, maire de Chanterac, et le vicomte Vincent de la Cropte de Chanterac, ancien officier du 28e de ligne, à Orléans.

CROQUET. *Flandre, Ile-de-France.*

FLANDRE. D'argent à trois roses d'azur.

ILE-DE-FRANCE. CROQUET DE GUYANCOURT. De gueules à trois grappes d'or.

Cette famille est représentée par du Croquet de Saveuse, au château de Saveuse, par Amiens.

CROSNIER DE VARIGNY. *Touraine.*

D'argent à un chevron de gueules, accompagné de trois cors de sable liés de même, virolés et embouchés d'or.

L'unique représentant du nom de Crosnier de Varigny, réside à Paris.

CROUSNILHON. *Comtat Venaissin.*

D'argent à la croix potencée de gueules, cantonnée de quatre croisettes du même.

De noblesse autochtone du Comtat Venaissin, cette famille, dont la filiation authentique remonte aux premières années du dix-septième siècle, est représentée par de Crousnilhon, maire à Cavaillon (Vaucluse).

CROY-CHANEL. *Dauphiné, Picardie, Touraine.*

Fascé d'argent et de gueules de huit pièces.

Devise : *Sanguis regum Hungariæ.*

Issue des anciens rois de Hongrie de la dynastie des Arpad, fixée en Dauphiné depuis le treizième siècle, la maison de Croy est représentée aujourd'hui par André-Rodolphe-Claude-François-Siméon comte de Croy, chevalier héréditaire de Malte et chevalier de la Légion d'honneur, résidant au château de Crémault (Vienne), marié à Victorine de Voyer d'Argenson, fille du marquis d'Argenson et de Sophie de Rosen, veuve en premières noces du duc de Broglie, dont :

René-Pierre vicomte de Croy, chevalier de la Légion d'honneur, commandeur des ordres d'Isabelle-la-Catholique et de Saint-Grégoire-le-Grand, etc., premier secrétaire de l'ambassade de France à Rome, marié le 20 mai 1862 avec Annonciade de Montebise, dont : Henry, né le 8 juillet 1865; André-Joseph, né le 12 novembre 1871, et Geneviève.

Résidences : châteaux de Monteaux (Loir-et-Cher) et de la Guerche (Indre-et-Loire).

La généalogie de cette famille est insérée dans les ouvrages suivants : *Chronologie historique des ducs de Croy*, Grenoble 1789, in-4°; *Nobiliaire de Saint-Allais*, tome Ier; *Historisch Geneal., atlas*, von Karl Hopf,

2 vol., n° 699, Gotha 1861; *Gräfliches Taschenbuch* (Almanach comtal de Gotha); *Armorial de Touraine*, in-8°, 1867, etc., etc.

CROZE. *Provence.*

D'azur à une fasce d'or, accompagnée de trois étoiles du même en chef et d'un croissant d'argent en pointe.

Cette famille, confirmée dans sa noblesse par arrêt du Conseil d'État du 1er juillet 1704, remonte à Pierre de Croze, vivant noblement à Mées dès le commencement du quinzième siècle. Elle est représentée par le baron de Croze, chevalier de la Légion d'honneur, ancien préfet; Ch. de Croze, à Paris; de Croze, chevalier de la Légion d'honneur, à Lectoure (Gers); de Croze, à Marseille.

CROZET. *Auvergne.*

D'azur à la bande d'argent chargée de trois roses de gueules.

Le nom de Crozet a six représentants : le marquis du Crozet, au château de Cumignat, près Brioude, département de la Haute-Loire; de Crozet, à Marseille; de Crozet, percepteur à Yssingeaux, département de la Haute-Loire; de Crozet d'Hauterives, au château de Selves, par Conques, département de l'Aveyron; de Crozet d'Hauterives, avocat à Conques; de Crozet de Lafaye, président de la Société des Ouvriers réunis, à Néronde, département de la Loire.

CRUBLIER DE FOUGÈRES. *Bourges.*

D'argent à un pin de sable.

Cette famille est représentée par Charles-Léon-Arthur de Crublier de Fougères, au château de Fougères, par Châteauroux, département de l'Indre.

CRUSSOL, ducs d'Uzès. *Languedoc.*

Écartelé : aux 1 et 4; parti *a* fascé d'or et de sinople, qui est de Crussol; *b* d'or à trois chevrons de sable, qui est de Lévis; aux 2 et 3 contre-écartelé d'azur à trois étoiles d'or à cinq rais, rangées en pal, qui est de Gourdon, et d'or à trois bandes de gueules, qui est de Genouillac. Sur le tout de gueules à trois bandes d'or, qui est d'Uzès.

Cette grande maison établit sa filiation depuis Géraud Bastet, vivant en 1110. Elle compte parmi ses illustrations : Pons Bastet, chevalier croisé en 1191; un grand maître de l'artillerie, des lieutenants généraux, gouverneurs de provinces, sept chevaliers des ordres du roi. Successivement honorée du titre de vicomte d'Uzès en 1483, de duc d'Uzès en 1505, de pair de France en 1572 et 1838, elle est représentée par Emmanuel de Crussol, duc d'Uzès, chevalier de la Légion d'honneur, à Paris, et par son fils, officier de cavalerie.

CUBIÈRES. *Languedoc.*

De gueules au lion d'or affronté à un pal de pourpre chargé d'une étoile de sable.

Cette famille, issue de la maison de Châteauneuf de Randon, et qui remonte à N. de Randon de Cubières, dont le fils Hugues vivait en 1269, est représentée par de Cubières, à Versailles.

CUERS. *Provence.*

D'azur à une fasce d'or accompagnée de trois cœurs du même.

Cette famille, qui a possédé la seigneurie de Cogolin, dont ses membres prenaient aussi le nom, est issue de Pierre de Cuers, secrétaire du roi René, et s'est distinguée dans la marine. Elle a donné deux officiers de cette arme, qui siégèrent aux Assemblées de la noblesse en 1789. Elle est représentée par un religieux de l'ordre des Pères du Saint-Sacrement, qui a trois frères.

CUGNAC. *Périgord.*

Gironné d'argent et de gueules. Cimier : un col d'autruche tenant dans son bec un fer de cheval.

Devises : *Comme il nous plaît. — Ignatis servire refas.*

Cette famille, dont il est fait mention dès le onzième siècle, et qui s'est distinguée sous les noms des sires de Pauliac, barons et marquis de Dampierre, marquis du Bourdet, de Giversac et de Cugnac, est représentée par le marquis de Cugnac, au château de Fondelin, par Condom, département du Gers ; de Cugnac, directeur de l'école de dressage, à Rochefort, département de la Charente-Inférieure, et par Charles de Cugnac de Montamy, par Bény-Bocage, département du Calvados.

CUGNON D'ALINCOURT. *Luxembourg.*

D'argent à la fasce de sinople, accompagnée en chef de trois merlettes rangées de sable et en pointe d'une rose de gueules feuillée de sinople.

Devise : *L'honneur pour guide.*

Cette famille n'est plus représentée que par de Cugnon d'Alincourt, à son château, par Zuneville, département des Ardennes.

CUISINE (DE LA). *Bretagne.*

De sable au cerf passant d'or.

De la Cuisine, officier de la Légion d'honneur et de l'instruction publique, seul représentant de son nom, est président honoraire à la Cour de Dijon. La Bretagne est le berceau de cette famille, dont celle établie en

Bourgogne est une branche, les deux n'en faisant qu'une et jouissant des mêmes prérogatives. On peut lire dans le *Rolle de réformation de la Noblesse en Bretagne*, de 1669, qu'un de ses ancêtres du même nom fut déclaré noble d'extraction. Outre d'ineffaçables souvenirs, les rapports des membres entre eux étaient restés vivants et existent encore de nos jours, malgré la distance de plusieurs siècles où la séparation a été accomplie.

CUMONT. *Poitou, Anjou, Maine, Bretagne.*

Poitou. De sinople à une ancre renversée d'argent.

Poitou, Anjou, Maine, Bretagne. D'azur à trois croix pattées d'or.

Cette famille est encore représentée par Octave, comte de Cumont; Arthur, vicomte de Cumont, tous deux à Angers, et par de Cumont, sans titre, maire au Chalonge, département de l'Orne.

CUNCHY. *Artois.*

De gueules à la fasce vivrée d'argent.

A cette ancienne maison appartenait Philippe de Cunchy, créé comte par Louis XVI. Il ne reste plus de cette famille que le comte de Cunchy.

CUNY-MIGOT. *Montpellier, Montauban.*

D'argent à une fasce d'azur, accompagnée de trois hures de sanglier de sable, deux en chef et une en pointe.

Cette famille est représentée par de Cuny-Migot, au château de Belrain, par Pierrefitte, département de la Meuse.

CURÉ DE LA CHAUMELLE. *Guyenne.*

D'or à un chevron d'azur, surmonté d'un soleil de gueules, accompagné en chef de deux roses de même, et en pointe d'une coquille de sable.

Cette famille est représentée par de Curé de la Chaumelle, à Paris.

CURIAL. *Picardie.*

D'or à trois lances passées en sautoir d'argent en abîme, chargé d'un bouclier de sable bardé d'argent portant pour emblème un foudre d'or accompagné de quatre étoiles d'argent; au canton dextre une tête de Borée au naturel, soufflante d'argent, et en pointe un crocodile contourné au naturel, soutenu d'une rivière d'azur et enchaîné au bouclier par une chaîne de sable.

Le général de Curial fut, sous le premier empire, nommé sénateur et comte de l'empire; sous Louis XVIII, il fut appelé à la pairie. Napoléon, son fils, hérita, à l'âge de vingt ans, du titre et de la dignité de son père, et plus tard il fut envoyé par les électeurs de l'Orne à l'Assemblée législative.

Cette famille est représentée par le vicomte de Curial, à son château de Mouchy-Humières, département de l'Oise, et par de Curial, au château de Chauvigni, par Alençon, département de l'Orne.

CURRIÈRES DE CASSIÈRES DE CASTELNAU. *France.*

D'azur au lion d'argent colleté d'or.

L'unique représentant du nom de Currières de Cassières de Castelnau réside à Saint-Affrique (Aveyron).

CURSOL. *Guyenne.*

D'azur à une fasce d'or accompagnée en chef d'un soleil de même à dextre et d'un croissant d'argent à senestre, et en pointe d'un lion passant d'or surmonté d'une étoile d'argent.

Cette famille est aujourd'hui représentée par de Cursol, au château de Bellefontaine, par Branne, département de la Gironde.

CUSSY. *Normandie.*

D'azur à la fasce accompagnée en chef de deux roses et en pointe d'une molette, le tout d'argent.

Le marquis de Cussy de Jucoville, au château de Jucoville, par la Cambe, département du Calvados, et son frère, le comte de Cussy, à Bayeux, représentent aujourd'hui une branche de cette ancienne famille.

Fritz, Adalbert, Raoul et Richard de Cussy en représentent une autre.

CUSTINE. *Pays de Liége, Lorraine.*

Écartelé : aux 1 et 4 d'argent à la bande coticée de sable, qui est de Custine ; aux 2 et 3 de sable semé de fleurs de lis d'argent.

Cette ancienne maison, dont la domination s'étendait sur la ville de Virton au douzième siècle, et à laquelle appartenait Guillaume de Custine, fondateur d'une messe à l'abbaye de Grandpré, près Namur, en 1274, et à notre époque le général de Custine, député de la noblesse au Tiers-État, commandant de l'armée du Rhin en 1792, mort sur l'échafaud révolutionnaire le 28 août 1793, est représentée par le marquis de Custine, au château de Saint-Gratien, par Pau. Elle est aussi représentée par la comtesse de Custine, à Paris.

CUVERVILLE. *Normandie.*

De gueules à trois chevrons d'or.

Cette famille a pour berceau une terre de Normandie ayant appartenu longtemps aux sires de Roncherolles. Elle est aujourd'hui représentée par de Cuverville, conseiller général à Uzès, département des Côtes-du-Nord, et par de Cuverville, au château de Longlhuit, par Auffay, département de la Seine-Inférieure.

CUVILLIER DE CHAMPOYAU. *Poitou.*

De sable à une cuiller d'or mise en bande.

L'unique représentant du nom de Cuvillier de Champoyau, aujourd'hui, est avocat à Poitiers.

CUVILLON. *Flandre.*

De gueules à l'autruche d'argent membrée d'or, tenant dans son bec un fer à cheval du même. Heaume : de chevalier, orné de ses lambrequins. Cimier : l'autruche de l'écu.

Un arrêt de maintenue de la Cour des aides d'Artois, rendu le 11 juillet 1587, en faveur de Jacques de Cuvillon, officier distingué de Charles-Quint et de Philippe II, fait descendre d'un puîné des Cuvillers cette famille, dont la filiation est établie depuis 1448, et qui a rempli, dès le seizième siècle, des fonctions dans la magistrature de la ville de Lille, où elle a possédé d'importantes seigneuries.

Cette famille n'est plus représentée que par Jean-Baptiste-Philémon de Cuvillon, avocat, et par son fils, Robert de Cuvillon.

D

DACLIN. *Franche-Comté.*

Écartelé : aux 1 et 4 d'azur au dextrochère mouvant d'une nuée, armé d'or, issant du flanc dextre et tenant une flèche du même, en bande, la pointe en bas; au 2 de gueules à la muraille crénelée d'argent; au 3 d'argent au chevron de sable, accompagné en chef de deux quintefeuilles de gueules, tigées et feuillées de sinople et en pointe d'un arbre arraché du même.

Cette famille est représentée par le baron Daclin, juge au tribunal civil, à Besançon.

DAIGREMONT. *Picardie.*

D'azur à un chevron d'or chargé à la pointe d'une macle de gueules.

Cette famille a trois représentants : Daigremont de Saint-Manvieux, substitut du procureur, à Uzès, département du Gard; Daigremont de Saint-Manvieux, chevalier de la Légion d'honneur, président de chambre à Caen, département du Calvados; Daigremont de Vicel, au château d'Urville, par Montebourg, département de la Manche.

DALAMEL DE BOURNET. *Vivarais.*

Coupé d'azur et de gueules, à la fasce d'argent, accompgnée en pointe d'un coq chantant sur un mont du même ; au franc canton de gueules à dextre chargé de trois étoiles, posées 2 et 1, accosté à senestre d'un croissant, le tout d'argent.

Cette famille est représentée par Louis-Camille Dalamel de Bournet ; par son frère Louis-Adolphe Dalamel de Bournet, capitaine d'état-major, démissionnaire, et par sa sœur, Louise-Mathilde. Ils ont tous trois contracté alliance et ont postérité.

DALLEMAGNE. *Bugey.*

Coupé : au 1, parti A d'azur à la tour crénelée de trois pièces d'or, ouverte, ajourée et maçonnée de sable, et surmontée de trois étoiles d'argent ; B de gueules à l'épée d'argent, posée en pal ; au 2 d'or, au pont de sable, terrassé de sinople.

Cette famille a pour chef de nom et d'armes, le baron Dallemagne, à Bellay, département de l'Ain. Il a trois frères : Paul Dallemagne, ancien officier de cavalerie ; Julien Dallemagne et Léon Dallemagne.

DALESME. *France.*

Coupé : au 1 d'azur à trois croissants d'or ; au 2 d'argent à trois étoiles d'azur rangées en fasce.

Cette famille a deux représentants : Dalesme d'Aigueperse, à son château, par Limoges, département de la Haute-Vienne ; Dalesme de Plantadis, à son château, par Saint-Léonard, même département.

DALMAS. *Ile-de-France.*

D'azur au navire d'argent voguant sur une mer du même ; au chef cousu de gueules chargé de trois croissants du second.

Cette famille a trois représentants : Albert de Dalmas, officier de la Légion d'honneur, député, à Paris ; Dalmas de la Pérouse, commandeur de la Légion d'honneur, général de brigade, à Paris ; Dalmas de la Pérouse, commandeur de la Légion d'honneur, contre-amiral, président de la commission d'armement, à Paris.

DALMOSSY ou **DALMASSY.** *Franche-Comté.*

D'azur à l'oie d'argent, tenant en son bec une guivre, et accompagné de trois étoiles du même, posées 2 et 1.

Cette famille a pour unique représentant le baron Dalmossy ou Dalmassy, qui vit dans ses terres à Jussey, département de la Haute-Saône.

DAMAS. *Forez, Lyonnais, Beaujolais, Auvergne, Vivarais, Nivernais, Lorraine et Bourgogne.*

D'or à la croix ancrée de gueules.

Cette ancienne maison, issue des comtes de Forez et de Lyonnais, eut pour auteur, en 1040 : Dalmas, Ier du nom, sire de Cousan, troisième fils de Guichard II, sire de Beaujeu, et de Ricoaire, dame de Salornay, près Cluny.

Elle a pour chef de nom et d'armes, Charles, marquis de Damas d'Antigny, en son château de Cirey (Haute-Marne).

Les représentants d'autres branches sont : Oscar, comte de Damas du Rousset ; Louis, vicomte de Damas du Rousset ; Edmond, comte de Damas d'Aulezy, en son château d'Aulezy (Nièvre) ; Maxence, comte de Damas d'Hautefort, en son château d'Hautefort (Dordogne); Paul, vicomte de Damas-Cormaillon, en son château de Mondespit (Gironde).

Ces trois derniers sont de la branche de Cormaillon; l'aîné continue la branche d'Aulezy pour se conformer aux intentions de Jean-Pierre de Damas, comte d'Aulezy, mort en 1800.

Cette maison est encore représentée par Amédée et par Charles de Damas-Cormaillon, religieux de la Compagnie de Jésus.

DAMBRINES DE RAMECOURT. *Picardie.*

D'argent au sautoir engrelé de gueules, accompagné d'un croissant de sable en chef et de trois étoiles du même, deux en flanc et une en pointe.

Cette famille a pour unique représentant Dambines de Ramecourt, au château de Ramecourt, par Saint-Pol, département du Pas-de-Calais.

DAMIAN. *Provence.*

De gueules à l'étoile d'argent; au chef d'or chargé d'une aigle de sable. — De gueules à trois chevrons de vair. — D'azur, au chevron d'or, accompagné de trois têtes et cols de cygne d'argent.

Cette famille remonte à Guillaume Damian, venu du Piémont et anobli en 1460, par Charles de France. Sa souche a formé plusieurs branches à Salons et à Arles.

Cette famille est représentée par la marquise de Damian, au château de Crottes, par Grand, département des Bouches-du-Rhône, et par Damian de Ranchicourt, chevalier de la Légion d'honneur, conseiller général du département du Pas-de-Calais, au château de Ranchicourt (Pas-de-Calais), et à Paris. Il a un fils, Raymond Damian de Ranchicourt.

DAMOISEAU. *Bourgogne, Champagne.*

D'azur à l'aigle d'or, becquée et membrée de gueules.

On retrouve encore une famille de ce nom dans la province de Liége.

L'unique représentant de la famille de Damoiseau, en France, réside dans ses terres, au château de la Baude, par Chaource, département de l'Aube. Il affirme que ses preuves de noblesse s'établissent depuis l'an 1200. Il signe Damoiseau de la Baude.

DAMPIERRE. *Picardie, Normandie, Franche-Comté, Champagne, Flandre.*

PICARDIE. D'argent à trois losanges de sable.

NORMANDIE. De gueules à deux léopards d'or.

FRANCHE-COMTÉ. De gueules à deux bras adossés d'or. — De gueules à deux clefs d'argent passées en sautoir, accompagnées en chef d'une fleur de lis d'or.

CHAMPAGNE. D'or au chevron de gueules chargé de trois croissants d'argent et accompagné de trois autres croissants du second.

FLANDRE. DAMPIERRE DE FLANDRE. D'argent au lion de gueules accompagné de onze coquilles du second rangées en orle.

C'est à la Picardie qu'appartiennent les deux représentants de la famille de ce nom : Duval de Dampierre, officier supérieur de cavalerie ; Guy, vicomte de Dampierre, qui épousa en 1873 Mlle de Lamoricière, à Paris.

DANET. *Bretagne.*

De sable à une tour d'or.

Cette famille, fort ancienne, figure, dès le quinzième siècle, dans les réformations et les monstres de Bretagne. Elle s'est divisée en plusieurs branches. Celle des Longrais, la seule existante, est représentée par

François-René-Guillaume Danet des Longrais, qui épousa Marie-Hélène Goffin, dont un fils et une fille.

DANGUY DES DÉSERTS. *Bretagne.*

D'argent au pin arraché de sinople accosté de deux mouchetures d'hermine de sable.

Cette famille est représentée par de Danguy des Déserts, notaire à Daoulas, département du Finistère.

DANIEL DE GRANGUES. *Normandie.*

Écartelé : aux 1 et 4 d'argent, à quatre fusées et deux demies de sable couchées et accolées en pal ; aux 2 et 3 d'argent, au loup passant, la tête contournée de sable, armé, lampassé, viléné de gueules. Sur le tout, une étoile de gueules chargée d'un croissant d'or. Couronne : de marquis. Cimier : un loup passant. Supports : deux lions léopardés d'or.

Cette famille est d'ancienne chevalerie. Un de ses premiers auteurs qui accompagna Guillaume le Conquérant dans l'expédition d'Angleterre, figure dans la liste des seigneurs normands, conservée dans le monastère de Saint-Martin de la Bataille, près Hastings.

L'unique représentant du nom est aujourd'hui Daniel de Grangues, au château de Grangues, par Dazulé, département du Calvados.

DANNERY. *Toulouse, Montauban.*

D'argent coupé de sable à trois figues d'or, posées 2 et 1.

Le baron de Dannery, unique représentant du nom, réside au château de Carnouët, par Quimperlé, département du Finistère.

DANZEL. *Picardie.*

De gueules au lion d'or.

Danzel de Boismont. D'azur au daim ailé d'or.

D'Anzel, en Picardie, a deux représentants : le marquis de Danzel d'Anville, au château d'Aigneville, par Gamaches, département de la Somme; de Danzel de Caix, au château d'Aumont, par Hornoy, département de la Somme.

DARBON DE CASTILLON. *Ile-de-France, Dauphiné.*

Ile-de-France. D'azur au coq d'or; au chef du même, chargé de trois trèfles de sinople.

Dauphiné. Darbon de Montarin. D'azur au lion d'or traversé d'une bande du même, chargé de trois trèfles de sinople.

L'unique représentant du nom de Darbon de Castillon réside à Toulouse.

DARD. *Toulouse, Montauban.*

D'or à trois fers de dard de sinople, posés 2 et 1.

Le baron Dard, unique représentant du nom, réside à Paris.

DAREAU DE LAUBADÈRE. *Bourges.*

D'azur à trois javelines d'argent posées en pal, les pointes en haut.

Dareau de Laubadère, unique représentant du nom, réside au château de Saint-Martin, par Nogaro, département du Gers.

DARESTE DE LA CHAVANUE. *Lyonnais.*

De gueules à un chevron d'argent, accompagné en chef d'un soleil d'or posé au côté dextre, et en pointe d'un phénix s'essorant sur son bûcher du même.

Cette famille est représentée par Dareste de la Chavanue, chevalier de la Légion d'honneur, doyen de la Faculté des lettres, à Lyon.

DARODES DE TAILLY. *Guyenne.*

D'argent à un chevron d'azur, accompagné en pointe d'un chevron du même ; au chef d'azur chargé de trois étoiles d'or.

Cette famille, originaire de Guyenne, a pour chef de nom et d'armes Claude-François Darodes de Tailly, au château de Tailly (Ardennes), fils de Jean-Eugène, ancien officier de la couronne, descendant d'une famille de noblesse d'épée, qui s'honore d'avoir donné cinq chevaliers de Saint-Louis, un grand panetier et un prélat, abbé de Fond-Guilhem.

Il épousa Charlotte-Aldegonde de Breheret de Montalard, dont cinq enfants : Alfred, ancien élève de l'Ecole forestière, qui épousa Anna Kind, dont il n'a pas d'enfants ; Edmond, conseiller de préfecture du Calvados, à Caen, qui épousa Marie de la Choltière, dont un fils ; Eugène, au château de Forgettes (Ardennes), qui épousa Marie d'Anethan, fille du baron d'Anethan, sénateur, ancien ministre de la justice et des affaires étrangères en Belgique, dont un fils ; Maria et Amicie, mariées.

DARRICAU. *France.*

Écartelé : au 1 d'azur à la pyramide d'argent ; aux 2 et 3 de gueules au cœur d'or brochant sur un vol d'argent ; au 4 d'azur au pont d'or adextré d'une tour du même ; cantonné à senestre d'un foudre d'or, le tout soutenu d'un fleuve d'argent.

Le nom de Darricau a deux représentants : Rodrigue, baron Darricau, commandeur de la Légion d'honneur, contre-amiral, membre de la commission des phares, à Paris ; Darricau, grand officier de la Légion d'honneur, intendant général, inspecteur conseiller d'État, à Paris.

DARU. *Montpellier.*

Écartelé : au 1 d'azur à une tête de lion arrachée d'argent; au 2 échiqueté d'or et d'azur de six tires; au 3 d'argent, à l'arbre arraché de sinople; au 4 d'azur, au chevron d'or, accompagné en chef de deux étoiles d'argent, et en pointe d'une ancre du même; sur le tout d'azur au rocher d'argent et au chef cousu de gueules, chargé de trois étoiles d'or.

Pierre Daru, fils du secrétaire de l'intendance, à Montpellier, ministre de la guerre sous Napoléon Ier, grand'croix de la Légion d'honneur, pair de France en 1819, membre de l'Académie, fut créé comte de l'empire en 1810. Il a laissé deux fils : Napoléon, comte Daru, ancien pair de France, officier de la Légion d'honneur, à Paris; Paul, vicomte Daru, attaché à la mission du comte de Sarcé, en Perse, député, chevalier de la Légion d'honneur, à Paris.

Le nom est encore représenté par Eugène Daru, chevalier de la Légion d'honneur, caissier général à la caisse générale d'amortissement, à Paris.

DASTUGUE DE BUZON. *Bigorre.*

D'argent à la croix alésée de gueules, surmontée en chef de trois étoiles, celle du milieu plus élevée.

Ces armes sont celles des seigneurs de Soréac et d'Arcizac, deux fiefs considérables appartenant à la maison qui nous occupe et qui portait autrefois les noms de ces fiefs.

D'une ancienneté fort reculée, les archives de cette famille ont été en partie détruites pendant la révolution de 1789, tandis que l'incendie de l'hôtel de ville de Tarbes en a également dévoré un grand nombre. Toutefois, la partie la plus importante et la plus saillante de son histoire se trouve dans les *États de Bigorre*. Nous allons en résumer les principaux traits :

Le 29 avril 1443, noble Jacques de Soréac, habitant d'Arcizac, fit vente devant Jean Noguerris, notaire d'Arcizac.

Le 28 février 1444, noble Lecnel de Soréac épousa demoiselle Marie d'Habelhonis, fille légitime et héritière de noble Arnaud, seigneur d'Avëlhon ; ses articles (convenances) furent passés entre noble Carbon de Soréac, seigneur de Soréac et d'Assas, et noble Léon de Soréac, seigneur d'Arcizac, d'une part ; et noble Arnaud Guilhem de Barbazan, seigneur de Bisquer, et noble Arnaud d'Avëlhon, seigneur d'Avëlhon, d'autre part ; et il fut souhaité que ledit « matrimoni se fassa en nom de Diu « et de la gloriosa Vierge Maria et de tota la cort celesta « deu Paradis. » Roger était alors évêque de Tarbes. Le contrat fut retenu par Arnaud Guilhem Baratgin, notaire comtal à Bagnères.

Le 2 janvier 1473, Marie, fille naturelle de noble Gailhard de Soréac, seigneur d'Arcizac, épousa Jean de la Salla, du lieu de Viele. Noble Jean de Soréac donna des fonds en paiement de la dot. Arnaud étant évêque de Tarbes. L'acte fut retenu par François de Fonte, notaire de Tarbes, et expédié par Garcie Arnaud de Domec, notaire noble de Béarn, chevalier, seigneur de Mincem, sénéchal de Bigorre.

Un acte de Pierre Tot, notaire de Bernac dessus, du 2 juin 1512, fait mention de noble Jean de Soréac, seigneur d'Arcizac et d'Avëlhon, de noble bonhomme de Soréac, capitaine de Barbazan dessus, et de noble Bernard de Soréac, seigneur de Villembits et de Bisquer.

Le 17 décembre 1515, noble Arnaud Guilhem de Soréac fut nommé par noble Jean de Soréac, seigneur d'Arcizac, à la cure d'Arcizac, vacante par la mort de Pierre de Nogueries, en présence de Bertrand Caza, procureur comtal de Bigorre et de noble Johannot de Lacassagne.

Noble Jean d'Arcizac était marié en 1522 avec Jeanne d'Arcizac ; un acte de 1525 porte que noble Jean de Soréac et demoiselle Jeanne d'Arras, mariés, étaient seigneurs d'Arcizac en 1528. — Noble Jean de Majourau, *alias* de Ras.

En 1533, et au mois de mai 1540, vente à noble Jean de Arrasis, damoiseau d'Arcizac. — En 1545, noble Jacques de Soréac, curé d'Arcizac, fit échange avec noble Jean de Soréac, seigneur d'Arcizac, — en 1558, noble Jean de Soréac et Jeanne de Majourau, mariés, seigneurs d'Arcizac et d'Avëlhon, firent une acquisition devant Manas, notaire d'Arcizac. Jean de Soréac étant mort au 20 juin 1559, suivant les lettres royales impétrées par Jeanne, sa fille, qui devint son héritière par la mort de Jean, son frère, mentionné dans lesdites lettres. Jeanne de Majourau, sa mère, avait un frère nommé Barthélemi, seigneur d'Arras, qui institua son héritière Jeanne de Majourau, sa nièce ; celle-ci fut mariée avec noble George de Castels, seigneur et baron d'Arraille et autres places ; il en eut deux enfants : Bertrand et Louise de Castels. Louise de Castels-Majourau mourut et Bertrand, son fils. Enfin, le 4 décembre 1587, par la médiation de messire Raymond de Cardailhac, chevalier de l'ordre du Roi, capitaine de cinquante hommes de ses ordonnances, seigneur de Sarlabons, Bize, Bourg et autres places, oncle de ladite de Soréac, il fut transigé entre Louise de Castels et Jeanne de Soréac, à laquelle on céda pour 1,500 livres la dîme de l'abbaye d'Arras. Cet accord fut insinué au sénéchal Charles de la Barrière, étant juge mâge, et Philippe de Montaut. — Bénac, sénéchal de Bigorre, le 19 mai 1588.

Majourau : maison noble et ancienne qui a formé plusieurs branches — de Soréac, de Talazac, de Vieuzac, etc., — toutes distinguées par leurs services militaires et par leurs alliances. Elle porte d'argent à trois pieds de sanglier en pal de sable surmontés de la hure du même.

M. Dastugue de Soréac épousa demoiselle Catherine, fille de M. le baron de Labarthe Giscaro, descendant du maréchal de Termes.

Le chevalier Jacques Dastugue de Soréac, frère du précédent, épousa mademoiselle Claire de Carrère, héritière de madame d'Arcizac, seigneur de Buzon, d'Arcizac et autres lieux, dont quatre enfants, savoir :

A. Jean-Hippolyte de Buzon et de Soréac, sorti officier de l'école militaire de Fontainebleau, mort sans postérité en Espagne.

B. Marie-Anne-François-Alphonse, qui suit.

C. Pierre-Maximin Dastugue de Buzon, ancien officier de marine, chevalier de Saint-Louis et de la Légion d'honneur.

D. Catherine-Constance de Buzon, épousa M. Gardey de Soos.

Marie-Anne-François-Alphonse Dastugue de Buzon et de Soréac, chef de nom et d'armes de sa famille, épousa, en 1820, mademoiselle Jeanne-Anna-Catherine, fille de M. le baron de Saint-Pastou, dont trois enfants, savoir :

A. Édouard-Jean-Aimé de Buzon.

B. Maximin de Buzon.

C. Marie de Buzon épousa, en 1861, Joseph-Eudoxe-Stanislas de Seguin.

DAUDÉ DU POUSSAY. *Lyonnais.*

De gueules au lion d'argent couronné d'or, tenant en sa patte dextre une fleur de lis du même.

On retrouve en France deux représentants du nom de Daudé d'Alzon : l'un directeur des contributions indirectes, à Montpellier; l'autre vicaire général, à Nîmes.

DAUDIN DE POUILLY. *Picardie.*

D'azur, au daim passant d'argent, accompagné en chef de deux étoiles d'argent.

Cette famille possède depuis 1750 la terre de Pouilly (Oise). Le père du propriétaire actuel, auteur de plusieurs ouvrages scientifiques, a publié une histoire naturelle des reptiles en huit volumes, qui fait suite aux œuvres de Buffon, dans l'édition de Sonnini.

Son aïeul avait siégé à l'ancienne chambre des comptes de Paris jusqu'à la dissolution de cette compagnie.

La résidence du chef de la famille est au château de Boetty, par Chaumont, département de l'Oise.

DAUGER. *Champagne, Normandie.*

Cette famille, citée par dom Louis de la Villevieille, a trois représentants : le comte Dauger, à Menneval, près Bernay, département de l'Eure; le vicomte Dauger, maire à la Chapelle, près Séez, département de l'Orne; le baron Dauger, à l'Esquay-sur-Seulle, département du Calvados.

DAUMESNIL. *France.*

Coupé : au 1 parti A de sinople au cor de chasse d'or, B de gueules au signe des barons tirés de l'armée; au 2 d'azur au trophée de sept drapeaux et deux fusils avec baïonnettes d'argent, soutenues de deux tubes de canon du même.

L'unique représentant du nom, baron de Daumesnil, est caissier particulier à la Banque de France, à Paris.

DAURÉE DE PRADES. *Guyenne.*

D'azur à la fasce de gueules brochant sur trois soucis d'or.

Ces armes sont décrites à l'*Armorial général* de 1696, généralité de Guyenne, n° 519, sous le nom de Bernard de Daurée, écuyer, seigneur de Prades.

Cette famille est représentée par deux frères : Alban Daurée de Prades, commissaire de surveillance des chemins de fer, à Angers ; L. Daurée de Prades, président de la société de Saint-Vincent-de-Paul et adjoint au maire de Castelculier, à son château de Prades, par Puymirol, département de Lot-et-Garonne.

DAUVET. *Normandie, Picardie.*

Bandé d'argent et de gueules, la première bande d'argent chargée d'un lionceau de sable.

L'*Armorial général* blasonne ces armes sous le nom de Dauvet des Marais. Nous ne retrouvons en France que la marquise de Dauvet, proprement dit.

DAUZIER. *Montpellier, Montauban.*

Écartelé : aux 1 et 4 d'azur à un lion d'or, armé et lampassé de gueules, une étoile en chef et un croissant, le tout d'argent, en pointe ; aux 2 et 3 de gueules à une bande d'argent accompagnée d'une fleur de lis d'or en chef, et en pointe d'une rose d'argent.

Cette famille, dont les armes ont été également omises dans l'*Armorial universel*, est représentée uniquement par madame la comtesse douairière Dauzier, à Paris.

DAVAZÉ. *Tours.*

D'azur à une autruche d'argent.

Cette famille, dont la noblesse n'est point constatée par les anciens recueils, est représentée au château de Davazé, par Mâcon, département de Saône-et-Loire.

DAVÈNE. *Paris.*

D'azur à un chevron d'or accompagné de trois gerbes du même, deux en chef et une en pointe, celle en pointe soutenue d'un croissant d'argent.

Nous ignorons les titres de cette famille, représentée par le comte Davène de Roberval, au château de Roberval, par Pont-Sainte-Maxence, département de l'Oise, et par son fils, Davène de Roberval, maire de la commune de Roberval.

DAVET DE BEAUREPAIRE. *Flandre, Toscane.*

D'or au chevron de gueules, accompagné en chef de deux croisettes au pied fiché de sable, et en pointe d'une aigle du même.

Davet de Beaurepaire n'a qu'un représentant : le comte Davet de Beaurepaire, chevalier de la Légion d'honneur, à Paris, fils de Charles Davet de Bénery, décédé. Il a deux frères : Edmond Davet de Bénery, chevalier de l'ordre des Saints-Maurice-et-Lazare, docteur en médecine, à Paris; Hector Davet de Bénery, à Paris.

DAVID. *Franche-Comté, Ile-de-France, Bourgogne, France, Languedoc, Dauphiné, Bretagne, Limousin.*

Franche-Comté. D'argent au sautoir engrelé de sable, *alias* de gueules.

Ile-de-France. D'or à la palette de sable chargée de deux bras de carnation mouvants du flanc senestre, la main dextre appaumée; la senestre tenant trois sabres de fer poli; à la champagne de gueules chargée de la croix de la Légion d'honneur.

Bourgogne. D'azur à une harpe d'or, accompagnée de trois grelots du même.

France. D'or à trois aigles de sable.

Languedoc, Dauphiné. David d'Allons. D'azur à la harpe d'or cordée du même.

Bretagne. David de la Botardière. D'argent au chêne de sinople englanté d'or et accosté de deux harpes de gueules. — David de Kergoff. D'argent au pin arraché de sinople, fruité de trois pièces d'or.

Limousin. David de Lastours. D'or à trois coquilles de sinople.

David, en Franche-Comté, originaire de Salins, est connu dès l'an 1481; David, en Ile-de-France, acquit ses titres de noblesse dans la personne du célèbre peintre David.

Ce nom compte en France huit représentants : le baron David, commandeur de la Légion d'honneur, député de la Gironde, à Paris; Élie, comte David de Beauregard, à son château de Revel (Haute-Garonne); Charles, baron de David des Étangs, au château de Guran (Haute-Garonne); David de Hiegst, à Paris; David de Préserville, à Toulouse; David de Reynes, à Bouzigues (Hérault); David de Saint-Georges, commissaire de marine, à Toulon; David de Thiais, conseiller général, à Brou (Eure-et-Loir).

DAVILLIERS. *Paris.*

De gueules à trois têtes d'aigles arrachées d'argent, compassées de sable, posées 2 et 1.

Nous ignorons quels sont les titres de noblesse de cette

famille, qui a deux représentants : le baron Davilliers de Saint-Simon, au château de Marainvillers, par Poissy, département de Seine-et-Oise ; Davilliers Regnaud de Saint-Jean-d'Angely, officier de la Légion d'honneur, ancien écuyer de Napoléon III, conseiller général, à Goderville, département de la Seine-Inférieure.

DAVY. *Normandie, Bretagne.*

Normandie, Bretagne. Davy de Boisroger et Davy du Perron. D'azur au chevron d'or accompagné de trois harpes du même.

Bretagne. Davy de Furie et Davy de la Jarrie. D'argent à la coquille de gueules accompagnée de trois croissants du même (ou de trois croix d'azur). — Davy de Kerdavy. D'argent au lion de sable.

Le nom de Davy, en Normandie et en Bretagne, a trois représentants : Davy de Chavigné, au château d'Étrepy, par Heiltz-le-Maurupt, département de la Marne ; Davy de Virville, officier de cavalerie ; Davy de Virville, au château de Saint-Aubin-du-Ferron-d'Auxais, par Saint-Sauveur-Lendelin, département de la Manche.

DAVY DE CUSSÉ. *Ile-de-France.*

D'azur au chevron accompagné en chef de deux étoiles, et en pointe de deux épis, le tout d'or.

Cette famille est représentée par Davy de Cussé, chevalier de la Légion d'honneur, conseiller référendaire, à Paris.

DAVY DE LA PAILLETERIE. *Champagne.*

D'azur à trois aigles d'or au vol étendu, les deux du chef soutenant un anneau d'argent posé en cœur et appuyé sur la tête de l'aigle de la pointe.

Devise : *J'aime qui m'aime.*

Cette famille, qui a fait ses preuves en 1669, devant M. Caumartin, intendant de la noblesse de Champagne, était représentée par le romancier célèbre Alexandre Dumas-Davy de la Pailleterie, fils du général Dumas-Davy de la Pailleterie.

DAX D'AXAT. *Languedoc.*

D'azur au chevron d'or, chargé sur la pointe d'une quintefeuille de gueules.

Cette famille a deux représentants : la marquise de Dax, à Paris ; de Dax d'Axat, chevalier de la Légion d'honneur, membre de la Société archéologique, à Montpellier.

DÉALIS DE SAUJEAN. *Guyenne.*

D'azur au chevron d'or accompagné de trois lis d'argent.

Cette famille a pour unique représentant Déalis de Saujean, docteur en médecine, à Miramont, département de Lot-et-Garonne.

DEAN DE LUIGNÉ. *Irlande.*

D'argent au lion de pourpre armé de gueules. Heaume : taré de profil avec ses lambrequins, sommé d'une tortue aux émaux et couleurs de l'écu. Supports : deux lions.

Devise : *Vigor et virtute.*

Cette famille ancienne, originaire de la ville de Galleway, en Irlande, et établie dans la province d'Anjou, justifie son origine par un certificat authentique du roi d'armes d'Irlande, daté du château de Saint-Germain-en-Laye, le 10 septembre 1693, confirmé par le roi Jacques II, le 23 novembre 1694, et signé de sa propre main. Elle a pour chef de nom et d'armes Charles-

François Dean de Luigné, au château de Luigné, par Château-Gontier, département de la Mayenne. La seconde branche est représentée par Emmerick Dean de Saint-Martin, président du comice agricole de Bierné, même département.

DEBONNAIRE DE GIF. *Maine.*

De gueules au chevron d'or accompagné de trois besants du même.

Cette famille est uniquement représentée par Debonnaire de Gif, au château de l'Ermitage, à Gif, département de Seine-et-Oise.

DEDONS. *Provence.*

D'azur à trois fasces d'or.

Cette maison est une des plus considérables de la Provence. Un de ses ancêtres conduisit trois cents chevaliers à la croisade de l'archevêque d'Arles, en 1096. Fixée à Aix, elle s'est divisée en deux branches, dont l'aînée est encore représentée aujourd'hui. Cette branche obtint érection en marquisat de sa terre de Pierrefeu, en 1682.

Cette belle famille a deux représentants : le marquis Dedons de Pierrefeu, au château d'Agut, par Martigues, département des Bouches-du-Rhône ; le comte Dedons de Pierrefeu, au château de Panagix, par Ollioules, département du Var.

DEGORS DE COURCELLERS. *Languedoc.*

D'azur au chevron d'or accompagné en chef à dextre d'un serpent d'argent, à senestre d'une colombe du même, et en pointe d'un croissant d'argent.

Cette famille ancienne n'est plus représentée que par le vicomte Degors de Courcellers, à Paris.

DEJEAN. *Paris, Toulouse.*

Paris. D'argent, au griffon de sable, au chef d'azur, chargé d'un croissant d'or, accosté de deux étoiles du même.

Toulouse. D'azur à l'aigle éployée d'or; au chef cousu de gueules, chargé de trois fleurs de lis d'or, posées 2 et 1.

Cette famille, originaire de Castelnaudary, s'est distinguée sous le premier empire. Jean-François Aimé, comte de Dejean, général de division, ministre de la guerre de 1802 à 1808, membre du Sénat conservateur, grand cordon de l'ordre de la Légion d'honneur, pair de France pendant les Cent-Jours, a laissé postérité. Elle est représentée par le général vicomte Dejean, commandeur de la Légion d'honneur, à Paris; le baron Dejean, à Paris; Dejean de la Batie, substitut à Saint-Denis, Ile de la Réunion.

DELACOSTE. *Savoie.*

De gueules au lion barré d'argent, crénelé d'argent. Supports : deux léopards.

Devise : *Ex utroque Costa.*

Originaire de la Savoie, des environs de Chambéry et d'Annecy, de la Coste remonte au quatorzième siècle, et se trouve dès lors allié aux maisons nobles et distinguées de ce duché.

La filiation de cette famille se prouve depuis Prosper Delacoste, seigneur de Talloire, en Savoie, marié en 1492 à dame Marguerite de Sauvage.

Leur fils Guillaume Delacoste, par acte du 2 février 1582, contracte mariage avec damoiselle de Sionnaz, de la même maison que la mère de l'illustre évêque de Genève, saint François de Sales.

François Delacoste, fils du précédent, par acte du 3 décembre 1548, contracte mariage avec damoiselle Ernestine de Beaufort et de Saint-Jean-de-Maurienne.

Leur fils, Philibert Delacoste, seigneur de Talloire. par acte du 2 février 1623, épouse damoiselle Descotes, fille du noble seigneur de La Vallée et de Gabrielle de La Pallue.

François Delacoste, leur fils, par acte du 19 septembre 1656, contracte mariage avec Marguerite de Clairon, dame de Buy-Ruiselles, etc., fille du haut et puissant seigneur de Clairon.

Alexandre Delacoste, fils des précédents, le 16 novembre 1686, contracte mariage avec noble demoiselle Charlotte Damoiseau.

Par acte du 11 juillet 1702, les États de Bourgogne déclarent Alexandre Delacoste, qui s'était établi dans cette province, bon et ancien gentilhomme, devant jouir des prérogatives attachées à ce titre.

François Delacoste, son fils, par acte du 5 novembre 1739, contracte mariage avec noble demoiselle Éléonore Drouas, fille de messire Jacques Drouas, seigneur de La Plomb et autres lieux, frère de Monseigneur Drouas, prince évêque de Toul, en Lorraine, témoin de leur mariage.

François Delacoste est admis aux États de la noblesse de Bourgogne avec voix délibérative.

Jean-Jacques Delacoste, fils du précédent, seigneur de Chameroy, baron de Rochetaillé, etc., épousa, le 7 février 1768, noble demoiselle Barbe Profilet de Dardenay, et en secondes noces, le 26 janvier 1772, noble demoiselle de Saint-Belin-Malin, fille du marquis de Saint-Belin.

Son fils, du premier mariage, Claude-Marie-Bernard,

marquis Delacoste, chevalier de Saint-Louis et de la Légion d'honneur, pendant vingt-deux ans membre du Conseil général du département du Nord, avait épousé, le 20 novembre 1798, Charlotte-Julie d'Espiennes, fille de Jacques-Martin, comte d'Espiennes, et de Marie-Jeanne-Catherine-Louise Rasoir de Croix.

Adolphe-Jean-Joseph, marquis Delacoste, leur fils, épousa, le 2 mars 1829, Marie-Thérèse-Amicie de Nédonchel, fille de Charles-Alexandre, marquis de Bouvignies et de Nédonchel.

Il eut deux filles : Marie Delacoste, qui a épousé, le 17 décembre 1850, le vicomte Camille-Obert de Thiensies, et Zoé Delacoste, mariée. le 1er juin 1852, à Alexis, baron de La Grange.

Gustave, comte Delacoste, second fils de Claude-Marie-Bernard, page de S. M. Charles X, étant mort sans avoir contracté mariage, cette ancienne famille est donc éteinte.

DELECEY ou **DE LECEY DE CHANGEY.** *Champagne.*

D'azur au chevron d'or, accompagné en chef de deux coquilles d'argent, et en pointe d'un agneau pascal, aussi d'argent.

Cette famille, qui a donné des chevaliers de Saint-Louis, plusieurs maires de Langres et des présidents au bailliage de Langres, a pour chef de nom et d'armes Louis-Charles Delcey de Changey, chevalier de la Légion d'honneur et de l'ordre de Léopold de Belgique, au château de Changey, par Langres, membre du Conseil général de la Haute-Marne, qui épousa Mlle de Framery, dont il n'a pas d'enfants mâles, mais trois filles.

DELFAU. *Quercy.*

De gueules à deux faux d'argent passées en sautoir,

affrontées et surmontées de deux rocs d'échiquier du même.

Cette famille, qui porte le nom de sa terre de Belfort, par Cahors, dont le château fut brûlé en 1789, a trois représentants : Adrien-Henri Delfau, baron de Belfort, au château de Léry, à Crépy, département de l'Oise; Augustin-Célestin Delfau de Belfort, chevalier de la Légion d'honneur, sous-préfet à Châteaudun, département d'Eure-et-Loir; Arnaud-Marie Delfau de Belfort, maire à Crépy, par Senlis.

DELHERIN. *Toulouse, Montauban.*

D'argent à une aigle de sable et un chef d'azur, chargé d'une croix d'argent accostée de deux étoiles du même.

Cette famille, dont les armes ne sont point blasonnées dans l'*Armorial général*, est représentée par Léon Delherin et Novitat, à Toulouse.

DELIOT DE LA CROIX. *Flandre française.*

D'azur à deux haches adossées, les manches d'or.

Cette famille de Lille, anoblie par lettres des archiducs Albert et Isabelle, le 1er octobre 1615, a donné des chevaliers de Saint-Louis et dans l'ordre de Malte, et a été honorée du titre de comte en 1781.

Elle est représentée par Hippolyte, comte Deliot de la Croix, à Lille, département du Nord.

DELLEY. *Canton de Vaud.*

D'azur au lion d'or armé et lampassé de gueules, le bouquet de la queue tourné en dehors; à deux cotices d'or brochantes, l'une sur les pattes du lion, l'autre sur sa queue. Cimier : un lion d'or issant.

Devise : *Jussu Domini Dei.*

Cette famille, qui vint s'établir en France en 1660,

eut pour premier auteur Guillaume, troisième fils de Robert, seigneur d'Estavagé, en 1096. Elle a pour chef de nom et d'armes le comte Delley de Blancmesnil, qui a sa résidence d'hiver à Paris et celle d'été à Versailles.

DELMAS. *Guyenne.*

D'or à un mât de navire de sable girouetté d'argent.

Cette famille, dont les armes ne sont point blasonnées dans l'*Armorial général*, et dont l'histoire nous est inconnue, a cinq représentants : Delmas de Grammont, adjoint au maire, à Miramont, département de Lot-et-Garonne; Delmas de Grammont, à Lauzun, même département; Delmas de Grammont, chevalier de la Légion d'honneur, à Paris; Delmas de la Coste, chevalier de la Légion d'honneur, chef d'escadrons au 5e de chasseurs; Delmas de la Coste, notaire, à la Basse-Terre (Guadeloupe).

DELORT. *Guyenne, Lorraine.*

De sable à une croix ancrée d'argent, chargée en cœur d'une fleur de lis de gueules et une bordure crénelée engrelée d'argent. Cimier : un casque taré de trois quarts, à visière ouverte et grelée d'or, orné de ses lambrequins aux émaux de l'écu, supporté de deux levrettes au naturel modifiées. Couronne : de comte.

Cette famille, d'ancienne noblesse purement militaire, justifiée par lettres patentes enregistrées dans la chambre des comtes de Nancy, le 21 mars 1768, remonte, par actes authentiques, au 20 mars 1225.

En 1430, Bernard Delort de Montesquieu, seigneur du Pesqué, d'Engomer, etc., fut marié à Henriette de Comenge, dont le père était comte souverain du comté de Comenge, etc.

Cette famille a pour représentants la baronne Delort,

au château de Verreux, par Arbois, département du Jura ; la comtesse Delort de Montesquieu, à Toulouse ; sa fille Maximilienne-Élisabeth, mariée à J.-L. de Gerus, colonel d'artillerie de marine, chevalier de Saint-Louis, commandeur de la Légion d'honneur, et ses petits-fils Louis et Gustave, au château d'Engomer, département de l'Ariége.

DELPECH, autrefois **DELPUECH**, **DE PODIO** ou **DUPUY**. *France.*

D'azur à un chevron d'argent entouré de trois besants d'argent. Couronne : de comte. Tenants : deux sirènes.

Cette famille, dont était Bertrand Delpech, conseiller du roi Philippe le Hardi, délégué, en 1271, pour recevoir les hommages des barons et gentilshommes du Languedoc et de la Guienne (*sentimentum Tolosæ*), a trois représentants : Delpech de Saint-Guilhem, ingénieur en chef des ponts et chaussées, à Toulouse ; Delpech de Saint-Guilhem, trésorier payeur général, au Mans, département de la Sarthe ; Delpech de Saint-Guilhem, au château de Larsenne, par Sévignac, département de la Haute-Garonne.

DELPY DE LACIPIÈRE. *Guyenne.*

De sinople à trois lions d'argent.

Cette famille, dont les armes ne sont point blasonnées dans l'*Armorial général des familles nobles et patriciennes de l'Europe*, est représentée par Delpy de Lacipière, conservateur des hypothèques, à Alais, département du Gard.

DELZONS. *France.*

Coupé : au 1 parti : d'or à trois ormes au naturel, surmontés de deux étoiles d'azur et de gueules plein ; au

2 de sable au crocodile passant d'or, accompagné en chef d'un croissant d'argent.

Cette famille a pour unique représentant le baron Delzons, conseiller de préfecture à Aurillac (Cantal).

DEMANDOLX. *Provence.*

D'or à trois fasces de sable ; au chef de gueules chargé d'une main dextre appaumée d'argent.

Cette famille a possédé de toute ancienneté la seigneurie de Demandolx, dont elle porte le nom ; elle a fourni plus de quarante chevaliers et dignitaires à l'ordre de Malte ; elle est représentée aujourd'hui par Pierre-Charles-Henri, marquis de Demandolx-Dedons, à Avignon et au château de Demandolx, par Cap-Blanc, département des Basses-Alpes. Il a épousé Amélie Germanes, dont deux fils et trois filles.

DEMAY DE SAINT-VALERY. *Bretagne.*

D'argent à deux fasces d'azur accompagnées de six roses du même, posées 3, 2 et 1.

L'unique représentant de ce nom, Demay de Saint-Valery, est membre de la Chambre de commerce, à Abbeville, département de la Somme.

DEMENGEOT. *Paris.*

Coupé : au 1 parti A d'azur à trois bombes d'or posées 1 et 2 ; B de gueules à l'épée d'argent en pal ; au 2 d'argent, au cheval galopant de sable.

Cette famille est représentée par le baron Demengeot, chevalier de la Légion d'honneur. Il siége dans la magistrature.

DEMONTS ou DEMONT. *France.*

De gueules à la licorne naissante d'or surmontée de deux grenades du même posées à senestre.

Cette famille a pour unique représentant Demonts, au château de Bellegarde, par Masseube, département du Gers.

DENIS. *Picardie, Normandie, Ile-de-France, France, Bretagne, Bourgogne, Champagne, Artois.*

Picardie, Champagne. D'or à la fasce de gueules.

Normandie. D'argent à trois aigles au vol abaissé de sable. — D'azur au chevron d'argent accompagné en chef de deux trèfles d'or et en pointe d'une coquille du même.

Ile-de-France. D'azur à la bande d'or accompagnée en chef d'une étoile à cinq rais du même; au chef engrelé d'argent.

France. De gueules au lion d'or; au chef cousu d'azur, chargé de deux étoiles à cinq rais d'argent.

Bretagne. Denis du Bois. D'or à trois fasces ourlées d'azur; au pin de même brochant sur le tout. — Denis de Keraunot et Denis de Lesnelec. D'argent à trois quintefeuilles de gueules. — Denis du Prathamon. D'argent au sanglier furieux de sable, allumé de gueules. — Denis de Trobriand. D'argent au sautoir de gueules. De sable au sautoir d'or. — Denis de la Vallée. D'argent à trois merlettes de sable.

Bourgogne, Champagne. Denis du Chateau-Brulé. De gueules à l'aigle éployée d'argent.

Artois. Denis d'Oresmaux. D'argent au chevron de gueules, accompagné en chef de deux losanges de sinople et en pointe d'une grenade du même, ouverte du second, la tige en bas.

Ces familles sont encore représentées. Celle de Denis d'Oresmaux a été anoblie le 24 mars 1609. Toutefois nous ne connaissons que quatre représentants du nom :

Denis de la Garde, sous-préfet à Vitry-le-Français, département de la Marne; Denis de Hensy, chevalier de la Légion d'honneur, conseiller référendaire, à Paris; Denis du Pourzou, à Rennes; Henri Denis de Senneville, officier de la Légion d'honneur, ingénieur de marine, à Rochefort.

DENIS DU PÉAGE. *Cambrésis, Flandre française.*

D'azur au lion de sable, armé et lampassé de gueules, Couronne de comte. Supports : deux lions.

Cette famille, qui descend de Jean Denis, archer de la garde du corps du duc Charles de Bourgogne, et dont l'anoblissement remonte à l'an 1475, au mois de février, est représentée par Théophile-Édouard-Jacques-Hyacinthe Denis du Péage, écuyer, à Lille, département du Nord, qui épousa Augusta-Eugène-Fortuné de Maulde. dont trois enfants, deux fils et une fille.

DERVAL. *Bretagne.*

ARMES ANCIENNES : Écartelé : aux 1 et 4 d'hermine plein, qui est de Bretagne; aux 2 et 3 d'argent à deux fasces de gueules, qui est Derval.

ARMES MODERNES. D'azur à la croix d'argent frettée de gueules, qui est de Broons de Brandisseneuf.

Devise : *Sans plus.*

Cette famille, qui reçut concession du titre de baron en 1451, est uniquement représentée par mademoiselle de Derval, au château de Cour, par la Roche-Bernard, département du Morbihan.

DESAIX. *France.*

D'argent à la bande de gueules chargée de trois coquilles d'or.

Cette famille est représentée par le comte Desaix, à

Paris, et par le baron Desaix, ancien sous-préfet à Lodève.

DESBORDES. *Angoulême.*

D'azur au chevron d'or accompagné de trois arêtes de poisson en pals d'argent.

Nous n'avons que des données très-sommaires sur cette famille, qui a trois représentants : madame la baronne douairière Desbordes, à Paris; Desbordes de Chalendray, chevalier de la Légion d'honneur, maire de Fougères, département d'Ille-et-Vilaine; Desbordes de Gensac, à Saint-Fraigne, par Aigre, département de la Charente.

DES CARS. *Limousin, Guyenne.*

De gueules au pal de vair. Supports : deux sauvages tenant la massue au pied. Couronne de duc sommée d'un casque d'or. Cimier : un dextrochère armé d'une épée.

Légende : *Sic per usum fulget.*

Devise : *Fais ce que dois, advienne que pourra.*

Cars (des), de Perusse des Cars, Descars ou d'Escars, ancienne famille du Limousin, dont la filiation est établie depuis Aimery de Perusse, en 1027. Il fut arbitre, avec son fils Robert, dans une discussion avec les comtes d'Orléans et de Paris, en 1027. François de Perusse, conseiller du roi, capitaine de cent hommes d'armes de ses ordonnances, gouverneur de la Guyenne, chambellan du roi Philippe le Bel, obtint l'érection de sa terre des Cars, en latin de Quadris, en Comté. Elle est restée dans la famille jusqu'en 1818.

Cette belle famille a toujours occupé le premier rang par ses emplois et ses alliances.

Un de ses membres épousa une princesse héritière de

Bourbon et forma la branche de Bourbon-Carency.

Arnould de Perusse, grand-maréchal de l'Église, fit construire les murs de la ville d'Avignon, sous le pape Innocent VI.

Elle compte deux cardinaux : Annet, cardinal de Givry, et Charles, cardinal évêque de Langres, duc et pair, chevalier des ordres du roi, lors de la première promotion de l'ordre du Saint-Esprit, avec deux autres membres de sa famille.

Il y eut dans cette maison plusieurs gouverneurs du Limousin et de la Guyenne, plusieurs évêques, plusieurs lieutenants généraux et plusieurs abbesses d'abbayes royales.

Cette famille, fort nombreuse en 1790, n'était plus représentée, en 1824, que par le baron des Cars, grand-maître de l'hôtel du roi, charge qui appartenait à sa famille, lieutenant général et créé duc en 1818; le comte François des Cars, son cousin, lieutenant général, capitaine d'une des compagnies des gardes du corps du comte d'Artois, pair de France, chevalier des ordres du roi, et le vicomte des Cars, son fils, lequel devint lieutenant général, pair de France, grand'croix de la Légion d'honneur, duc héréditaire, commandeur de Saint-Louis, de Saint-Maurice et Lazare de Savoie, et de Saint-Ferdinand d'Espagne.

De son mariage avec mademoiselle de Tourzel sont nés trois enfants, savoir :

1° Le duc des Cars actuel, marié à mademoiselle de Bastard d'Estang, père de trois enfants;

2° Le comte des Cars, marié à mademoiselle de Cossé-Brissac, père de quatre enfants;

3° Le vicomte des Cars, décédé, marié à mademoiselle de Lebzeltern, père de quatre enfants;

4° Trois filles mariées : au duc de Blacas, au marquis de Mac-Mahon, et au duc de Vallombrosa.

DESCHAMPS. *France.*

D'azur au phénix d'argent sur son immortalité de gueules, fixant un soleil d'or, mouvant du canton dextre en chef.

Cette famille a quatre représentants : Deschamps de Brêche, officier de la Légion d'honneur, ancien chef d'escadrons aux chasseurs de la garde; le vicomte Deschamps de Brêche, à Paris; Deschamps de Courgy, conseiller d'arrondissement à Brinon, département de la Nièvre; Deschamps de Verneix, chevalier de la Légion d'honneur, juge de paix à Hérisson, département de l'Allier. Il a un fils, maire d'Hérisson.

DESCUBES. *Poitou.*

D'argent à une croix alésée de gueules surmontée de trois étoiles de sable.

Cette famille a trois représentants : Descubes de Châtenet, au château de Châtenet, à Montrin, département de la Dordogne; Descubes de Châtenet, maire à Veyrac, par Nieul, département de la Haute-Vienne; Gaëtan Descubes du Châtenet, au château de la Cosse, par la Barre-de-Veyrac, département de la Haute-Vienne.

DESFONTAINES. *France.*

D'or à trois pals d'azur; à la tour d'argent brochante sur celui du milieu.

Nous n'avons point d'autres données sur cette famille, qui a trois représentants : Albert Desfontaines d'Azincourt, ancien capitaine de carabiniers, à Paris; Michel Desfontaines de la Croix, directeur des contributions directes, à Corbigny, département de la Nièvre; Gustave Desfontaines de la Croix, à Vieux-Condé, département du Nord.

DES HAYES ou **DES HAYES DE MARCÈRE**. *Normandie.*

De gueules à la croix d'argent chargée d'un croissant de sable et de quatre merlettes de même.

Ces armes sont celles de des Hayes, écuyer, sieur de Gauvinière de Launay, de Saint-Clair, de Bonneval, etc. (Généralité de Rouen, maintenue du 13 novembre 1690.)

D'azur à la croix d'argent, chargée d'un croissant de sinople et de quatre merlettes du même. (Arrêt d'enregistrement à la cour des aides de Rouen.)

Les titres de cette famille se trouvent à la bibliothèque Richelieu, au nombre de celles qui ont fait leurs preuves en 1789.

Sa principale alliance est prise dans la maison de Neufville, dont le nom se trouve parmi les compagnons de Guillaume le Conquérant, plus tard dans presque toutes les croisades, et qui porte d'hermine fretté de gueules, ou d'argent treillissé de gueules, semée de mouchetures d'hermine dans les claires-voies.

La seule branche existante, celle de Marcère qui a pour auteur Yves-Gabriel-Bernard des Hayes de Marcère, bisaïeul du chef actuel, Deshayes de Marcère, conseiller de cour, à Douai.

DESMIER ou **DEXMIER**. *Poitou, Limousin, Angoulême, Bretagne.*

Écartelé d'azur et d'argent à quatre fleurs de lis de l'un en l'autre.

Cette famille a quatre représentants : la marquise Desmier de Chenon, au château de Domezac, par Ruffec, département de la Charente, qui a un fils ; la comtesse

Desmier de Chenon, au château de Chenon, par Mansle, département de la Charente ; la vicomtesse Desmier de Chenon, au château de Domezac, par Verteuil, département de la Charente ; Desmier de Ligouyer, au château de Ligouyer, en Saint-Perm, près Bécherel, département d'Ille-et-Vilaine.

DESMONT DE PLANTADIS. *Champagne.*

De gueules à trois quintefeuilles d'argent posées 2 et 1.

Cette famille, dont nous ne connaissons point les titres, est représentée par Desmont de Plantadis, au château d'Orgnac, au Châtenet, département de la Haute-Vienne.

DESMOUSSEAUX DE GIVRÉ. *France.*

D'azur au chevron de gueules, accompagné en chef à dextre d'un pilier d'or, haussé de trois marches, à senestre d'une croix vidée, clichée et pommetée d'or, et en pointe d'un navire d'argent voguant sur une mer du même.

Fils d'un ancien préfet de l'empire, membre de l'ambassade de Chateaubriand, à Londres, et de celle du duc de Laval, à Rome, ancien rédacteur du *Journal des Débats*, maître des requêtes en service extraordinaire, député d'Eure-et-Loir, le baron Desmousseaux de Givré, chevalier de la Légion d'honneur, réside à Paris.

DESPINE. *Savoie.*

De gueules au chevron d'or, cantonné de trois roses d'argent boutonnées d'or.

Cette famille, dont il est parlé dans le *Nobiliaire de Savoie* par le comte de Foras, a pour chef de nom et d'armes le baron Despine, à Aix-les-Bains, département de la Savoie.

DESPRÉAUX DE SAINT-SAUVEUR. *Picardie.*

D'azur à trois bandes d'argent; au chef du même chargé de trois étoiles de sable.

Cette famille, dont la filiation régulière et non interrompue remonte à l'an 1600, avec le titre d'écuyer, est représentée aujourd'hui par Félix Despréaux de Saint-Sauveur, ancien consul de France, qui a deux fils, dont l'un est attaché au ministère des finances; Louis-Ferdinand Despréaux de Saint-Sauveur, qui a deux fils : l'un attaché au ministère des finances, l'autre officier de marine; Charles Despréaux de Saint-Sauveur, sans alliance; Émile Despréaux de Saint-Sauveur, inspecteur des forêts, qui a un fils.

DESPRUETZ. *France.*

D'azur à une chapelle d'argent sur une terrasse ombrée de sinople.

Cette famille, dont les titres nous sont inconnus, est représentée par Despruetz de Garos, maire à Garos, département des Basses-Alpes.

DESSEY DE LEGRIS. *Auvergne.*

Parti : au 1 de sinople au badelaire d'or; au 2 d'or à la branche de myrthe au naturel.

Cette famille, dont les membres n'ont jamais recherché l'éclat ni les emplois de l'État, est représentée par Dessey de Legris, à Versailles.

DESSON DE SAINT-AIGNAN. *Normandie, Bretagne.*

D'azur à la tour d'argent accompagnée de trois croissants de même.

Cette famille titrée a trois représentants : le comte Desson de Saint-Aignan, à Paris; Desson de Saint-Aignan, au château de Freville, par Pont-Audemer, et Desson de Saint-Aignan, au château de Gal, par Yvetot.

DESTRET DE TRACY. *Ile-de-France.*

Écartelé : aux 1 et 4 palé d'or et de sable; aux 2 et 3 d'or au cœur de gueules.

On retrouve dans le département de l'Yonne deux représentants de cette famille ; Destret d'Assay, au château de Tharviseau, par Vezelay; Destret de Blaunay, notaire à Vezelay.

DEU. *Châlons.*

D'argent au chevron d'or accompagné de trois pattes de griffon de sable.

Cette famille remonte à Nicolas Deu, écuyer, vivant en 1470. Elle s'est divisée en plusieurs branches : celle de Deu de Vieux Dampierre n'a plus de représentant mâle; celle de Marson est éteinte par la mort de Deu de Marson, à Vitry-le-Français, et celle de Deu de Parthes a pour chef Louis-Marie de Deu des Parthes, chevalier de la Légion d'honneur, ancien directeur des douanes, qui a deux filles et un fils, Henri, chevalier de la Légion d'honneur, ancien consul de France à Cologne, qui a un fils, Henri, et une fille.

DEVÈZE DE CHARIN (DE LA). *Languedoc.*

D'argent à six tourteaux de gueules; au chef d'azur chargé d'une aigle d'or.

On ne retrouve plus en France qu'un seul représentant du nom de la Devèze de Charin. Il réside à Condom, département du Gers.

DEVEZEAU. *Poitou.*

D'azur à la fasce d'argent surmontée d'une étoile du même; au chef denché d'or.

Le marquis Devezeau de Ramogne, chef de nom et d'armes, réside à son château d'Herbault, département de Maine-et-Loire; un autre représentant du nom de Devezeau de Ramogne réside à Blois.

DEVOT DE BRECOURT. *Lyonnais.*

D'azur au chevron d'or chargé d'une pomme de [pin de gueules.

Nous n'avons point de données sur cette famille, représentée par Devot de Brecourt, au Havre.

DIANOUS. *France.*

Parti : au 1 d'argent à trois croisettes d'azur rangées en pal; au 2 de gueules au fer de lance d'argent posé en bande; au franc-quartier des barons tirés de l'armée.

Cette famille est représentée par trois frères : le baron Gabriel de Dianous, à Avignon; Ernest de Dianous, à Sérignan, département de Vaucluse: Adolphe de Dianous, à Privas, département de l'Ardèche.

DIDELOT. *France.*

De sable au sautoir gironné d'argent et de gueules, accompagné en chef d'une étoile d'or.

L'unique représentant de cette maison, baron Octave de Didelot, commandeur de la Légion d'honneur, contre-amiral, membre du Conseil d'amirauté, réside à Paris.

DIESBACK. *Flandre française.*

De sable à la bande vivrée d'argent, accompagnée de deux lions contournés du même.

Cette famille, dont nous ne connaissons ni l'origine ni les illustrations, est représentée par Xavier, comte de Diesback, au château de Gouy-en-Artois, par Beaumetz-les-Loges, département du Pas-de-Calais, et à Paris.

DIEUDONNÉ DE GOZON. *Lorraine.*

D'or à deux léopards d'azur, l'un sur l'autre, armés et lampassés de gueules, celui de la pointe couronné; à la bordure engrelée de gueules.

Cette famille, qui n'a ni les mêmes armes ni la même origine que celle des barons de Dieudonné de Corbeck-Loo, en Brabant, a pour unique représentant Dieudonné de Gozon, au château de Favols, par Molières, département de Tarn-et-Garonne.

DIEULEVEULT. *Bretagne.*

D'azur à six croissants contournés d'argent.

Devise : *Dieu le volt.*

Cette famille, qui a possédé les seigneuries de Launay et de Penqueles, et qui a vu ses rameaux s'étendre en Bretagne et dans la Basse-Normandie, est représentée par Camille de Dieuleveult, à Tréguier, département des Côtes-du-Nord, et par son frère à Boisbasset, près de Saint-Méen, département d'Ille-et-Vilaine.

DIGEON. *Ile-de-France.*

Coupé : au 1 parti d'argent à trois étoiles d'azur et de gueules à l'épée d'argent; au 2 d'azur à la cuirasse d'argent bordée d'or et de sable, traversée par un sabre d'argent garni d'or en fasce.

Le vicomte de Digeon, seul représentant connu du nom, est secrétaire à la légation de Suède, à Paris.

DIJOLS. *Toulouse, Montauban.*

De sable à une épée d'or, la garde et la poignée d'argent.

Le baron de Dijols, seul représentant connu du nom, réside au château de Düan, par Lorrez-le-Bocage, département de Seine-et-Marne.

DILLON. *Écosse et France.*

D'argent au lion léopardé de gueules, armé et lampassé d'azur, accompagné de trois croissants de gueules posés deux en chef et un en pointe. Couronne : ducale (pour cause de descendance royale).

Devise : *Dom spiro, spero.*

Cette illustre famille, issue des rois d'Irlande, et qui fait remonter sa filiation aux dernières années du seizième siècle, illustre par ses exploits, ses dignités, ses alliances, était représentée en France par Henri-Auguste, comte Dillon, à Assevent (Nord), mort sans alliance en 1873. Il était issu, par sa grand'mère paternelle, d'Édouard III, roi d'Angleterre.

DION. *Artois.*

D'argent à l'aigle d'empire, ou éployée, de sable, chargée d'un écusson de sable au lion d'or, bordé et engrelé de même, qui est de Brabant. Cimier : Tête et col d'aigle.

Devise : *Dieu en ayde,*

Cette famille, qui obtint les honneurs de la cour le 12 novembre 1784, et qui charge ses armes de l'écusson de Brabant depuis le mariage de Gille de Dion avec Philippine de Brabant, petite-fille de Jean Ier, dit le Fortuné, duc de Brabant, figure à la salle des Croisades, à Versailles. Son chef actuel, Albert-Louis-Joseph, baron de Dion, marquis de Malfiance, réside à Paris. Il a un fils né en 1856.

DIVIDIS DE SAINT-COME. *Orléanais.*

D'azur à trois fuseaux d'or surmontés en chef d'un lion léopardé d'or.

Devise : *Dividendo crescunt.*

Cette famille est représentée par Léopold-Augustin

de Dividis de Saint-Côme, écuyer, ancien maire de Saint-Firmin, au château de Chappedame, à Saint-Firmin-des-Prés, par Pizou, département de Loir-et-Cher, et par Fernand de Dividis de la Noue, au château de Chappedame, à Saint-Firmin.

DIVONNE (Laforest de). *Savoie.*

De sinople à la bande d'or frettée de gueules. Couronne : ducale. Cimier : une aigle éployée. Supports : deux lions.

Devise : *Tout à travers.*

Cette famille ancienne, qui emprunte son nom de Laforest d'une terre située au mont du Chat, près d'Hienne, dans le petit Bugey, et celui de Divonne, à une seigneurie du pays de Gex, érigée en comté par lettres patentes de Louis XV, datées du mois de mai 1749, est connue depuis le treizième siècle. Elle est représentée par le comte Divonne de Laforest, maire et président de la société de secours mutuels, à Aoste; Divonne de Laforest, aide de camp du général de Ladreit, à Lepic, Versailles, et par Divonne de Laforest, professeur au séminaire, à Angoulême.

DODE. *Dauphiné.*

Écartelé : au 1 d'or au dromadaire passant de sable ; au 2 de gueules à l'épée d'argent ; au 3 d'azur au compas ouvert d'or ; au 4 d'argent à trois croissants d'azur.

Cette famille a pour unique représentant la comtesse douairière Dode la Brunerie, à son château, par Voiron, département de l'Isère.

DODUN DES PERRIÈRES. *Ile-de-France.*

D'azur à la fasce d'or chargée d'un lion issant de gueules et accompagnée de trois limaçons d'argent.

Cette famille a trois représentants : le marquis Dodun

des Perrières, au château de Gaillard, par Maisons-Alfort, département de la Seine; le marquis Dodun de Keroman, payeur, à Tours; Dodun des Perrières, receveur particulier, à Dieppe.

DOÉ. *Champagne.*

D'azur au créneau d'or accompagné de trois roses du même.

Le nom de Doé ou de Doe, dont les armes ont été enregistrées en vertu de l'édit du 20 novembre 1666, a pour chef de nom et d'armes Doé de Mandreville, à Paris. Cette famille est aussi représentée par Doé de Mandreville, maire d'Antilly, par Betz, département de l'Oise, et par Adrien Doé de Mandreville, président du tribunal, à Dunkerque, département du Nord, ainsi que par les quatre frères et les deux sœurs d'Adrien.

DOLLAND DE MYON. *Lorraine.*

Écartelé d'or et de gueules.

Le comte Dolland de Myon, unique représentant du nom, réside à Nancy.

DOMEC DE MORLANE. *Béarn.*

Losangé d'or et d'azur; au pal d'argent, brochant sur le tout.

Cette famille, qui a possédé les fiefs et seigneuries de Domec, de Lucq, de Belluix, etc., est représentée par Albert-Pierre-Joseph de Domec de Morlane, au château de Belthuix, à Morlane, département des Basses-Pyrénées.

DOMECY. *Béarn.*

Losangé d'or et d'azur, flanqué d'or.

Cette famille est représentée par le comte et le baron de Domecy, à Paris, et par de Domecy, à son château, près d'Avallon, département de l'Yonne.

DOMET. *Provence.*

D'or au chêne arraché de sinople.

Devise : *Virtus omnia Domet.*

Famille noble originaire de Provence, établie en Franche-Comté avec Antoine Domet, écuyer, consul général et gouverneur d'Arles, qui vint auprès de Jean de Chalon, prince d'Orange, en 1490.

Le chef actuel de cette famille est Alexandre-Paul Domet de Vorges, ancien capitaine de cavalerie dans la garde royale (Paris). Il a pour fils : 1° Eugène Domet de Vorges, secrétaire d'ambassade à Lisbonne; 2° Ernest Domet de Vorges, attaché aux finances (Paris); pour petit-fils : Fernand Domet de Vorges (Lisbonne); pour neveux : Alphonse Domet de Vorges et Jules Domet de Vorges (Vesoul); pour cousins-germains : 1° Alippe Domet et son fils Paul Domet, sous-inspecteur des forêts (Fontainebleau); 2° Hippolyte Domet et ses fils Edgard Domet et Gontran Domet (Orléans); pour cousin : Raoul Domet de Mont, à Arbois (Jura), né le 31 juillet 1850, ancien élève de Saint-Cyr, capitaine démissionnaire, seul représentant de la branche de Mont, par suite de la mort d'Édouard Domet de Mont, son frère cadet, sous-lieutenant au 87ᵉ de ligne, chevalier de la Légion d'honneur, blessé mortellement à la prise des buttes Montmartre le 23 mai 1871 à l'âge de dix-neuf ans.

Le trisaïeul de M. Domet de Mont obtint, à vingt et un ans, une dispense d'âge pour remplir les fonctions d'avocat-général à la cour des comptes de Dôle; son bisaïeul, lieutenant colonel d'infanterie, fut fait chevalier de Saint-Louis sur le champ de bataille d'Hastenbeck; son aïeul, sous Louis XVIII, fut décoré de la Légion d'honneur; son père se distingua dans les lettres.

DOMPIERRE. *Ile-de-France.*

D'or au lion de sable armé et lampassé de gueules.

Cette famille a trois représentants : Dompierre d'Hornoy, chef de nom et d'armes, commandeur de la Légion d'honneur, contre-amiral, à Paris ; Albert Dompierre d'Hornoy ; Dompierre d'Hornoy, maire à Hornoy, département de la Somme.

DON DE CÉPIAN. *France.*

D'azur au chevron d'argent accompagné en pointe d'une cloche d'argent ; au chef de gueules chargé d'un croissant d'argent, accosté de deux étoiles d'or.

Le chef de nom et d'armes de cette famille, officier de la Légion d'honneur, depuis 1868, est ingénieur en chef retraité des ponts et chaussées. De son mariage avec Amélie de Rolland de Blomas, il a trois enfants, deux fils : Camille et Maurice, et une fille, Gabrielle.

DONAT DE SAINT-COUX. *France.*

Coupé de gueules sur or, au bouc sautant et contourné au naturel, brochant sur le tout.

Cette famille est uniquement représentée par Donat de Saint-Coux, principal du collége, à Draguignan, départemeut du Var.

DONEAUD DU PLAN. *Versailles.*

D'or semé de trèfles de sinople et une bande de gueules brochante sur le tout ; chargé d'un lion d'argent, accolé d'azur et un chevron d'or accompagné de trois annelets du même, deux en chef, un en pointe.

Cette famille est représentée par Alfred Doneaud du Plan, professeur de littérature à l'École navale, à Brest.

DONCQUER DE T'SERROELOFFS. *Brabant.*

Écartelé : aux 1 et 4 de sinople à trois pommes de grenade d'argent ; aux 2 et 3 d'or à une tour crénelée, posée sur un mur, au naturel, et dont est issant un fauconnier habillé de gueules, avec cuirasse et brassards, tenant sur sa dextre un faucon de sable ; sur la mer, un cygne d'argent nageant vers la tour ; sur le tout un écu de pourpre à neuf billettes d'argent posées 4, 3 et 2. Heaume : d'ancien chevalier. Couronne : de comte. Cimier : un fauconnier comme aux 2 et 3 de l'écu.

Cette famille, issue d'une des sept familles patriciennes du Brabant, celle des T'serrœloffs, dont elle a pu s'adjoindre le nom par lettres patentes du 29 novembre 1814, a pour chef de nom et d'armes Hippolyte-Anne-Julien, comte de Doncquer de T'serroeloffs, ancien magistrat à Dunkerque. Il a deux fils et une fille. Elle est aussi représentée par Hippolyte-Anne-Julien, comte de Doncquer de T'serroelofs, par bref de Sa Sainteté ; Eugène-Célestin-Joseph-Anatole de Doncquer de T'serroeloffs, écuyer, un des douze attachés de la chancellerie de France au ministère de la justice, sous Charles X, qui épousa, à Nancy, Marie-Charlotte-Sophie de Beauchamps ; Zénobie-Marie-Louise, qui épousa Joseph-Julien, vicomte Foullon de Doué, maréchal de camp, chevalier de Saint-Louis, commandeur de la Légion d'honneur, etc.

DONDEL DE KERGONAUD. *Bretagne.*

D'azur au porc-épic d'or passant.

Devise : *Qui s'y frotte s'y pique.*

Dondel de Kergonaud, chef de nom et d'armes de cette famille, dont le plus ancien titre rapporté par dom Lobineau, dans son *Histoire de Bretagne*, remonte à l'an 1412, est maire à Badin, département du Morbihan.

La branche cadette, Dondel de Faouedic, a plusieurs représentants.

DONJON DE SAINT-MARTIN. *France.*

D'or à la fasce d'azur chargée d'une étoile d'or ; au chef emmanché de trois pièces d'azur.

L'unique représentant du nom, Donjon de Saint-Martin, réside à Paris.

DONADIEU. *Montpellier, Montauban.*

D'or à un croissant d'argent surmonté d'une croisette de gueules.

Cette famille a pour unique représentant la vicomtesse douairière de Donnadieu, à Tours.

DONNET DE FONTROBERT. *Limousin.*

D'azur à trois demi-vols d'or.

Cette famille, très-ancienne, tire son nom de Fontrobert d'un vignoble qui lui appartient encore, et dans lequel se trouve une fontaine nommée, en patois, la Fount-Roubert. La légende prétend que saint Robert, donnant le baptême en Bas Limousin, se servait de l'eau de cette fontaine, et que de là provient le nom de Font-Robert. Ce nom a été ajouté au nom patronymique, à une époque qu'on ne saurait préciser, puisque les plus vieux actes parlent de Donnet, et d'autres moins antiques, Donnet de Fontrobert, dénomination qui a été maintenue.

Originaire de Picardie, Donnet, qui a fait souche en Normandie, était déjà établi en Limousin l'an 1400, et a formé deux branches : Donnet de Fontrobert et Donnet de la Mazorie, du nom d'une terre que la famille possède de temps immémorial. Elle a donné des écuyers aux maisons de Ventadour, de Lastours et de Pompadour, des capitaines et des lieutenants de milice en Limousin, un lieutenant général de la sénéchaussée d'Uzerches, du nom de Donnet du Rouveix, etc.

A des époques plus rapprochées de nous, ceux du

nom de Donnet se sont toujours distingués dans les armes, ce qu'attestent divers titres dont nous citerons quelques-uns.

Autographe du duc de Schomberg, au camp devant Saint-Jean-des-Pages, en date du 30 juillet 1674, donnant un sauf-conduit au sieur de Fontrobert, auquel le roi a permis de se démettre de sa charge de capitaine au régiment de Normandie, en faveur d'un de ses neveux, Donnet de Loubertie.

Une pièce de la sénéchaussée d'Uzerche, en date du 6 mai 1691, où le sieur de Fontrobert est compris dans le rôle des gentilshommes devant marcher pour le service de Sa Majesté, en sa qualité de lieutenant des milices du Limousin.

Un acte de la généralité d'Amiens, en date du 30 mai 1697, qui fait relief de la seigneurie de Plessis-Gobert, à Léonard Donnet, écuyer, seigneur de Fontrobert, en nom et bail de dame Jeanne-Marie de Jarrige de la Morrelie de la Rochette, son épouse, seule et unique héritière féodale du défunt Pierre de Jarrige de la Morrelie, vivant écuyer, seigneur de la Rochette, lieutenant ordinaire de la grande vénerie du roi, seigneur de Plessis-Gobert et autres lieux.

Un acte du 9 mai 1697, portant quittance d'une somme de 2,000 livres, par Catherine de Caboche de la Rochette, signée également des noms de Boufflers, Cuigy, Lannefeuille, Miremont, Cérencourt de Saint-Ydas, Fontrobert et Pargnon, tous parents ou alliés.

Testament en date du 22 octobre 1686, de messire Jean Donnet de Fontrobert, prêtre, docteur en théologie et prieur du Vaysset, forêt du Limousin, dont il ne reste plus que des vestiges.

Enfin une lettre datée de l'an 1500, par laquelle le

seigneur de Pompadour fait appel à la vaillante épée du sieur de Fontrobert. « Brave Donnet de Fontrobert, dit cette mémorable épître, je suis assiégé, rends-toi ! je compte sur ta vaillante épée. » Il répondit à cet appel et fut tué dans les fossés du château de Pompadour, en repoussant les Anglais. En récompense de cet acte de vaillance, Louis-Désiré-Joseph Donnet de Fontrobert et ses successeurs mâles à perpétuité furent élevés au titre de comte le 6 du mois de mars 1636.

François Donnet de Fontrobert, né à la Mazorie, département de la Corrèze, en 1791, maréchal des logis aux gardes d'honneur, brigadier aux gardes du corps, compagnie de Noailles, chevalier de la Légion d'honneur, décédé, avait épousé Françoise Saint-Cenon Boutelas du Cand, fille de François Boutelas du Cand et de Louis Rodier de la Bourdine, d'une des meilleures familles militaires du Berry, alliée aux van Pœters, de Maëstricht (Hollande).

La famille de la Bourdine, de son côté, est une des plus anciennes familles de robe de la même province de Berry, anoblie dans sa personne et dans sa postérité masculine et féminine par lettres patentes de l'an 1727, en la personne de Louis Rodier de la Bourdine, lieutenant colonel du régiment de Royal-Cravate, cavalerie et chevalier de l'ordre militaire de Saint-Louis ; son fils devint colonel du même régiment et fut créé comte ; son petit-fils fut capitaine et son arrière-petit-fils, lieutenant, également au même régiment, tué à Paris pendant la révolution.

Louis Rodier, chanoine de Saint-Martial, de Limoges, fut chancelier du roi au mois de février 1321, jusqu'au 19 novembre 1323, qu'il fut pourvu de l'évêché de Carcassonne.

Louis de la Bourdine accomplit cinquante-six années de services actifs, couvert de blessures; il assista au siége d'Audenaerde, où il fut blessé; au siége de Gironne, en Catalogne, au passage du Tage, à la nage; au siége et à la prise de Bouchain, où il combattit sous les yeux du roi et reçut une blessure grave. Il se distingua aux batailles de Fleurus en 1690, de Nimègue en 1702, de Spire en 1703, de Ramilly en 1706, aux prises de Landau et de Fribourg, ainsi qu'à la campagne de 1713.

François Donnet de Fontrobert a laissé deux fils et une fille : Antoine Donnet de Fontrobert, né à Lubersac, département de la Corrèze, le 18 novembre 1823, directeur du haras de Pompadour; Charles-Henri Donnet de Fontrobert, né à Lubersac, le 18 avril 1827, directeur du dépôt d'étalons, à Cluny, et Noémie Donnet de Fontrobert, mariée à Joseph Palliers du Bas-Nou.

DOQUIN DE SAINT-PREUX. *Champagne.*

D'or à la bande de gueules chargée d'un lévrier passant d'argent accolé d'or.

Devise : *Semper et ubique.*

François-Charles Doquin de Saint-Preux, chevalier de Saint-Louis et de la Légion d'honneur, officier supérieur d'artillerie, qui se distingua dans l'armée de Condé, eut deux fils : Charles-Jules et François-Achille, qui suivent :

Charles-Jules Doquin de Saint-Preux, chef de nom et d'armes de sa famille, chevalier de la Légion d'honneur et de l'ordre de Charles III d'Espagne, docteur en médecine, ancien chirurgien major, à Montargis, département du Loiret, eut deux fils : 1° Marie-Charles-Henri Doquin de Saint-Preux, capitaine d'état-major, mort glorieusement au champ d'honneur. Il fut tué à la bataille de Gravelotte, le 16 août 1870, en défendant sa patrie contre l'invasion ennemie. Il laissa un fils, Marie-Charles-Joseph; 2° Arthur-Jules-Amédée Doquin de Saint-Preux, ingénieur, qui a un fils, Barthélemy-Henri Doquin de Saint-Preux.

François-Achille Doquin de Saint-Preux, ancien membre de l'université, à Paris, frère du chef de la famille, a un fils : Marie-François-Charles Doquin de Saint-Preux.

DORBEC DE LA BOULAYE. *Normandie.*

D'azur au sautoir alaisé d'or.

L'unique représentant du nom, de Dorbec de la Boulaye, est maire de Gouville, par la Ferté-Fresnel, département de l'Orne.

DORÉ (DU). *Lorraine.*

D'azur à la fasce d'or; au lion de gueules brochant sur le tout et accompagné de deux molettes d'argent en chef.

Cette famille est représentée par du Doré, sans fonctions et sans titre, à son château d'Everdière, par Nantes.

DORESMIEULX DE FOUCQUIÈRES.

D'or à la tête de maure de sable tortillée d'argent, accompagnée de trois roses de gueules.

Le chef de nom et d'armes, Charles de Doresmieulx de Foucquières, réside à son château de Foucquières, près Béthune, département du Pas-de-Calais. Il a plusieurs enfants.

DORIA. *Florence, Provence, Picardie.*

Coupé d'or et d'argent, à l'aigle de sable, membrée, becquée, couronnée d'or.

Issue d'une des quatre grandes maisons de la République de Gênes, fixée à Tarascon dès le quatorzième siècle, la famille de Doria qui a formé un rameau fondu en 1630, dans celle des Friches de Picardie, qui en a relevé le nom et les armes et s'est perpétuée jusqu'à nous, est représentée par le marquis et par le comte de Doria, à Paris.

DORLODOT DES ESSARTS. *France.*

D'azur à trois étoiles à cinq rais d'argent, 2 et 1, et à un croissant du même posé en cœur.

Cette famille a trois représentants : de Dorlodot des Essarts, chevalier de la Légion d'honneur, chef d'escadron d'artillerie; de Dorlodot des Essarts, chevalier de la Légion d'honneur, lieutenant de vaisseau; de Dorlodot des Essarts, à Nice, qui a un fils élève de l'École centrale d'architecture, à Paris.

DORMY. *France.*

D'argent au chevron de gueules accompagné en chef de deux perroquets affrontés de sinople et en pointe d'un tourteau de sable.

Le chef de nom et d'armes, comte de Dormy, réside à Châteaumorand, par Saint-Martin-d'Estreaux, département de la Loire. Un autre représentant, du nom de Dormy, réside au château d'Eschamps, par Autun, département de Saône-et-Loire.

DORTET. *Montpellier, Montauban.*

D'argent à trois pins de sinople sur une terrasse de sable, et un chef d'azur chargé d'un croissant d'argent, accosté de deux étoiles d'or.

Cette famille a huit représentants :

L'abbé Charles Dortet de Tessan, grand-vicaire, doyen du chapitre, à Nîmes, département du Gard ;

Urbain Dortet de Tessan, membre de l'Institut, à Paris;

Charles Dortet de Tessan, avocat, à Nîmes;

Jules Dortet de Tessan, au Vigan, département du Gard;

Léon Dortet de Tessan, à Sauve, même département;

D'Hortez de Tessan, à Saint-Denis, Ile de la Réunion;

Paul d'Hortez de Tessan, à Port-Louis, Ile Maurice;

Paul d'Hortez de Tessan, à Châtillon-sur-Seine, département de la Côte-d'Or.

DOUAI. *Artois.*

De sinople au chef d'hermine.

Cette famille qui fait suivre son nom de celui de Montredon a quatre représentants : le premier au château de Caraguailles, par Sigion, département de l'Aude; le second, avocat à Narbonne; le troisième, au château d'Escancirabe, par Boulogne, département de la Haute-Garonne; le quatrième, à Paris.

DOUAR. *Bretagne.*

De gueules au chevron d'or, accompagné de trois molettes du même.

Cette famille a deux représentants : Douar des Gadeoux, au château de Cormaillon, par Vatan, département de l'Indre; Douar de Saint-Cyran, à Paris.

DOUAY DU RAULT. *Artois.*

De sinople au chef d'hermine.

Cri : *Douay.*

Coupé : au 1 d'or au lion issant de sable, lampassé de gueules; au 2 d'or à trois pals de sable.

Cette famille a pour unique représentant Douay du Rault, à son château, par Estaires, département du Pas-de-Calais.

DOUBART (DE LA). *Picardie.*

D'azur à deux barres engrelées d'or; au chef d'argent chargé de trois tourteaux de sable.

Cette famille n'a qu'un seul représentant : de la Doubart, au château d'Arraye, par Nomeny, département de la Meurthe.

DOUBLET. *Normandie, Champagne.*

D'azur à trois doublets (insectes) d'or, volantes en bandes, posées 2 et 1. Supports : deux lions au naturel.

Cette famille est représentée par Doublet de Ferrière, à Versailles.

DOUDART OU D'OUDART. *Bretagne, Dauphiné.*

D'azur à la bande de gueules chargée de trois coquilles d'or, posées dans le sens de la bande.

Cette famille noble et ancienne, qui possède des titres depuis le treizième siècle, et dont la filiation authentique est prouvée depuis la réformation de 1426, originaire de Bretagne, établie en Dauphiné depuis le commencement du quinzième siècle, est représentée par Jules Doudart de la Grée, président du tribunal de Blidah (Algérie), et par Casimir Doudart de la Grée, son frère, commandant de recrutement, à Arras, département du Pas-de-Calais.

Xavier Doudart de la Grée, leur oncle, s'est établi en Hollande, où il a laissé des descendants.

DOUÉ. *Lorraine.*

D'or fretté de gueules; au franc-quartier d'azur, chargé de deux fleurs de lis d'argent rangées en fasce.

Cette famille a pour unique représentant le vicomte de Doué, au château de la Tournelle, par Château-Chinon, département de la Nièvre.

DOUET. *Bretagne.*

De gueules à deux croissants d'argent en chef et une étoile d'or en pointe.

Cette famille a deux représentants : Douet d'Arcq, chevalier de la Légion d'honneur, président honoraire du tribunal civil de Châlons, département de la Marne ; le comte Douet de Romananges, chevalier de la Légion d'honneur, à Paris.

DOUGLAS. *Ecosse, Bretagne, Picardie, Bugey.*

D'argent au cœur sanglant surmonté d'une couronne royale ; au chef d'azur chargé de trois étoiles d'argent.

Devise : *Jamais arrière.*

Cette grande maison de noblesse d'épée, qui vint s'établir en Bretagne en 1400, où elle donna un lieutenant général sur le fait de guerre et duc de Touraine en 1424, en 1530 en Picardie et en 1600 en Bugey, où elle a pour chef de nom et d'armes Louis Archambauld, comte de Douglas, membre du conseil général à Montréal, département de l'Ain, qui a trois enfants : Georges, vicomte de Douglas, officier de chasseurs ; Jacques de Douglas, officier au 3e régiment d'infanterie de marine, et une fille qui épousa le vicomte de Sallmard.

DOUHET. *France, Auvergne, Limousin.*

France, Auvergne. Écartelé : aux 1 et 4 d'azur à la tour d'argent maçonnée de sable ; aux 2 et 3 de gueules à la tour d'argent. — D'azur au dextrochère tenant une croix haussée et fleuronnée d'or, naissante d'une nuée de même mouvante du côté senestre.

Limousin. D'or à cinq boulets de gueules enchaînés d'azur.

Anoblie vers la fin du quinzième siècle, cette famille, qui a possédé de grands biens dans les environs de Clermont-Ferrand, a plusieurs représentants : Douhet d'Auzerres, garde général à Constantine (Algérie); Douhet de Saint-Maurice, dans le département de la Creuse; Douhet de Villesanges, substitut du procureur à Moulins (Allier); Douhet de Villesanges, notaire à Auzances, département de la Creuse; le comte de Douhet de Mondérand, chevalier de la Légion d'honneur, à Paris; Douhet de Saint-Maurice, à Saint-Maurice, département de la Creuse.

DOUJAT D'EMPEAUX. *Ile-de-France, Berri.*

Ile de France. D'azur au chef d'argent chargé de trois roses de gueules.

Ile de France, Berri. D'azur au griffon d'or couronné de même.

Cette famille est représentée par le baron Doujat d'Empeaux, à Toulouse.

DOULCET. *Lorraine, Normandie.*

Lorraine. D'argent à la bande d'azur chargée de trois besants d'or.

Normandie. Le Doulcet de Pontécoulant. D'argent à la croix de sable fleurdelisée d'or.

Cette famille a deux représentants : Roger, comte Le Doulcet de Pontécoulant, chevalier de la Légion d'honneur, à Paris; de Doulcet de Pratreuil, maire à Vieille-Aure, département des Hautes-Pyrénées.

DOULX DE GLATIGNY. *Guyenne.*

De gueules à un arbre d'argent terrassé du même

supporté à senestre d'un lion, et accosté à dextre d'un agneau pascal d'argent, contourné et passant sur la terrasse; au chef d'azur chargé de trois étoiles d'or.

Cette famille n'a qu'un représentant.

DOUVES. *Artois.*

D'or à trois chevrons de sable.

Cri : *Saint-Aubert.*

Cette famille a pour chef de nom et d'armes le baron de Douves de Richepanse, à Paris. Elle est encore représentée par de Douves de Richepanse, à son château, par Beaulieu, département de la Corrèze.

DOUVILLE DE MAILLEFEU. *Normandie, Picardie.*

Écartelé : aux 1 et 4 d'azur à trois étoiles à cinq rais d'argent; aux 2 et 3 de gueules à la tour d'argent ouverte, crénelée, maçonnée et ajourée de sable, et surmontée de deux guidons d'or. — Pour le chef de nom et d'armes, l'écu est contre-écartelé : aux 1 et 4 de France ancien; aux 2 et 3 de Plantagenet d'Angleterre; et sur le tout des deux et trois grands quartiers de l'écu, d'azur à trois bandes d'or à la bordure de gueules, qui est de Ponthieu.

Devise : *Fac bene semper, Mori spes etiam.*

Cette famille, qui vint se fixer en Picardie en 1373, par le mariage de Jean de Douville, chevalier, avec Brigitte de Quinquempoix, est représentée par Louis-Marie-Gaston de Douville de Maillefeu, ancien officier de marine, au château de Valna-Limercourt, département de la Somme, et par son frère Maurice, vicomte de Douville de Maillefeu.

DOYEN DE TRÉVILLERS. *Franche-Comté.*

D'azur à la fasce de gueules.

Cette famille remonte à Jean Doyen, anobli par Philippe IV, roi d'Espagne, son souverain, en 1637, en récompense de ses services militaires. Elle est représentée par Doyen de Trevillers, au château de Baumotte, par Marnay, département de la Haute-Saône.

DOYNEL. *Normandie.*

D'argent au chevron de gueules, accompagné de trois merlettes de sable.

L'unique représentant du nom, le comte de Doynel, est maire de Torchamp, par Messei, département de l'Orne.

DRAGON DE GOMICOURT. *Artois, Flandre, Normandie.*

D'or à la bande de sable.

Seigneurs d'Artois en 1011, les deux branches de cette famille, dont celle des comtes de Gomicourt s'est éteinte en 1778, ont pour seuls représentants Théophile Dragon de Gomicourt, chevalier de la Légion d'honneur, directeur des douanes, à Toulouse, et Dragon de Gomicourt-Palemont, ancien officier de marine, à Bayeux, département du Calvados.

DRAMAR DE BONNET. *Champagne, Normandie.*

De gueules au lion d'or tenant un épieu d'argent, et accompagné aux 2 et 3 de deux étoiles à cinq rais d'or.

Cette famille a pour unique représentant de Dramar de Bonnet, au château de Bonneville, par Dives, département du Calvados.

DRAPIER DE MONTGIRAUD. *La Rochelle.*

D'azur à une fasce d'argent accompagnée d'une rose du même.

Cette famille est représentée par de Drapier de Montgiraud, à Versailles.

DRÉE. *Bourgogne.* [1]

De gueules à cinq molettes d'éperon d'argent posées 2, 2 et 1.

Cette maison, qui tire son nom d'un ancien château du duché de Bourgogne, et dont une autre terre, seigneurie et comté de la Bazolle et dépendances, en Mâconnais, fut érigée en marquisat, en mars 1767, en faveur d'Étienne, comte de Drée et de ses descendants, est représentée de nos jours par le comte Stanislas de Drée et par le vicomte de Drée.

DRESNAY (DU). *Bretagne.*

D'argent à la croix ancrée de sable, accompagnée de trois coquilles de gueules.

Devise : *Crux anchora salutis*; ou : *En bon espoir*.

L'unique représentant du nom de du Dresnay réside au château de Boissoun, par Lanmecor, département du Finistère.

DREUILLE DE SÉNECTÈRE. *Bourbonnais.*

D'azur au lion d'or armé, lampassé et couronné de gueules.

L'unique représentant du nom, vicomte de Dreuille de Sénectère, réside à Paris.

DREUX. *Bretagne.*

D'azur au chevron d'or, accompagné en chef de deux roses d'argent, et en pointe d'un soleil d'or.

Cette famille noble, originaire d'Issoudun, en Berry, a formé plusieurs branches, dont l'une, celle de Dreux-Brézé, s'est illustrée dans l'armée et dans les hautes fonctions publiques. Elle compte aujourd'hui quatre représentants : le marquis de Dreux-Brézé, chef de nom et d'armes, à Paris ; le comte de Dreux-Brézé, au château de Chauffour, par Villé-le-Guillaume, département de la Sarthe ; Édouard, comte de Dreux-Brézé, au château de Lurcy-sur-Dornes, département de l'Allier ; de Dreux-Brézé, évêque de Moulins.

DROUARD DE SAGRÉE. *Bourgogne.*

D'azur au chevron d'or accompagné en chef de deux molettes du même et en pointe d'un arc armé de sa flèche, le tout d'argent.

Cette famille est représentée par Drouard de Sagrée, juge à Constantine (Algérie).

DROUART DE LÉZEY. *Lorraine.*

D'or à la fasce de gueules accompagnée de trois glands de sinople en chef et de trois saphirs, deux en chef, un en pointe.

Titrée de chevalier, famille noble remontant au quatorzième siècle, dont la noblesse est confirmée par des lettres patentes de Ferdinand II, empereur d'Allemagne, délivrées à Jean Droüart en 1626.

La noblesse de cette famille est confirmée aux dix-septième et dix-huitième siècles par différents actes, entre autres par un acte de foy et hommage rendus en 1776 au roi Louis XVI par Charles Droüart et ses deux frères, comme seigneurs du fief de Lézey, appartenant à la famille Droüart depuis 1685, ainsi que l'atteste le catalogue des gentilshommes de Lorraine qui ont pris part aux assemblées de noblesse pour l'élection des députés aux États généraux de 1789, publié par MM. de Laroque et de Barthélemy, et dont la première livraison aux bailliages de Sarrebourg et Phalsbourg comprend un des trois frères précités, seigneur de Lézey.

Melchior Droüart vivait au quatorzième siècle et était colonel au service des ducs de Clèves et de Juilliers.

Ses descendants servaient les empereurs d'Allemagne. Didier Droüart perdit ses titres, brûlés en 1580 par les huguenots. Son fils Jean, envoyé à la cour d'Autriche par Henri de Bourbon, seigneur de Metz, obtint de l'empereur Ferdinand II, le 16 mars 1626, des lettres patentes de confirmation de noblesse, avec le titre de chevalier et une couronne royale pour cimier. Il était lieutenant général du bailliage de Vic. Il mourut en 1653, et eut pour descendants :

Jean-Guillaume-Joseph Droüart (1649-1715), conseiller au bailliage de Vic ;

Charles Droüart (1685-1765), cornette au régiment de Condé, assiste aux batailles d'Augstedt, Malplaquet, Ramillies ;

Charles-François-Robert Droüart (1714-1790), capitaine au régiment de Poitou, major de la place de Gravelines, chevalier de Saint-Louis, assiste au siége de Philipsbourg (1734), fait la campagne de la Moselle (1735), les campagnes d'Allemagne (1741-1745), les campagnes d'Italie (1744-1748) ;

Charles-François-Bernard-Auguste Droüart (1781-1818), procureur impérial et du roi à Dunkerque ;

Charles-Eugène-Auguste Droüart, né en 1813, conseiller à la cour de Douai, chef de nom et d'armes, lequel a trois fils : Eugène, lieutenant d'infanterie ; Alfred, lieutenant de vaisseau ; Xavier, dans les ordres.

DROUAS. *Bourgogne.*

D'argent à un chevron d'or accompagné de trois fers de lance de même, posés deux en chef et un en pointe ; au chef d'argent chargé de trois molettes de sable.

L'unique représentant du nom de Drouas réside au château de Tuillerie, par Saint-Florentin (Yonne).

DROUET. *Berry.*

De sable à l'étoile d'or accompagnée de trois têtes de hibou d'argent et surmontée de trois étoiles d'or rangées en chef.

Cette famille a deux représentants : Drouet d'Aubigny, chevalier de la Légion d'honneur, à Lille ; Drouet de Vosseaux, au château de Bonaffles, par les Andelys, département de l'Eure.

DROUILHET. *Guyenne.*

D'or au pin de sinople terrassé du même, fruité d'or, sur le tronc duquel s'appuie de sa patte dextre un lion de gueules armé, lampassé et couronné d'azur.

Le vicomte Drouilhet de Sigalas, chef de nom et d'armes, est conseiller municipal à Marmande, département de Lot-et-Garonne.

DROUIN. *Soissonnais, Orléanais.*

Soissonnais. D'or à un arbre de sinople.

Orléanais. Drouin de Vauléart. D'azur à trois clous d'or posés 2 et 1, accompagnés de trois étoiles à cinq rais mal ordonnés de même.

Cette famille a deux représentants : Carlos Drouin de Bouville ; Adolphe Drouin de Bouville, secrétaire d'ambassade, à Constantinople ; Drouin de Bouville, à Blois.

DROUOT. *Lorraine.*

Coupé : au 1 d'azur à la croix tréflée d'or ; au 2 d'or au chevron de gueules, accompagné en pointe d'une pile de six boulets de sable. — De gueules à la biche d'or soutenant un croissant d'argent sommé d'un laurier de sinople.

Cette famille qui doit son illustration au général, comte Drouot, une des célébrités de l'Empire, sous

Napoléon Ier, est représentée par le vicomte Drouot, chevalier de la Légion d'honneur, député de la Meurthe, à Paris; Drouot de Corgimont, à Bussières-les-Belmont, département de la Haute-Marne; Drouot de Villay, conseiller d'arrondissement, à Fresnes, département de la Meuse.

DROUYN DE LHUYS. *Paris, Soissonnais.*

Écartelé : aux 1 et 4 d'azur à une gerbe d'or liée d'argent, accostée de deux croissants aussi d'argent; aux 2 et 3 d'azur à une bande d'or cotoyée de six étoiles de même, et sur le tout d'or à une gerbe de sinople. — D'argent à un olivier de sinople accosté de deux sauvages de carnation tenant chacun une massue d'or sur laquelle ils s'appuient. — De gueules à trois tours d'argent posées 2 et 1. — D'or à un chevron d'azur accompagné de sept étoiles de même, cinq en chef et deux en pointe.

De ces différentes familles il ne reste plus qu'un seul représentant, un des hommes marquants de l'histoire contemporaine : Drouyn de Lhuys, grand-officier de la Légion d'honneur, ancien sénateur, à Paris.

DRUJON DE BEAULIEU. *Bugey.*

D'azur à trois monts d'argent surmontés chacun d'une épée d'or garnie de même.

Cette famille a pour unique représentant Drujon de Beaulieu, juge au tribunal civil, à Bourg, département de l'Ain.

DRUOLLES DE CAMPAGNOLLES. *Armagnac, Basse Normandie.*

D'or à la tour de sable, au chef d'azur chargé de trois roses d'or.

Devise : *Tam fortis quam fidelis.*

Cette famille, fixée en Basse Normandie depuis l'an 1577, a pour chef de nom et d'armes, Camille de Druolles de Campagnolles, au château de Campagnolles, près Vire, département du Calvados. Il a un fils et une fille.

DRUOT. *Bourgogne.*

D'azur à une fasce d'argent crénelée de deux pièces et de deux demies, maçonnée de sable et accompagnée de trois merlettes d'or, deux en chef et une en pointe.

Le baron Druot, unique représentant du nom, réside à Besançon.

DU BARRY. *Languedoc.*

D'or à trois bandes de gueules.

Cette famille a trois représentants : le comte Du Barry, au château de Merval, à Brémontier, département de la Seine-Inférieure ; Du Barry de Colomé, à Lonny, par Renwez, département des Ardennes; Du Barry de Lesqueron, à Toulouse.

DU BESSEY DE CONTENSON. *Bourgogne.*

D'azur à trois quintefeuilles d'argent.

Cette famille a pour unique représentant du Bessey de Contenson, officier de la Légion d'honneur, officier supérieur de cavalerie.

DUBLAISEL. *Picardie.*

Écartelé : aux 1 et 4 d'hermine à six fusées de gueules, accolées et rangées en fasce, qui est du Boisel; aux 2 et 3 d'or à trois bandes d'azur.

Cette famille est représentée par le baron Dublaisel, à Montreuil-sur-Mer, département du Pas-de-Calais.

DUBOIS *France.*

Nous ne pouvons diviser par groupes les différents représentants du nom de Dubois. Nous nous bornons à faire connaître ceux dont les noms sont indiqués dans les nobiliaires.

Le comte Dubois, officier de la Légion d'honneur, conseiller général et conseiller d'État, à Saint-Amand, département du Nord ; Paul, baron Dubois, commandeur de la Légion d'honneur, à Paris ; Eugène, comte Dubois, au château de Vitry-sur-Seine, département de la Seine ; Dubois d'Angers, officier de la Légion d'honneur, président de cour à Orléans ; Dubois de Beauregard, au château de Guyondaye, par Malestroit, département du Morbihan ; Dubois de Brossard, à Orléans ; Ernest-Alexis, vicomte Dubois de Courval, à Paris, et son fils, Victor, baron Dubois de Courval, attaché d'ambassade ; son frère, le baron Dubois de Courval, à Paris ; son neveu, Dubois de Courval ; le baron Dubois de Courval, chanoine honoraire de la Martinique et de la Guadeloupe, officier de l'ordre de Pie IX, vicaire à Saint-Pierre du Gros-Caillou, à Paris ; Dubois de la Cavardière, à Reims ; Dubois de la Drouardière, à son château, par Lassey, Mayenne ; Dubois d'Estremont, au château de Vallallet, par Formerie, Oise ; Gustave Dubois de l'Estang, conseiller référendaire de la Cour des Comptes, à Paris ; Alexandre Dubois de l'Estang, chevalier de la Légion d'honneur, conseiller honoraire, à Paris ; Marie-Nicolas-Benoît Dubois de Hoves de Fosseux, au château de Hoves, Pas-de-Calais ; Marie-Antoine-Eugène Dubois de Hoves de Fosseux, au château de Verneuil-sur-Coucy, Aisne ; Marie-Augustin-Aimé Dubois de Hoves de Fosseux, au château de Macquelines, près Best, Oise ; Dubois de Lagrange, chanoine à Marmande, Lot-et-Garonne; Dubois de Jancigny, officier de la Légion d'honneur, ancien préfet de la Haute-Saône; Dubois de Jancigny de Fosseux, directeur des contributions indirectes à Carcassonne, Aude; Dubois de Maquillé, au château de Touche, par Nazay, Loire-Inférieure; Dubois de Mérignac, juge à Lure, Haute-Saône; le baron Dubois de Mérignac, au château de Mermont, par Sombernon, Côte-d'Or; Mme Dubois de Monlignon, au château de Sourdon, par Villers-Saint-Georges, Seine-et-Marne; Dubois de Montulé, au Mans; Dubois de Muché, à Paris; Dubois de Patelière, inspecteur à Dôle; Dubois de Saint-Gonant, à son château, par Malestroit, Morbihan; Dubois de Saint-Vincent, à Blois; Dubois de Saint-Vincent, ancien conservateur des hypothèques, à Metz; Dubois de Saint-Vincent, procureur, à Pithiviers; le comte Dubois de Saligny, à Paris; Dubois de Saligny, percepteur à Chanu, Orne; Dubois des Ternes, conseiller général, maire à Bellac, Haute-Vienne; Dubois des Ternes, maire de Virazeil, par Marmande; la comtesse Dubois du Tertre, au château de Modavi, par Almenèches, Orne; le comte Dubois de Tertu, au château de Tertu, par Argentan, Orne; Dubois de Tertu, à Ville-Dieu-les-Bailleul, par Trun, Orne; Dubois de Tertu, au château de Pince, par Sablé, Sarthe; Dubois de Tilleuil, au château de Chauffours, par Montmirail, Marne; Dubois de la Valette, chevalier de la Légion d'honneur, capitaine-major d'infanterie de marine.

DUBOR. *Toulouse.*

D'azur au chevron d'or surmonté de deux levriers affrontés d'argent supportant une étoile du même.

Cette famille est représentée par Dubor, ancien magistrat, à Toulouse.

DU BOUCHAGE (Gratet). *Bugey.*

D'azur au griffon d'or.

Fixée en Dauphiné, depuis l'an 1150, cette famille, qui s'est divisée en plusieurs branches, n'est plus représentée que par le vicomte de Gratet du Bouchage, à Paris.

DUBOY DE LA VERNE. *Bourgogne.*

D'argent à une fasce d'azur chargée de trois besants du champ.

Cette famille, originaire de Bourgogne où elle a longtemps occupé des charges élevées, est représentée par Jean-Amédée Duboy de la Verne.

DU BOYS. *Champagne.*

D'azur au chevron accompagné de trois glands de chêne de même, tigés et feuillés de trois feuilles de sinople, posés 2 et 1 (d'Hozier, *Armorial de Champagne*, 1697).

Cette famille, originaire de Champagne, semble avoir pour premier auteur connu N..... Dubois qui fit partie du premier conseil de ville, créé à Châlons en 1418, mais la filiation n'est bien établie qu'à partir de Drouet Duboys, décédé avant 1500 et qui fut le père de Hugues Duboys, seigneur de Virely. — Il fit partie de l'arrière-ban de la noblesse de Champagne des années 1529 à 1540. — Le 15 avril 1518 il épousa Jeanne Dorigny.

Nicolas Duboys, écuyer, seigneur de Villiers devant Mouzon, épousa en 1560 Anne Collet.

François Duboys, écuyer, gentilhomme de la chambre du marquis de Bade, conseiller d'État du duc de Wurtemberg, décédé à Stuttgard le 3 septembre 1615.

Le 31 mai 1559, fut fait devant le bailli de Châlons le partage noble des biens de feu Hugues Duboys et de Jeanne d'Origny.

. Antoine Duboys, sieur de Saran, fait un accord le 5 janvier 1629 avec demoiselle Louise Bauttet, veuve de Claude Duboys, écuyer, seigneur de Marson (ses père et mère), et avec ses frères et sœurs pour la vente de l'office de Prévost de Châlons qu'il tenait de son père.

Philippe Duboys, écuyer, seigneur de Mutigny, épouse le 15 mars 1631, Marie Legorlier.

Antoine Duboys, écuyer, sieur de la Tour-Jolie, les Annets, Farémont, et..... garde des sceaux royaux de la prévôté de Vitry-le-François, en 1620.

Antoine Duboys, écuyer, sieur de Farémont, conseiller du roi et son procureur au grenier à sel de Châlons, vivant en 1652.

Antoine Duboys, seigneur |de Marson, lieutenant de ville à Châlons en 1640 et 1641.

Jean Duboys, écuyer, capitaine au régiment de Florainville infanterie, 1640.

Nicolas Duboys, seigneur de Villiers, trésorier provincial en Champagne, marié à Magdeleine Cuny le 25 septembre 1662.

Catherine Duboys, épouse en 1680, Jourdan de Chanterenne.

Germain Duboys, écuyer, seigneur de Marson, en partie, de Villiers, de Livry, etc., conseiller du roi au présidial de Châlons, conseiller de ville et échevin, épouse Marie de Parvillez, le 19 novembre 1696.

. Messire Jacques Duboys, sieur de Farémont, conseiller en la cour de parlement de Metz en 1668, puis procureur du roi au siége présidial de Châlons en 1674.

Claude Duboys, écuyer, commissaire des guerres en 1691 et 1693.

Jacques Duboys, écuyer, sieur de Farémont, trésorier général de Champagne, en 1697.

Messire Nicolas Duboys, seigneur de Mancelz, receveur général des tailles et conseiller du roi au bureau et recette des finances de Champagne, en 1703.

Messire Louis Duboys, sieur de Saran, receveur général des fermes du roi, en 1760.

Duboys de Livry, capitaine au régiment Dauphin cavalerie, 1740.

Duboys de Chanterenne, conseiller au présidial de Châlons, 1739.

Duboys de Loisy, chevalier de Saint-Louis, exempt des Cent-Suisses, écuyer de main de madame la Dauphine, 1760.

Duboys de Marson, lieutenant au régiment de la Meuse, 1735.

Jean-Baptiste Duboys, capitaine au corps royal du génie, 1777.

Les Duboys ont été maintenus dans leur noblesse par lettres patentes du 15 avril 1741.

DU BOYS. *France.*

D'or à l'arbre de sinople, à la bordure de gueules chargée de sept fermaux d'argent; une rose d'or en chef pour brisure.

Cette famille, dont la noblesse authentique était déjà attestée par des pièces officielles aux quinzième et seizième siècles, a cinq représentants : Du Boys, à Paris; Du Boys, avocat, à Paris; Du Boys, ingénieur des ponts et chaussées, à Paris; Du Boys, notaire à Paris; Du Boys, ancien magistrat du parquet de Grenoble, à Paris.

DU BOYS. *France.*

De gueules à la fasce d'or accompagnée de trois cœurs d'argent.

Distincte de la précédente, cette famille est représentée par Du Boys, avoué, à Paris, et Du Boys de Loury, médecin, à Paris.

DU BREUIL. *Provence, Bretagne.*

Provence. Coupé : au 1 de sable au léopard lionné naissant d'or ; au 2 losangé d'or et de sable.

Bretagne. D'azur au lion d'argent, armé, lampassé, couronné de gueules et accompagné de trois coquilles du second.

Cette famille a six représentants : le vicomte Dubreuil-Hélion de la Guéronnière, commandeur de la Légion d'honneur, ancien sénateur, conseiller général à Nantiat, département de la Haute-Vienne ; Dubreuil-Hélion de la Guéronnière, grand-officier de la Légion d'honneur, ancien préfet du département de Saône-et-Loire ; Dubreuil-Hélion de la Guéronnière, maire de Tournon, à son château, par Nantiat, département de la Haute-Vienne ; Dubreuil-Hélion de la Guéronnière, conservateur des hypothèques, à Loudun, même département ; Dubreuil-Hélion de la Guéronnière, inspecteur des contributions directes à Tours ; Dubreuil-Hélion de la Guéronnière, au château des Étangs, par Montembœuf, département de la Charente.

DUC (le). *Champagne, Ile-de-France.*

D'azur au chevron accompagné en chef de deux roses, et en pointe d'une croix tréflée, le tout d'or.

Cette famille a deux représentants : Le Duc, au château de Roque, par Boutot, département de l'Eure ; le Duc de la Chapelle, vicaire à la cathédrale, à Montauban.

DUCAMPE. *Artois, Picardie.*

D'argent à deux fasces de gueules.

Cette famile a deux représentants : Ducampe de

Rosamel, commandeur de la Légion d'honneur, contre-amiral, conseiller général à Étaples, département du Pas-de-Calais ; Ducampe de Rosamel, chevalier de la Légion d'honneur, lieutenant de vaisseau.

DUCHAFFAULT. *Bretagne.*

De sinople au lion d'or, armé et lampassé de gueules.

L'unique représentant de cette famille est la comtesse Duchaffault, à Paris.

DUCHASSAING. *France.*

D'argent au châtaignier de sinople fruité d'or.

Cette famille a trois représentants : Duchassaing de Pontbresin, premier substitut du procureur à la Basse-Terre, Guadeloupe ; Duchassaing de Ratevoult, officier de cavalerie ; Duchassaing de Ratevoult, chevalier de la Légion d'honneur, au château de Radeau, par Mareuil-Sainte-Croix, département de la Dordogne.

DUCHATEL. *Normandie.*

Coupé : au 1 d'azur au château donjonné de trois tours d'or girouettées d'argent ; au 2 fascé d'or et de gueules.

Cette belle famille a trois représentants : le comte Duchâtel, à Paris ; Napoléon, vicomte Duchâtel, chevalier de la Légion d'honneur, à Paris ; le comte Duchâtel-Tanneguy, grand-officier de la Légion d'honneur, à Paris.

DUCHÉ. *Languedoc.*

D'azur à la grue d'argent, le col contourné, tenant dans sa patte un caillou de sable ; au chef d'or chargé de trois roses de gueules.

Cette famille, qui remonte à Pierre Duché, procureur général au Parlement de Montpellier, en 1617, a deux représentants : Duché des Archis de Bassecour, au château de Gurgy, département de l'Yonne; Duché de Gurgis, à Mâcon et à Châlons.

DUCHÉ. *Alsace.*

Losangé d'argent et de sinople.

Cette famille est représentée par Duché de Grivelle, au château de Saint-Cirgues, par Aigueperse, département du Puy-de-Dôme.

DUCHEMIN. *France.*

De gueules à la fasce d'or chargée d'un duc de sable.

Cette famille, qui a pour chef de nom et d'armes Duchemin de Chasseval, à la Bussière, département du Loiret, est encore représentée par Duchemin de la Chesnaye, à Montreuil-sous-Bois, département de la Seine, qui a un fils.

DUCHEMIN DE VAUBERNIER. *Vendée.*

D'or au chevron de sable.

Cette famille a trois représentants à Laval, département de la Mayenne.

DUCHER DE BOSREDON. *Berri.*

D'argent à trois bandes de gueules.

Cette famille a pour unique représentant Ducher de Bosredon, au château de Tix, par Pontaumur, département du Puy-de-Dôme.

DUCHESNE. *France.*

D'or à trois glands de sinople accompagnés en chef d'une étoile à cinq rais du même.

Ce nom, qui est aussi porté dans le duché de Luxembourg, compte en France cinq représentants : Duchesne de Bellecourt, officier de la Légion d'honneur, consul général à Tunis ; Duchesne de Boulogne, chevalier de la Légion d'honneur, médecin à Paris ; Duchesne de Denand, au château de Charmes, par Mezilles, département de l'Yonne ; Duchesne de la Sicotière, receveur de l'enregistrement à Alençon ; Duchesne de la Sicotière, avocat à Alençon.

DUCHIER DE JUPILLE. *Saintonge.*

D'azur à une grue d'or avec sa vigilance d'argent, la tête contournée ; au chef du second chargé de trois roses de gueules.

Cette famille a pour seul représentant Duchier de Jupille, directeur du dépôt des étalons, à Alençon.

DUCHON. *Dauphiné.*

De gueules à un cerf d'or passant sur un pont d'argent posé sur une rivière du même.

L'unique représentant de cette famille est la baronne douairière de Duchon, à Paris.

DUCLAUX DE L'ESTOILLE. *France, Auvergne, Bourgogne et Bourbonnais.*

Alias du Clos, Duclos et Duclaud.

D'azur à la fasce d'argent accompagnée en chef de deux coquilles du même, et en pointe d'une aigle d'or au vol éployé.

Cette famille a deux représentants : Maximilien-Louis Duclaux de l'Estoille, membre de l'Institut des provinces de France, à Moulins ; Antoine-Louis Duclaux de l'Estoille, capitaine aux tirailleurs algériens, fils du précédent.

DUCLOS. *Auvergne, Bourgogne.*

D'azur à la fasce d'argent accompagnée en chef de deux coquilles du même, et en pointe d'une aigle d'or.

Cette famille a trois représentants : Duclos de Bouillas, à Toulouse; Duclos de Goux, à son château, par Plaisance, département du Gers; Duclos de Varanval, maire de Jaux, à son château, par Compiègne, département de l'Orne.

DU COLOMBIER. *Vivarais.*

D'argent au chevron d'azur chargé de deux colombes du champ et accompagné de trois roses de gueules.

L'unique représentant du nom est le comte du Colombier, chevalier de la Légion d'honneur, à Paris.

DUCOS. *Gascogne, France.*

Gascogne. D'azur à l'épée d'or en bande traversant un cœur du même, accompagné de trois étoiles d'or, une au canton senestre du chef et deux au canton dextre de la pointe.

France. Écartelé : au 1 d'azur à la rose tigée et feuillée d'or; aux 2 et 3 de gueules à la toque sommée de cinq plumes d'autruche d'argent; au 4 d'azur au lion d'or.

Cette famille compte cinq représentants : le comte Ducos de la Hitte, au château d'Esclignac, par Montfort, département du Gers; le général vicomte Ducos de la Hitte, grand officier de la Légion d'honneur, ancien sénateur, à Paris; le vicomte Ducos de la Hitte, à Montèche, département de Tarn-et-Garonne; Ducos de la Hitte, officier de la Légion d'honneur, officier supérieur d'artillerie; Ducos de la Hitte, receveur particulier à Béziers, département de l'Hérault.

DUCOUDRAY. *Bretagne.*

D'or à la bande de gueules coticée d'azur et chargée de trois coquilles d'argent.

Le vicomte Ducoudray, seul représentant du nom, habite, éloigné de toute fonction publique, au château de Grand-Vaucenay, par Laval, département de la Mayenne.

DUCREST. *France, Bretagne.*

FRANCE. Écartelé : au 1 d'argent au coq de gueules senestré d'un serpent d'azur soutenu de sable; aux 2 et 3 de sinople à la gerbe d'argent; au 4 d'argent au cep de vigne, tigé, feuillé et fruité de sinople.

BRETAGNE. De gueules à la bande d'or chargée de trois croissants de sinople.

Cette famille a quatre représentants : Ducrest de Villeneuve, à Rennes; Ducrest de Villeneuve, chevalier de la Légion d'honneur, officier supérieur d'infanterie; Ange Ducrest de Villeneuve, chevalier de la Légion d'honneur, capitaine de frégate; Ducrest de Villeneuve, commandeur de la Légion d'honneur, major de la marine, à Cherbourg.

DUCROQUET DE RECORDEL. *Flandre.*

D'argent à trois roses d'azur.

L'unique représentant du nom de Ducroquet de Recordel est receveur particulier à Rocroy, département des Ardennes.

DUCROS DE SAINT-GERMAIN. *Languedoc.*

D'or au sanglier de sable.

L'unique représentant du nom de Ducros de Saint-Germain est attaché à l'administration des lignes télégraphiques, à Paris.

DUFOUR. *Normandie.*

D'azur à l'étoile à cinq rais d'argent, accompagnée de trois croissants d'or.

Cette famille a plusieurs représentants : la comtesse douairière Dufour, à Paris; Dufour d'Astafort, à Bouges ; Dufour de Gavardie, avocat, à Pau ; le comte Dufour de Montlouis, à son château, à Essomès, département de l'Aisne.

DUGAS. *Dauphiné.*

Coupé : au 1 de gueules à deux épées d'argent garnies d'or, passées en sautoir ; au 2 d'azur au coignassier arraché d'or.

Le marquis Dugas, unique représentant du nom, réside au château de Lorette, à Saint-Denis-Laval, département du Rhône.

DUGON. *Bourgogne, Périgord.*

D'argent à trois merlettes de sable.

Le comte Dugon, unique représentant du nom, réside au château de Grosbois-lès-Tichy, par Sourre, département de la Côte-d'Or.

DUMAS. *France, Lorraine.*

FRANCE. D'azur à deux mâts de navire d'argent accostés.

LORRAINE. D'argent au pin de sinople terrassé de même, fruité d'or ; au chef d'azur chargé d'un croissant d'argent, accosté d'une étoile d'or.

Cette famille a deux représentants : le comte Dumas, grand officier de la Légion d'honneur, ex-sénateur, à Paris ; Dumas de Salvert, chevalier de la Légion d'honneur, officier supérieur de dragons.

DUMONT. *France, Normandie.*

FRANCE. D'azur au casque d'argent grillé d'or, taré de front, percé d'une épée d'argent garnie d'or en pal et accostée de deux étoiles à cinq rais aussi d'argent.

NORMANDIE. DUMONT DE BOSTAQUET. De gueules au chevron d'or accompagné de trois têtes de lapin d'argent.

Cette famille a cinq représentants : le comte Dumont, à Paris ; Dumont de la Rochelle, au château de la Rochelle, par Vassy, département du Calvados ; Dumont de Sainte-Croix, maire d'Erquery, par Clermont, département de l'Oise ; Dumont de Sournac, médecin-major au 1ᵉʳ régiment d'artillerie ; Dumont de Sournac, ancien commissaire de police à Metz.

DUNOD DE CHARNAGE. *Franche-Comté.*

Écartelé : aux 1 et 4 de gueules à la fasce d'argent accompagnée de trois besants d'or, qui est de Dunod ; aux 2 et 3 d'azur à la croix d'or accompagnée en chef de deux étoiles du même, qui est de Charnage. Couronne : de Comte.

Devise : *Toujours en bon lieu.*

Cette famille, connue en Franche-Comté dès le quinzième siècle, et qui a contracté de belles alliances et produit des hommes distingués, est représentée par Dunod de Charnage, avocat à Besançon.

DUPERRÉ. *Pays d'Aunis.*

D'azur semé d'étoiles à cinq rais d'argent ; au lion d'or brochant sur le tout ; au franc-quartier de gueules à l'épée d'argent.

L'unique représentant du nom, baron Duperré, chevalier de la Légion d'honneur, est officier de marine.

DUPIN. *France.*

Coupé : au 1 de sinople au coq d'or crêté et barbé de gueules, adextré en chef d'une étoile à cinq rais d'argent ; au 2 d'azur à deux tubes de canon d'argent passés en sautoir, accompagnés de deux gueules enflammées d'or.

Cette famille a six représentants : Dupin de la Ferrière, au château de la Ferrière, par Châteaubriand, département de la Loire-Inférieure ; Dupin de la Forcade, à Toulouse ; Dupin de Laricherie, à son château, par Merzières, département de la Haute-Vienne ; Dupin de Saint-André, percepteur à Saint-Antonin, département de Tarn-et-Garonne ; Dupin de Saint-Cyr, au château d'Aucort, par Mareuil, département de la Dordogne ; Dupin de Tastines, maire à Saint-Pierre-des-Ifs, par Saint-Georges, département de l'Eure.

DUPLESSIS. *France.*

De contre-vair plein.

Cette famille a trois représentants : le baron Duplessis de Pouzilhac, au château de Pouzilhac, par Rémoulin, département du Gard ; Duplessis de Pouzilhac, juge au tribunal civil, à Alais, département du Gard ; Duplessis de Pouzilhac, au château de Balazut, par Pont-Saint-Esprit, département du Gard.

DUPONT. *France.*

De gueules chargé d'une chaîne d'or. — D'or à une croix de Malte de sable.

La famille, connue sous le nom de Dupont de Gault, qui a donné le premier grand-maître de Malte, un pape, un archevêque et un évêque de Marseille, subsistait encore à la fin du siècle dernier.

Dupont compte aujourd'hui cinq représentants : le comte Dupont, à Paris ; Dupont de Bussac, avocat à la cour des comptes, à Paris ; Alphonse Dupont de Chavagneux, avocat, à Lyon ; Dupont de l'Hérault, à Rouen ; Dupont de Wurt, ancien avocat, à Paris.

DUPONT DELPORTE. *France.*

Écartelé : aux 1 et 4 d'azur à la barre d'argent accompagnée de deux léopards lionnés, contournés d'or; aux 2 et 3 de gueules à la licorne naissante d'argent.

La baronne douairière Dupont-Delporte, à son château à Elligny, par Donnemarie, département de Seine-et-Marne, est l'unique représentant de cette famille.

DUPORT. *Paris.*

Parti : au 1 d'azur au château d'or; au 2 palé et contre-palé d'or et d'azur de six pièces; à la fasce de sable brochante sur le palé.

Cette famille a deux représentants : le comte Duport, chef de nom et d'armes, au château de Loriol, par Vonnas, département de l'Aisne; le baron Delporte-d'Allès, à Paris.

DUPRÉ DE GENESTE. *Agenais, Lorraine.*

Écartelé : aux 1 et 4 d'argent au pélican d'azur nourrissant ses petits; au chef d'azur chargé de trois molettes d'argent; aux 2 et 3 d'azur au chevron d'or, accompagné de trois genettes aussi d'or, passant, deux en chef et une en pointe.

Cette famille est représentée par Charles Dupré de Geneste, à Angoulême.

DUPUICH DE FELITZ. *Artois.*

D'azur à la fasce d'argent accompagnée en chef d'un croissant du même.

L'unique représentant du nom de Dupuich de Felitz, général de division, grand officier de la Légion d'honneur, réside à Paris.

DUPUY. *Comté de Foix, Auvergne, Ile-de-France, Quercy.*

Comté de Foix. De gueules à la mer d'argent, au rocher de sinople, battu des flots et supportant une sirène au naturel.

Auvergne, Ile-de-France. Coupé : au 1 de sable à deux croissants adossés d'argent, surmontés de trois étoiles à cinq rais du même; au 2 de gueules au lion léopardé d'or.

Quercy. D'or au chevron d'azur accompagné en pointe d'une montagne de six coupeaux de sinople.

Devise : *Immobilis in mobili*.

Cette famille fort ancienne, dont la filiation, établie par arrêt du parlement de Grenoble en date du 11 janvier 1783, remonte à Pierre Dupuy, chevalier, habitant Castillon, près de Bordes, dont ses descendants ont conservé le nom, en 1506.

Ce nom, qui appartient à des familles distinctes, a dix représentants : Dupuy de Bahon, à Paris; Dupuy de Bordes, à Grenoble; Dupuy de Clinchamps, inspecteur des forêts, à Châtillon-sur-Seine, département de la Côte-d'Or; Dupuy de Frenelle, médecin, à Paris; Dupuy de Goyne, receveur des domaines, à Négrepelisse, département de Tarn-et-Garonne; Dupuy de Grandpré, directeur des transmissions des lignes télégraphiques, à Angers; Dupuy de Lôme, grand officier de la Légion d'honneur, conseiller d'Etat et conseiller général, à Grimaud, département du Var, et à Paris; Dupuy de Lôme, grand officier de la Légion d'honneur, à Brest; Dupuy des Marquès, percepteur, à Vigeois, département de la Corrèze; Dupuy de Podio, chevalier de la Légion d'honneur, officier supérieur d'infanterie.

DUPUYTREN. *Limousin.*

D'azur à la bande d'or chargée d'une branche de laurier de sinople, accompagnée en chef d'un coq et en pointe d'une lampe allumée, le tout d'or.

Ce nom, célèbre dans les annales de la science, n'a

plus d'autre représentant que la baronne de Dupuytren, à Paris.

DUQUESNE. *Normandie.*

D'argent au lion de sable armé et lampassé de gueules. — D'argent, au chêne arraché de sinople, englanté d'or, à la fasce bastillée de trois pièces de sable, brochant sur le tout, et chargée de trois têtes de léopard d'or lampassées de gueules.

Illustre dans les fastes de la marine française, ce beau nom est représenté par le baron Duquesne, au château de Préau, par Baugy, département du Cher.

DURAND DE CHILOUP. *Dauphiné, Lyonnais, Bresse.*

D'azur au chevron d'or, accompagné en chef de trois étoiles à cinq rais d'argent et en pointe d'une croix fleuronnée du même.

Cette famille originaire du Trièves au Royanais dans le Dauphiné, dont une branche vint se fixer dans le Lyonnais vers 1640 et dans la Bresse en 1765, a pour chef de nom et d'armes, Jean-Joseph-Marie-Camille Durand de Chiloup, commandeur de la Légion d'honneur, colonel en retraite, membre du conseil général de l'Ain, au château de Chiloup, à Saint-Martin-du-Mont, département de l'Ain. Il a un fils.

DURAND DE PRÉMOREL. *Provence.*

Parti d'or et de gueules à un lion de l'un dans l'autre et sur le tout une double aigle de sable, accompagnée d'une hure de sanglier de même.

La généalogie de cette famille remonte à noble Samuel de Durand, marié à Mondragon, canton d'Avignon, vers l'an 1600. Samuel de Durand eut pour fils Aimard de Durand qui épousa, en 1623, demoiselle Bernardine de

Bartalier de Mondragon. Il naquit de cette union Jacques de Durand qui fut écuyer de la ville de Mondragon. Il épousa en 1666 demoiselle Gabrielle de Plantin, de la ville du Saint-Esprit, fille de dame de Valérian. Il mourut le 6 novembre 1683 à Mondragon.

Jacques de Durand eut pour fils Joseph de Durand. Né le 27 mars 1671, il épousa en 1701 demoiselle Thérèse de Rainaud, fille de noble Joseph de Rainaud et de dame Diane de Meller. Il possédait un fief sur le territoire de Mondragon, du nom de Prémorel, ce qui fit que son fils, Alexis-François, ajoute à son nom de Durand celui de Prémorel, sans doute pour distinction de branches.

Joseph de Durand eut pour fils Alexis-François Durand de Prémorel, marié le 26 mai 1768 à demoiselle Claude-Suzanne de Lachevardière, fille du seigneur de ce nom, haut justicier de Cons-Lagrandville et de dame Claude-Charlotte de Roucy. Il est mort à Mézières en 1791.

Alexis-François Durand de Prémorel fut capitaine au régiment de Bouillon et chevalier de Saint-Louis. Il fut gouverneur des fils de Godefroy-Charles-Henry, duc de Bouillon. Alexis-François Durand de Prémorel eut sept enfants; trois moururent en bas âge, les quatre autres furent :

Pierre-Louis-Raoul-Edme, Charles-Godefroid, Guillaume-François, et une fille, Léopoldine.

Pierre-Louis-Raoul-Edme Durand de Prémorel, né au château de Domery (Champagne), le 13 août 1769, fut chevalier de saint Louis et officier supérieur, puis ensuite inspecteur des forêts. Il épousa, pendant l'émigration, demoiselle Guillelmine Homman, d'origine allemande. Il naquit de cette union onze enfants, cinq garçons et six filles.

Léopoldine-Sophie fut mariée pendant l'émigration à M. de Conty, officier français ; ils sont morts sans enfants.

Charles-Godefroid fut officier au régiment de Brie ; il mourut par suite de blessures pendant l'émigration, à Rochefort (Belgique), sans postérité, en 1794.

Guillaume-François fut capitaine et chevalier de Saint-Louis ; il épousa demoiselle de Reignier.

Le fils aîné de Pierre-Louis-Raoul-Edme, Alexis-Louis-Alphonse, fut garde du corps du roi Louis XVIII. Il épousa, en 1830, demoiselle Marie-Catherine-Joséphine de Nothomb, et se retira du service comme capitaine. Il habite maintenant Carignan (Ardennes). Il naquit de cette union cinq enfants, dont quatre fils et une fille. Celle-ci épousa, en 1866, M. d'Humilly de Chevilly, gentilhomme de Savoie et capitaine dans l'armée française.

L'aîné de ces cinq enfants est sous-inspecteur des forêts, à Dôle ; il a épousé, en 1869, demoiselle Marie de Champaux-Laboulaye.

Le second, Godefroid, fut garde du corps du roi ; il mourut à Saint-Hippolyte, dans le Doubs, après avoir sauvé un enfant qui s'y noyait. La ville de Saint-Hippolyte lui a érigé un monument commémoratif pour perpétuer cet acte de dévouement.

Le troisième, Clovis, fut inspecteur des forêts. Il n'eut qu'une fille, qui épousa M. de Brémoy. Il est maintenant en retraite, à Caen.

DURAND. *France.*

Différentes autres familles du nom de Durand ont en France seize représentants, appartenant à différentes souches : Durand d'Aunoux ; Durand de Beauregard ;

Durand du Boucheron; **Durand de Corbiac**; **Durand de Gevigney**; **Durand de Laur**; **Durand de Lauvergnet**; **Durand**, marquis de la Penne; le baron **Durand de Saint-André**, chevalier de la Légion d'honneur, consul de France, à Charlestown (Amérique du Nord); le marquis **Durand de Sénégas**, au château de Saint-Aubin, par Cologne, département du Gers; **Durand de Sénégas**, à Toulouse; **Durand de Vertine**, agent vice-consul de France, à Alméria (Espagne); **Durand de Valley**; **Durand de Villers**, etc.

DURANTI. *Provence.*

D'argent au cerisier de sinople fruité de gueules; au chef du même, chargé d'une étoile à six rais d'or.

De noblesse de robe, cette famille a donné aux quatorzième et quinzième siècles des consuls à la ville d'Aix, des conseillers en la chambre des comptes et un général de l'ordre des Minimes, confesseur du roi de France Henri III.

Cette famille est représentée par Charles-Paulin de Duranti de la Calade, à Aix, qui, de son mariage avec Marie-Françoise-Gabrielle de Fortis, a un fils, juge d'instruction à Aix. Il épousa à Avignon, en 1855, Valentine du Laurens d'Oiselay, morte en 1862.

DURAT. *Bourbonnais, Auvergne, Bretagne.*

Échiqueté d'or et d'azur de six tires, chacune de cinq points. Cimier: un bonnet albanais, ou quatre chènes au naturel.

Cette famille qui remonte à Antoine de Durat, premier du nom, écuyer, seigneur des Portes et de Leirat, vivant en 1442, est représentée par le comte de Durat, au château de Ludais, par Marcillat, département de l'Allier.

DURE (DE LA). *Pays-Bas.*

De gueules à trois épées renversées d'argent, garnies d'or, posées en pal, 2 et 1.

Cette famille est représentée par de la Dure, au château de Mas, par Montluçon, département de l'Allier.

DURFORT. *Quercy.*

Écartelé aux 1 et 4 d'argent à la bande d'azur; aux 2 et 3 de gueules au lion d'argent.

Cette grande maison qui possédait, dès le onzième siècle, des biens immenses, depuis l'Agenais et le Quercy jusqu'à Narbonne, a de nombreux représentants :

Emeric-Laurent-Paul-Guy de Durfort-Civrac, duc de Lorges et ses fils; Aldonce, marquis de Durfort-Civrac Lorges et ses enfants; Septime, comte de Durfort-Civrac Lorges; Emeric, marquis de Durfort-Civrac Lorges et son frère; Henri de Durfort-Civrac Lorges, ancien député au corps législatif.

DURIS DE DOULIMBERT. *Dauphiné.*

D'or à deux massues de sable, passées en sautoir; coupé d'argent à une fasce d'azur, chargée de trois grenades d'or accolées de gueules à une plante de riz d'or, garnie de six épis du même et mouvante d'une terrasse de sinople.

Cette famille est représentée par Duris de Doulimbert, au château de Menu, par Châteauroux, département de l'Indre.

DUROY. *Guyenne, Gascogne.*

D'argent à trois hermines de sable, deux en chef, une en pointe.

Cette famille a cinq représentants : Alfred, baron Duroy de Suduirant, à Bordeaux; Adolphe Duroy de

Suduirant, chevalier de la Légion d'honneur, capitaine d'infanterie ; Gustave Duroy de Suduirant, à Bordeaux ; Albert, baron Duroy de Bruignac, à Paris et à Versailles, qui a deux fils, Fernand et Charles ; Aurélien, chevalier Duroy de Bruignac, avocat, à Paris.

DURSUS DE COURCY. *Normandie.*

D'or au soleil de gueules, accompagné de trois pies au naturel.

L'unique représentant du nom de Dursus de Courcy, réside à Paris.

DURY. *France.*

D'azur au chevron d'argent, accompagné de trois croissants du même.

Le baron de Dury, unique représentant du nom, réside à Ayonges, près Souvigny, département de l'Allier.

DUSSUMIER DE FONBRUNE. *Bordelais.*

Parti : au 1 d'or au caducée de sable ; au 2 de gueules au cheval gai d'argent, courant sur une terrasse de même ; au chef de sinople chargé à dextre d'une branche de lis d'argent, et à senestre d'un dextrochère armé, tenant une épée mouvante d'une nuée, le tout du même.

Cette famille, dont il est parlé dans le *Grand sceau de France* et l'*Histoire de la ville de Bayonne*, est représentée par Henry de Dussumier de Fonbrune, chef des recettes à la banque de France.

DUTHEIL. *France.*

D'or au chef d'azur au lion rampant de gueules, armé, lampassé et couronné de sable, brochant sur le tout.

Cette famille a deux représentants : le comte Dutheil

de la Rochère, au château de Tourelle, par Ollioules, département du Var ; Léonce, vicomte Dutheil de la Rochère, à Mantes, département de Seine-et-Oise.

DUVAL. *Normandie, Artois.*

NORMANDIE. De gueules à la bande d'argent.

ARTOIS. D'azur au lion d'argent armé et lampassé d'or, accompagné en chef à dextre, d'une fleur de lis, et à senestre d'une étoile aussi d'or, et en pointe de trois mouchetures d'hermine d'argent.

La famille, qui possédait dès le douzième siècle le fief Duval, à Beaumont-le-Roger, en Normandie, remonte à Hue Duval, écuyer, seigneur Duval, vivant en 1275.

Le nom de Duval, en noblesse, a douze représentants : le baron Duval, ancien sénateur, à Paris ; Duval du Chesnay, chanoine, ancien professeur de théologie, à Dinan, département des Côtes-du-Nord ; Victor Duval du Chesnay, ancien officier de marine, au château la Vicomté, au Pléhérol, canton de Matignon, département des Côtes-du-Nord ; Duval du Chesnay, au château d'Ochancourt, à Ault, département de la Somme ; le comte Duval d'Espremenil, au château de Fontaine-la-Forêt, par Beaumont-le-Roger, département de l'Eure ; Duval d'Espremenil, chevalier de la Légion d'honneur, conseiller général, à Beaumont-le-Roger ; Duval de Fraville, au château de Comtes, par Chaumont, département de la Haute-Marne ; Duval de Hautmarest, au château de Brevillers, par Hesdin, département du Pas-de-Calais ; Duval de l'Escaube, au château d'Ouville-l'Abbaye, par Yerville, département de la Seine-Inférieure ; Duval du Perron, juge de paix, a Torigny-sur-Vire, département de la Manche ; Duval de Saint-Clair, notaire, à Lamentin (Martinique) ; Duval de Saint-Clair, médecin, à Marseille; Duval de Saint-Clair, avocat à Paris.

DUVE. *France.*

D'azur à la colombe d'argent tenant en son bec un rameau d'olivier de sinople et posée sur un tronc feuillé au naturel, terrassé du troisième.

L'unique représentant du nom de Duve, sans fonction et sans titre, réside à Nice.

DUVEYRIER. *France.*

Écartelé : au 1 d'azur à trois pommes de pin mal ordonnées d'or; aux 2 et 3 d'or au coussin de gueules supportant un livre ouvert d'argent; au 4 d'argent au lion de sable.

L'unique représentant du nom de Duveyrier, sans fonctions et sans titre, réside à Aix, département des Bouches-du-Rhône.

DYEL DE GRAVILLE. *Normandie.*

D'argent au chevron brisé de sable, accompagné de trois trèfles d'azur.

Cette ancienne famille remonte, suivant La Chesnaye-Desbois, à Robert de Dyel, vivant en 1150. La branche existante, celle de Dyel de Graville, est issue d'Ernez Dyel, seigneur de Malet, second fils de Robert. Sa souche est encore représentée par Dyel de Graville, maire, à Quillebœuf, département de l'Eure.

E

ECKSTEIN D'EHRNEGG. *Basse Autriche, Naples, Alsace, Saintonge.*

Marquis et barons d'Eckstein, chevaliers d'Ehrnegg, seigneurs de Huttershoven, etc.

Écartelé : au 1 d'or au griffon contourné de sable, armé et lampassé de gueules, tenant de la senestre une étoile de sable ; aux 2 et 3 coupé : de 1 de gueules à deux bandes d'argent, de 2 de gueules au cygne d'argent ; au 4 d'azur au griffon d'argent couronné d'or et lampassé de gueules ; sur le tout d'or à la tête de more de sable, contournée et tortillée d'argent. Autour de l'écu, une givre au naturel, la tête tournée vers le sommet de l'écu et se mordant la queue. Timbré de deux casques de chevalier tournés en dedans, ornés de lambrequins et surmontés chacun d'une couronne royale, et ayant pour cimiers : celui de la droite, un griffon issant d'argent couronné ; celui de la gauche, une tête de more entourée d'un vol d'aigle [1].

[1]. Description tirée des lettres patentes données à Ratisbonne le 11 juin 1641, et conservees aux archives impériales de Vienne.

Devise : *Ut lapis angularis*[1], *sic constans et fermus manebo.*

Cette ancienne famille, à laquelle appartenait, dès l'an 1280, l'ancien château d'Eckstein (Ackstein, Aggstein, Eggstein), à peu de distance du Danube, tenait un haut rang dans la noblesse féodale de la contrée. Georges d'Eckstein fut lieutenant de l'empereur Charles-Quint en Italie. Ses descendants ont brillé dans les armes et dans la magistrature. Ferdinand-Frédéric, baron d'Eckstein, dernier hoir mâle de la branche cadette, mort le 23 novembre 1861, fut ministre plénipotentiaire au Congrès d'Aix-la-Chapelle [2]. Jean-Baptiste, marquis d'Eckstein d'Ehrnegg, seul représentant aujourd'hui de cette illustre maison, né à Mulhouse en 1830, réside à Saintes, département de la Charente-Inférieure [3].

ECKMUHL D'AVOUST. *France.*

D'or à deux lions léopardés de gueules, posés : l'un au premier quartier, l'autre au quatrième, contournés, tenant chacun une lance polonaise ; à la bordure componée d'or et de gueules ; au chef de gueules semé d'étoiles d'argent, brochant sur le tout.

1. Eckstein veut dire : *pierre angulaire.*
2. Philosophe, poète, publiciste, orientaliste, un de ces hommes qui consacrent toute leur existence et tout leur génie dans ce monde à regarder et à sonder d'autres mondes. (Lamartine, *Cours de Littérature*, 1re année, page 14.)
3. Auteurs à consulter : Wisgrill, t. II, p. 350 ; — Siebmacher, *Armorial de l'Allemagne*, 1655, p. 52 ; — le baron d'Hoheneck, *Nobiliaire d'Autriche*, t. III, p. 112-113 ; — Titan de Hefner, *Dictionnaire de la Noblesse allemande*, t. I, p. 315 ; — Magny, *Nobiliaire universel*, vol. VII ; — Borel d'Hauterive, *Annuaire de la Noblesse*, 1865 ; — Tisseron, *Annales historiques*, 1868 ; — baron d'Eckstein, *Le Catholique*, t. XIV, *De ma carrière politique et littéraire ;* — Vapereau, *Diction. des contemporains ;* E. Egger, *Mémoires de littérature ancienne ;* — comte de Carné, *Souvenirs de ma jeunesse*, etc.

Ce nom glorieux dans les fastes du premier Empire n'a plus d'autre représentant que la princesse douairière d'Eckmuhl, veuve le 13 août 1853. Elle réside à Paris.

ÉCLUSE. *Artois, Bretagne.*

Artois. D'azur au chevron d'or accompagné de trois étoiles à cinq rais du même.

Bretagne. D'argent au chevron de sable accompagné en chef de deux dauphins de sinople et en pointe d'une pomme de pin du même.

Cette famille compte deux représentants : de l'Écluse à Brou, département d'Eure-et-Loir; Émile-Marie de l'Écluse, attaché à l'Administration des lignes télégraphiques, à Quimper, département du Finistère.

ECQUEVILLY. *France.*

Vairé d'or et d'azur; au chef de gueules chargé d'un lion léopardé d'argent.

La terre d'Ecquevilly, située près de Meulan, fut érigée en marquisat en faveur d'André Hennequin, seigneur, marquis d'Ecquevilly, capitaine général des toiles des chasses, tentes et pavillons du roi, et de l'équipage du sanglier, vulgairement appelé *le vautrait*.

Le marquis d'Ecquevilly, seul représentant de son nom, réside au château de Quesnay-Guesnon, par Caumont, département du Calvados.

ÉDELIN DE LA PRAUDIÈRE. *Bretagne.*

D'or à un pont de trois arches d'azur posés en fasce et accompagné de trois poissons de sinople posées en bande, deux en chef et un en pointe.

L'unique représentant du nom d'Édelin de la Praudière réside à Nantes.

EGGS. *Souabe, Suisse, Alsace.*

La famille d'Eggs est une ancienne famille noble, d'origine souabe, que l'on trouve dans les temps les plus reculés à Bâle, dans la Haute Alsace, et surtout à Reinfeldein. Elle tirerait son nom, d'après Moréri (*Dictionnaire historique, généalogique,* — Bâle, supplément II, page 624, *anno* 1745), des châteaux d'Éguisheim-Die-Drey-Eggsen.

La famille d'Eggs pourrait revendiquer l'honneur d'avoir donné à l'Église le pape Léon IX. Si l'on en croit la *Suevia ecclesiastica seu clericalia collegia*, qui s'exprime ainsi : « *Antiquissima Eggsiorum familia ecclesiæ episcopum dedit* BRUNONEM *qui postea fuit Leo IX. Pont. Max. Anno 1054. Die 15 april cœlis receptus.* »

Ce qui est établi par un autre ouvrage recommandable (*Basilea sacra,* fol. 155), c'est que, dès le *onzième siècle*, cette famille comptait parmi les plus honorables des environs de Bâle ; que, dans les siècles suivants, elle rendit souvent d'importants services aux empereurs et archiducs d'Autriche, aussi bien en temps de paix qu'en temps de guerre, et qu'elle dut à ces services son élévation à la noblesse, le privilége de signer et de se faire nommer seigneur d'Eggs, ainsi que l'investiture de divers fiefs et seigneuries, notamment du château de Megtberg et du village de Mühlhausen avec ses dépendances.

Le dictionnaire de Moréri et divers mémoires fort anciens citent plusieurs membres de cette illustre famille qui se sont signalés dans la carrière des armes ; d'autres ont publié des ouvrages fort appréciés sur la théologie, les sciences et la médecine.

Les représentants actuels de la famille d'Eggs en Alsace sont, à part M. Alèxis d'Eggs, qui appartient à une branche collatérale : Joseph-Philippe-Eugène et Marie-Antoine-Joseph, ci-dessous :

Joseph-Philippe-Eugène d'Eggs, docteur en médecine, médecin en chef des prisons civiles de Strasbourg, membre de plusieurs sociétés savantes, chevalier de la Légion d'honneur, décoré du Nichan-Iftihar de Tunis, marié à dame Julie Farny, dont il a deux enfants :

Élise, mariée, le 19 juillet 1854, à Joseph Médoni, chef d'escadron d'artillerie, chevalier de la Légion d'honneur, commandeur de l'ordre de la Conception (Portugal), officier du Nichan-Iftihar de Tunis ;

Léonard, né le 10 novembre 1839, capitaine-instructeur au 4e régiment de cuirassiers ;

Marie-Antoine-Joseph d'Eggs, colonel, chef de la 25e légion de gendarmerie, commandant les départements de la Haute-Saône, du Haut-Rhin et du Bas-Rhin, commandeur de la Légion d'honneur, décoré de la Valeur militaire sarde et de la médaille d'Italie.

ÉGLISE. *La Rochelle.*

D'azur parti d'argent.

Cette maison a deux représentants à Paris : l'un signe *d'Église*, et l'autre *de l'Église*.

EGMONT DE SAINT-VICTOR. *Paris.*

Buronné d'or et de gueules de douze pièces ; écartelé de gueules à deux fasces brétessées et contrebrétessées d'argent, et sur le tout d'azur à un lion contourné d'or, armé, lampassé et couronné de gueules ; accolé d'argent, semé de molettes de sable et un lion de même, couronné, lampassé et armé de gueules.

Cette famille, qu'il ne faut point confondre avec l'illustre maison des comtes d'Egmont, une des plus anciennes des Pays-Bas, est représentée par d'Egmont de Saint-Victor, directeur d'assurances à Mantes, département de Seine-et-Oise.

EICHTAL. *Munich, Paris.*

D'azur à deux rocs escarpés d'argent mouvants de la pointe de l'écu, accompagnés en chef de deux étoiles d'or. Heaume : couronné. Cimier : un vol d'argent, chaque aile chargée d'une fasce d'azur surchargée d'une étoile d'or. Lambrequins : d'argent et d'azur.

Cette famille, qui obtint concession du titre de *baron* le 22 septembre 1814, est représentée par le baron d'Eichtal, à Sainte-Marie-le-dix-Monts, département de l'Yonne; et par d'Eichtal, sans fonctions et sans titre, à Paris.

ELBÉE. *Beauce.*

D'argent à trois fasces de gueules.

Cette famille a eu plusieurs arrêts de maintenue de noblesse : la dernière, à la cour des aydes, le 5 mars 1766. La Chesnaye-Desbois la fait remonter par titres à Jean d'Elbée, seigneur de Petitmont et de Gossonville, archer des gardes-du-corps du roi Louis XII, vivant le 5 février 1500.

Elle est représentée aujourd'hui par d'Elbée, à Warluis, près Beauvais, département de l'Oise.

ELBÈNE. *Florence.*

D'azur à deux bâtons tigés par le pied de trois racines et fleurdelisés par le haut, passés en sautoir, le tout d'argent.

Cette famille, qui fut pendant quatre cents ans en grande considération à Florence et qui remonte à Jacques d'Elbène, surnommé le Grand, quatre fois prieur de la Liberté de la République : en 1334, 1338, 1342 et 1360, trois fois souverain gonfalonier, est représentée par le comte d'Elbène, au château de Couléon, par Tuffé, département de la Sarthe.

ELBREIL. *Montauban.*

De gueules au chevron d'or, au chef cousu d'azur, chargé de trois abeilles d'or.

Jacques-Antoine d'Elbreil, fils de Dominique d'Elbreil, conseiller à la cour des aides de Montauban, et d'Olympe de Molières, prit part aux opérations électorales de l'assemblée de l'ordre de la noblesse du Quercy pour la nomination de ses députés aux États généraux de 1789. Nommé, bientôt après, avocat général de la même Cour, à l'âge de vingt-trois ans, il obtint une dispense d'âge et fut installé dans le courant de mai 1789.

Après la suppression des cours souveraines, il se rendit à Paris pour se vouer à la défense de la personne du roi contre les entreprises révolutionnaires. Il entra dans diverses combinaisons qui avaient pour but de le faire évader du Temple avec l'officier municipal Toulan, et plus tard de l'arracher, sous la conduite de l'aventureux baron de Batz, des mains des bourreaux, durant le trajet de la prison à l'échafaud.

Obligé de fuir Paris, il vint abriter son existence compromise dans un emploi obscur, à Saint-Maximin, où il se trouva le collègue et le commensal de Lucien Bonaparte. Rentré à Montauban après le 9 thermidor, il prit une part active au soulèvement de cette ville contre le coup d'Etat du 18 fructidor, et se déroba encore par la fuite à l'accusation capitale portée, à cette occasion, contre lui.

Sous la Restauration, il fit partie de la chambre des députés pendant les législatures de 1815, de 1820 et de 1823. Chargé de l'intérim de la préfecture de Tarn-et-Garonne, au moment où éclata la révolution de juillet 1830, il sut maintenir, sans violences, le drapeau blanc déployé dans tout son département, jusqu'au cinq août. Il mourut en 1850, à l'âge de quatre-vingt-six ans. Il avait épousé en 1802 Caroline de Scorbiac, dont il eut sept enfants, savoir :

1° Marie-Philippe, juge au tribunal civil de Montauban, démissionnaire en 1830 pour refus de serment au gouvernement de Louis-Philippe, et décédé en 1860. Il avait épousé, en premières noces, Marie-Bernard de Saint-Jean, morte sans enfants, et, en secondes noces, Octavie-Françoise de Gironde, dont il eut : 1° Gabrielle-Françoise, mariée à Marie-Philippe, son cousin-germain ; 2° Victor, mort en bas âge.

2° Apolline, décédée supérieure du monastère des Ursulines de Montauban.

3. Jean-Baptiste-Isidore, qui suivra.

4° Anastasie, non mariée.

5° Eugénie, religieuse Ursuline.

6° Nathalie, mariée à Firmin Gouze de Saint-Martin.

7' Maurice, mort en bas âge.

Jean-Baptiste-Isidore, devenu chef de famille par la mort de son frère aîné, s'est allié à Victorine de Vassal de Labarde, dont il a eu cinq enfants, savoir :

1° Marie-Antoinette, mariée à Casimir Dubois de Boutary.

2° Marie-Charlotte, non mariée.

3° Marie-Philippe, marié à Gabrielle d'Elbreil, sa cousine-germaine, qui l'a rendu père : 1° de Marie-Thérèse, décédée en bas âge; 2° de Jeanne ; 3° de Maurice.

4° Henri, zouave pontifical, qui a épousé Léontine d'Aux de Lescout et dont il a eu : 1° Pierre, décédé en bas-âge ; 2° Henriette.

5° Maurice-Marie, décédé à l'âge de dix-neuf ans.

ELEU (L'). *Ile-de-France, généralité de Scissons.*

D'azur à un aigle s'essorant d'or, portant au bec un rameau d'olivier du même et regardant trois rayons de soleil aussi d'or, mouvants de l'angle dextre de l'écu.

Cette famille, dont la résidence est à Laon, est représentée dans la branche aînée par deux membres :

L'Eleu de Baudreuil, ancien officier aux gardes de la Porte et dans la garde royale, chevalier de la Légion d'honneur, demeurant à Paris, et son neveu Edouard l'Eleu, juge suppléant à Vervins.

La seconde branche a cinq représentants : le chevalier l'Eleu de la Simone, juge honoraire à Laon, et ses deux fils :

L'abbé l'Eleu de la Simone, chanoine honoraire, demeurant à Laon ;

L'Eleu de la Simone, conseiller à la cour d'Amiens, qui a deux fils encore jeune.

ELHOM. *Gascogne.*

D'or, à un hercule au naturel armé de sa masse, accompagné de quatre croix de sable.

Cette belle famille qui, dans le dernier siècle, a porté ou négligé la particule, suivant les circonstances des temps et des personnes, est d'une origine fort reculée. Sa tradition qui remonte peut-être jusqu'aux premiers âges de la chevalerie, porte qu'elle est originaire du château de Cazeneure-Montant, situé dans le diocèse de Comminges, au pays de Nebouzan, dont les ruines existent encore. Une partie du vieux manoir fut vendue par le bisaïeul de la génération actuelle.

Depuis son origine jusqu'à ce jour, les d'Elhom ont été en possession de noblesse, et dans les premières années du dix-huitième siècle, ils étaient convoqués en qualité de syndics des États et du pays de Nebouzan.

Cependant, si par là les preuves de noblesse de la maison d'Elhom sont positives, indiscutables, si elles peuvent s'établir par engagères d'emplois nobles, comme les adresses du comte Dercé, de M. de Sacère, etc., comme il est dit à la fin de la notice, on ne pourrait dresser sa filiation d'une manière suivie, les révolutions, les perturbations survenues dans les familles par suite de commotions politiques, ayant dispersé ou détruit la plupart de ses pièces généalogiques. La tradition seule a respecté les grands points de repère qui font époque dans l'histoire des d'Elhom.

Cette tradition affirme que le châtelain et la châtelaine de Montant étant morts prématurément, laissèrent trois enfants mâles : Deux d'entre eux se vouèrent au service du roi, et le troisième entra en religion dans l'abbaye de Bonnefont et lui légua ses biens, ce qui est prouvé par la désignation de (prairies de Bonnefont) portées par des terres situées à Cazenave et qui ont appartenu à l'abbaye de Bonnefont.

Les deux frères du religieux qui s'étaient voués au service du roi, revinrent enfin au pays. L'un d'eux se fixa à l'Estelle, près de Saint-Martory ; l'autre, qu'on appelait le chevalier de Saint-Pascal, s'établit à Cassagnabère dans le Nebouzan ; il y fit construire une habitation et fut inhumé dans la chapelle domestique du manoir, où son corps fut retrouvé en 1793, lors de la démolition de la chapelle, pendant la tourmente révolutionnaire.

C'est du chevalier d'Elhom de Saint-Pascal que descend la branche actuelle, la suite qui ait subsisté. Les aventures de ce guerrier dont le récit a été conservé par ses descendants n'ont jamais été publiées, tant elles paraissent extraordinaires. Sa légende, cependant, n'est peut-être pas aussi entachée d'exagération que le pensent par modestie, ses descendants directs et légitimes qui conservent, avec un soin religieux, son épée de combat et son poignard de miséricorde, dont la forme atteste l'époque de son existence. Il épousa Bertrande, héritière de la maison Dufourg, dont il eut plusieurs enfants.

L'aîné épousa, à Cassagnabère, noble dame Catherine de Sicaire, dont le château est tombé en ruines depuis peu et dont la famille a disparu.

Les descendants de ceux-ci n'ont pas cessé d'être compris dans la noblesse du Nebouzan, ce qu'attestent d'anciens titres publiés savoir :

Une assignation par laquelle M. Derié, président des États de Nébouzan, convoque le sieur d'Elhom, en qualité de syndic, aux États de Nébouzan.

Une autre assignation de 1720, par laquelle le sieur Sacère convoque le sieur d'Elhom aux États généraux du Nébouzan et lui donne la qualification de syndic du pays de Nébouzan.

Acte notarié de 1740, par lequel le sieur d'Elhom, à Cassagnabère, est qualifié dans un procès-verbal du titre de procureur de justice.

Lettre de 1765, datée de Castelnau-Magusac, par laquelle M. Dercé s'entretient avec le sieur d'Elhom, à Cassagnabère, sur un édit du roi qui invite la noblesse à se rendre à Saint-Gaudens pour y délibérer, touchant l'administration des villes et des bourgs.

Voici les deux derniers degrés de cette famille.

Bertrand d'Elhom, mort en 1857, dans la résidence paternelle, à Cassagnabère, canton d'Ancignac (Haute-Garonne), épousa, en 1806, dame Marie-Louise Barutant.

ÉLIE. *Bretagne.*

D'azur à la croix d'argent, cantonnée en chef de deux merlettes affrontées d'or, et en pointe de deux étoiles du même.

Cette famille, dont le chef s'est rendu célèbre dans la science, est représentée par Élie de Beaumont, grand-officier de la Légion d'honneur, ancien sénateur, membre de l'Institut, à Paris; Elie de Beaumont, procureur au tribunal de Nogent-sur-Seine, département de l'Aube.

EMMERY. *Lorraine.*

D'azur à trois chevrons d'or; à la bordure componée d'or et sable de vingt compons.

L'*Armorial général* blasonne ces armoiries sous le nom d'Emmery de Sept-Fontaines. Le représentant réside à son château, par Ardres, département du Pas-de-Calais.

ENFERT. *Bourbonnais.*

De sable à un diable d'argent.

Cette famille est représentée par d'Enfert, ci-devant adjoint au maire du treizième arrondissement, à Paris.

ENLART. *France, Artois.*

FRANCE. D'or à dix losanges de sable, posés 3, 3, 3 et 1.

ARTOIS. ENLART DE GRANDVAL. D'azur au chevron

d'or accompagné en chef de trois croissants du même et en pointe d'une croisette ancrée aussi d'or.

La famille d'Enlart de Grandval fut anoblie en 1699. Le nom d'Enlart compte aujourd'hui cinq représentants : la douairière d'Enlart de Guémy, à Douai ; Émile d'Enlart de Guémy, à Douai ; Édouard d'Enlart de Guémy ; Félix d'Enlart de Guémy ; Victor d'Enlart de Guémy, juge d'instruction, à Dunkerque.

ENNERY. *Orléanais.*

D'argent à la fasce de sable accompagnée en chef de trois merlettes du même.

Ennery, proprement dit, officier de la Légion d'honneur, auteur dramatique, réside à Paris ; Albert-Marie-Philippe d'Ennery de la Chesnaye, est attaché à l'administration des lignes télégraphiques, à Paris.

ENTRAIGUES. *Languedoc, Lyonnais.*

LANGUEDOC. De gueules à une tour maçonnée d'argent. — Écartelé : aux 1 et 4 de gueules à une tour maçonnée d'argent, qui est d'Entraigues ; au 2 d'or à un lion de gueules ; au 3 d'azur à trois chiens d'argent, à mi-corps, posés 2 et 1, accompagnés d'un croissant et d'une étoile en chef, qui est de Micheaux.

ENTRAIGUES DU PIN. De gueules à la tour d'argent maçonnée d'or.

LYONNAIS. D'or au lion de gueules.

Lachesnaye-Desbois donne à d'Entraigues le Languedoc pour origine et les armes de gueules à une tour maçonnée d'argent. Il fait remonter cette famille à Pierre d'Entraigues, vivant en 1529. Borel d'Hauterive, qui a publié une généalogie de la famille d'Entraigues dans l'*Annuaire de 1853*, page 218 et suivantes, lui donne le Rouergue pour origine, l'établit depuis quatre siècles dans le Vivarais, blasonne ses armes de gueules à une tour d'argent maçonnée de sable et la fait remonter à Jehan d'Entraigues, seigneur de Montare, aïeul de Pierre d'Entraigues ci-dessus. Enfin, l'*État présent de la noblesse française,* édition de 1868, qui donne à cette famille le même chef que Borel d'Hauterive, écartèle ses armes, sans désignation d'origine, comme on le voit ci-dessus. Cet ouvrage ne désigne qu'un seul représentant, Gaston d'Entraigues, conseiller de préfecture, à Caen.

Il existe en outre deux autres représentants du nom : Albéric et Marc d'Entraigues, neveux de Gaston.

ÉON. *Bretagne, Bourgogne, Champagne.*
D'argent au lion de sable.
L'unique représentant du nom est Mme la douairière d'Éon du Val, à Rennes.

ÉPÉE (L'). *Brabant.*
De sable à l'épée d'argent garnie d'or en bande, la pointe en bas. Heaume : couronné. Cimier : une tête et col de bœuf au naturel, bouclée d'or, entre un panache de plumes d'autruche, alternativement d'argent, d'or, de sable et de gueules.
Cette famille a trois représentants : la baronne de l'Épée de Col, au château de Prescatelly, par Metz; de l'Épée de Col, à Paris; Alexandre de l'Épée de Col.

ÉPINAY. *Bretagne, Poitou.*
BRETAGNE. D'argent au lion coupé de gueules sur sinople, armé, lampassé et couronné d'or. — L'ÉPINAY. De sinople à cinq buissons d'épine d'argent.

Poitou. L'Épinay. D'argent à trois buissons d'épine de sinople.

Cette famille a trois représentants : de l'Épinay, au château de Fromentières, par Pouzargues, département de la Vendée; de l'Épinay, au château de Sainte-Cécile, par Villedieu, département de la Manche; de l'Épinay, au château d'Épinay, par Carquefou, département de la Loire-Inférieure.

ÉPINE (DE L'). *Artois, Flandre, Autriche.*

Fascé de sable et d'or de six pièces, le sable fretté d'argent. Cimier : un dextrochère armé tenant un sabre d'or entre un vol banneret.

Couronne de baron.

Devise : *Dieu et le roi.*

Marie-Philippe-Ferdinand-Joseph, baron de l'Épine, chevalier de la Légion d'honneur et de Saint-Ferdinand d'Espagne, ancien député et membre du conseil général du département du Nord, fils unique de Ferdinand Charles de l'Épine, chevalier, seigneur de Wargnies, naturalisé français, décédé en 1868, laissant deux fils : Ferdinand-Ernest, baron de l'Épine, membre du conseil général du Nord, chef actuel de nom et d'armes de la branche française de sa maison; au château de Wargnies, père d'Alphonse de l'Épine, à Amiens; Henri-Dieudonné de l'Épine, au château de Franoy.

ÉRARD. *Normandie.*

D'azur à trois pieds de griffon d'or attachés à trois troncs d'argent, deux en chef, un en pointe. Supports : deux lions. Cimier : un griffon naissant.

D'ancienne noblesse établie en Normandie, où le nom est connu depuis le dixième siècle, cette famille est représentée par le comte d'Érard, à Paris.

ERM (d') ou **D'ERMO**. *Bretagne.*

D'azur, au pélican d'or[1], au chef cousu de gueules, chargé de trois billettes d'argent.

Devise : *Non sanguine parcus.*

Couronne de marquis. Supports : deux aigles.

Cette maison, d'ancienne chevalerie, était établie en Allemagne dès le onzième siècle ; une de ses branches s'est transplantée, dans la suite, en Pologne, une autre en France, où elle a passé du pays d'Aunis en Bretagne.

Elle est originaire de Toscane, et tire son nom de l'ancien fief d'Ermo, qu'elle y posséda primitivement, et qui, au siècle dernier, était dans la maison Cervini, avec titre de comté.

Jean d'Ermo fut l'un des seigneurs toscans que s'attacha l'empereur Henri III, dit le Noir, lorsqu'il vint en Toscane, l'an 1055, pour s'opposer au mariage de Godefroi le Barbu, duc de Lorraine, avec Béatrix de Toscane, et qui accompagnèrent ce monarque à son retour dans ses Etats.

C'est ainsi que la maison d'Ermo s'établit en Allemagne, où son nom, perdant sa désinence italienne, devint d'Erm, qu'abusivement on a aussi parfois écrit Derm.

La branche de cette maison qui a passé en Bretagne y existe encore ; un de ses membres, le comte d'Erm (Julien-Marie-Hyacinthe-Guillaume), ancien officier de

1. C'est par erreur que le premier volume de l'*Ancienne France* donne au pélican une aire d'argent. Au reste, cette erreur est d'autant moins importante qu'il est hors de doute qu'une branche de la maison d'Erm a effectivement pris l'aire d'argent, et c'est ainsi que Chevillard et, avant lui, Hector le Breton, roi d'armes de France, en a blasonné les armes dans son armorial ; toutefois, cette aire d'argent n'est qu'une brisure, et d'Ermo ancien portait, comme porte encore d'Erm en Bretagne, le pélican et son aire d'or.

cavalerie de la maison du roi Charles X, a été admis dans l'ordre de Saint-Jean de Jérusalem (Malte) par bulle du 16 août 1838.

ERNAULT. *Normandie, Bretagne.*

NORMANDIE. D'or à la croix ancrée de sable. — D'azur au chevron d'or accompagné de trois roses de gueules.

ERNAULT D'OLIVET. De gueules à la licorne d'argent accompagnée de trois étoiles à cinq rais d'or.

BRETAGNE. ERNAULT DE LAUNAY. D'argent à la fasce de gueules chargée de trois fers à cheval d'or, cloués de sable.

Le seul représentant du nom, Ernault d'Orval, qui appartient aux Ernault de Bretagne, est juge à Valognes, département de la Manche.

ERNEST-ANDRÉ. *France.*

D'or au bélier naissant de sable.

Cette famille, qui appartient aussi à la Suisse et à la Silésie, est représentée en France par le baron d'Ernest-André, au château de Rentilly, par Lagny, département de Seine-et-Marne.

ERNOULT DE LA CHENILLIÈRE. *Bretagne.*

D'or à un chef d'azur sommé de gueules, et une bordure cannelée de sinople, chargée de six annelets d'argent.

C'est encore en Bretagne que l'on trouve l'unique représentant de la famille d'Ernoult de la Chenillière, juge d'instruction à Ploërmel, département du Morbihan.

ERTAULT DE BRETONNIÈRE. *Bretagne.*

D'argent au léopard de sable, accompagné en chef d'une étoile de gueules.

C'est à cette souche qu'appartient Ertault de Bois-Meslé, au château de Bois-Meslé, à la Chapelle-sur-Erdre, département de la Loire-Inférieure.

ESCAILLE (L'). *Belgique.*

De gueules à la main couverte d'un gantelet, le tout d'argent, tenant une bride de sable; au chef d'or chargé d'une aigle issante de sable. Cimier : l'aigle issante de l'écu. Supports : deux chevaux d'argent.

Cette famille, qui obtint reconnaissance de noblesse et anoblissement pour autant que de besoin, le 8 octobre 1718, est représentée par l'abbé Charles-Félix de l'Escaille, à Paris; Paul-Marie-Alexandre de l'Escaille, officier de marine; et Pierre, baron de l'Escaille, à Louvain, Belgique.

ESCALE. *Guyenne.*

D'azur à une fasce d'or chargée de trois étoiles du même.

Cette famille est représentée par de l'Escale, juge de paix à Vaubecourt, département de la Meuse.

ESCALIER. *Alençon.*

D'azur à une croix haussée d'or posée sur trois degrés du même.

Cette famille a deux représentants : Escalier de Ladevèze, substitut au tribunal, à Marvejols, département de la Lozère; Escalier de Ladevèze, conservateur des hypothèques, à la Rochelle.

ESCALOPIER. *Ile-de-France.*

De gueules à la croix d'or cantonnée de quatre croix du même.

Une branche de la maison de l'Escale, qu'il ne faut point confondre avec celle qui précède, et qui s'est distinguée sous Charlemagne et les empereurs d'Allemagne aux neuvième, dixième et onzième siècles, se fixa à Paris et prit le nom d'Escalopier. Elle est encore représentée de nos jours par la comtesse douairière de l'Escalopier, à Paris, et par le vicomte de l'Escalopier, à Paris.

ESCAYRAC. *Quercy.*

D'argent à trois bandes de gueules, et anciennement au chef d'azur chargé de trois étoiles d'or.

Cette maison, une des plus anciennes et des plus distinguées du Quercy, tire son nom du château d'Escayrac, qu'elle possède depuis un temps immémorial, et ses archives renferment des actes authentiques qui la concernent depuis l'an 1040. On prête une communauté d'origine entre elle et les seigneurs de Gourdon et de Castelnau des Vaux. Dès 1228, il est fait mention, dans un acte original passé dans la paroisse de Saint-Aurelh, d'un Bernard d'Escayrac, fils d'un autre Bernard. On comptait à la première croisade de saint Louis, en 1248, trois chevaliers du nom d'Escayrac, dont la présence en Palestine est constatée par un acte original scellé de leur sceau, titre en vertu duquel leur nom et leurs armes ont été placés au musée de Versailles.

La filiation authentique de la maison d'Escayrac est établie depuis l'an 1250, et elle compte aujourd'hui trois représentants : le marquis d'Escayrac, chef de nom et d'armes, commandeur de la Légion d'honneur, ancien pair de France, au château de l'Illé, par Molières, département de Tarn-et-Garonne; Stanislas, comte d'Escayrac de Lauture, commandeur de la Légion d'honneur, conseiller général, à Molières; d'Escayrac de Lauture, qui fut officier d'ordonnance de l'empereur, à Paris.

ESCHASSÉRIAUX. *France.*

Fascé d'or et d'azur.

Le baron d'Eschassériaux, chevalier de la Légion d'honneur, conseiller général, député de la Charente-Inférieure, seul représentant de sa famille, réside à Paris.

ESCHERNY. *Savoie, Ile-de-France.*

D'azur a trois bandes d'argent; au chef d'or chargé de trois tourteaux de gueules.

L'unique représentant du nom, comte d'Escherny, réside à Paris.

ESCLAIBES. *Hainaut.*

De gueules à trois lions d'argent.

Devise : *A moy ne tient.*

Cri : *Chièvres.*

Cette famille, d'ancienne chevalerie, est originaire du Hainaut français, où est située la terre d'Esclaibes. Elle compte parmi ses célébrités : Gilles, sire d'Esclaibes, chevalier croisé en 1270; Raoul, grand veneur du roi de France en 1290; Gérard, grand bailli du Hainaut en 1364; Jean et Fastré, tués à la bataille d'Azincourt en 1415; Pierre, châtelain du Cateau-Cambrésis en 1512; Jean, chambellan de Charles-Quint en 1535; Robert, historien en 1664; Jean, général de bataille et gouverneur de Courtray en 1667; Charles-Ernest, aussi général de bataille et gouverneur de Bruxelles en 1698; Léopold, abbé de Cambron en 1745; Françoise, abbesse de Ghislenghien en 1760; Charles-Louis-Joseph, député de la noblesse aux États-généraux de 1789; Auguste, chef d'état-major de l'artillerie lors de la conquête d'Alger en 1830.

Titres honorifiques : Comtes de Clairmont (en Cambrésis); comtes d'Hust (en Hongrie) et du Saint-Empire romain; vicomtes de Sebourg (en Hainaut).

Ses principales alliances sont avec les familles de Basta, la Barre d'Erquelines, Beaulincourt, Bernard de Calonne, Bichet de Chalencey, Bouchelet de Neuville, Bouexic de Pinieux, Bousies, du Buysson, Bryas, Butron y Muxica, Calonne de Courtebourne, Carnin, Carondelet, Cossée de Maulde, Coudenhove, Coupigny, Dupuy de Clinchamps, Ennetières, Gérard de Saint-Amand, Girval, Van der Gracht, Gueneau de Mussy, la Hamayde, Hamel de Bellenglise, Haynin-Quérenaing, Laloux, Lur-Saluces, Miron de l'Espinay, Pimodan, Sainte-Aldegonde, Sars, Tramecourt, la Tour-Saint-Quentin, Valfons, Villers-au-Tertre.

Elle a pour chef actuel de nom et d'armes, Emmanuel, comte d'Esclaibes et de Clairmont, au château de Lantenay (Côte-d'Or). Elle compte en outre trois autres représentants mâles : Raoul, comte d'Esclaibes d'Hust, officier de la Légion d'honneur, capitaine au 22e d'artillerie: Raymond, comte d'Esclaibes d'Hust, capitaine au 2e de hussards, tous deux frères du chef de la famille; et Léon, comte d'Esclaibes d'Hust, avocat à la cour d'appel de Douai, ancien bâtonnier de l'ordre, leur cousin. Celui-ci a deux fils, dont l'un, Henri, décoré de Mentana et chevalier de l'ordre de Saint-Grégoire-le-Grand, est capitaine adjudant-major au 29e de ligne, et l'autre, Robert, ancien élève de l'École polytechnique, ancien élève ingénieur des mines, est membre de la compagnie de Jésus.

ESCOUBÈS (DE MONTLAUR D'). *Gascogne.*

De gueules à deux lions affrontés d'argent, soutenant de leurs pattes un monde d'argent, cintré de gueules, croisé du champ.

Devise : *Virtus auro potior*.

Cette famille, très-ancienne et très-distinguée, citée dans l'*Armorial de la noblesse de France*, par Dauriac, dans l'*Armorial toulousain*, par Brémont, etc., a pour chef de nom et d'armes de Montlaur d'Escoubès, à son château de Lucevielle, département du Gers. Elle est également représentée par un neveu du chef de la famille, de Montlaur d'Escoubès, au château de Laprade, et par un frère cadet, de Montlaur d'Escoubès, au château de Laflourette, par Mirande, département du Gers.

ESCOUBLEAU DE SOURDIS. *Poitou.*

Parti d'azur et de gueules à la bande d'or brochant sur le tout. Cimier : un levrier issant. Supports : un lion et une lionne, tous les deux au naturel.

Cette maison, connue dès le treizième siècle, tire son nom du fief d'Escoubleau, en Poitou. Honfroy d'Escoubleau est cité dans un titre de l'an 1224.

Éteint dans les mâles, le nom d'Escoubleau n'a plus d'autre représentant que la marquise douairière d'Escoubleau de Sourdis, née Éléonora de Botta, veuve d'Antoine-René d'Escoubleau, marquis de Sourdis, maréchal de camp, chevalier de Saint-Louis, dont elle fut la deuxième femme et dont elle n'eut que des filles. Elle réside à Vendôme.

ESCRIVAIN (L'). *Anjou, Bretagne.*

D'azur au chevron d'or accompagné de trois roses du même.

Cette famille n'a plus d'autre représentant que l'Escrivain, à Marseille.

ESCUDIER. *Lyonnais.*

D'azur au chien d'argent courant sur une terrasse du même ; au chef d'or chargé de trois tourteaux de gueules.

L'unique représentant du nom d'Escudier, éloigné de toute fonction publique, réside à Toulouse.

ESCURES. *France.*

D'azur à deux chevrons d'or, accompagnés de deux étoiles du même en chef et d'un croissant d'argent en pointe, soutenant un feu de gueules passant entre les deux chevrons et chargeant celui du chef.

L'unique représentant du nom de l'Escure est maire à Tigy, par Fargeau, département du Loiret.

ESMANGART DE BOURNONVILLE. *France.*

D'azur à cinq besants d'or, trois en chef, deux en fasce et en pointe, un cygne d'argent sur une rivière du même.

Paul-Antoine-Marie d'Esmangart de Bournonville, seul représentant du nom, est attaché à l'administration des lignes télégraphiques, à la Rochelle, département de la Charente-Inférieure.

ESPAGNET. *Provence.*

D'azur à trois soucis, tigés et feuillés d'or, mouvants d'une même plante; au chef cousu de gueules, chargé d'un soleil d'or.

Cette famille est originaire de Brignolles, d'où Raymond d'Espagnet la transplanta à Aix. Il y fut pourvu d'une charge de conseiller au parlement en 1569, et cette charge passa à son fils et à son petit-fils. Sa descendance, qui s'est perpétuée jusqu'à nous, a quatre représentants : Félix d'Espagnet, à Aix, département des Bouches-du-Rhône, qui a quatre filles; Albert d'Espagnet, à Fréjus, département du Var, qui a trois filles; Augustin d'Espagnet, à Aix; Paul d'Espagnet, chevalier de la Légion d'honneur, officier d'infanterie.

ESPAGNOL DE CHANTELOUP. *Champagne*.

D'azur à une foi d'argent. Supports : deux espagnols.

Cette famille, de Reims, a pour chef de nom et d'armes L'Espagnol de Chanteloup, chevalier de la Légion d'honneur, ancien inspecteur des lignes télégraphiques dans la Seine-Inférieure, vivant à Semuy, département des Ardennes. Il a trois fils : Maxime L'Espagnol de Chanteloup, chevalier de la Légion d'honneur, lieutenant de vaisseau ; Raoul L'Espagnol de Chanteloup, agriculteur à Semuy ; Eugène L'Espagnol de Chanteloup, chevalier de la Légion d'honneur, capitaine d'état-major.

Un frère cadet du précédent, Hippolyte L'Espagnol de Chanteloup, ancien officier au 15e de ligne, réside à Laval, département de la Mayenne.

ESPALUNQUE. *Béarn*.

Originaire d'Espagne, cette famille, qui est une des plus anciennes du Béarn, a occupé les charges les plus distinguées sous les rois et les reines de Navarre, notamment sous Henri IV. Elle est aujourd'hui représentée par d'Espalunque, au château d'Espalunque, par Arudy, département des Basses-Pyrénées, chef de nom et d'armes de sa famille. Elle est également représentée par d'Espalunque, vérificateur des douanes, à Oléron-Sainte-Marie, même département.

ESPARBÈS DE LUSSAN. *Armagnac*.

D'argent à la fasce de gueules accompagnée de trois éperviers de sable.

Cette belle famille, de noblesse d'épée, qui florissait dès le douzième siècle et s'était déjà divisée en plusieurs branches qui possédaient de grands biens dans les comtés de Fezenzac et d'Armagnac, ainsi que dans le Fezensaguet, a produit des capitaines de cinquante et cent hommes d'armes, des mestre de camp de dix compagnies, des maréchaux de camp, des brigadiers, une foule de colonels et d'officiers supérieurs, sept lieutenants généraux des armées du roi, deux maréchaux de France, des ambassadeurs et des plénipotentiaires, des gouverneurs de places et de provinces, des sénéchaux et lieutenants généraux du Condomois, de la Guyenne, de la Saintonge et de l'Angoumois, des conseillers de l'Etat et du roi, des chambellans, des gentilhommes ordinaires de la chambre, dix chevaliers des ordres du roi, des abbés de monastère, un évêque de Pamiers, des abbesses, plus de vingt chevaliers ou commandeurs de l'ordre de Malte, et, de nos jours, un aumônier du roi.

Le père Anselme, qui a donné la généalogie de cette famille, cite, par ordre de date, un grand nombre de ses membres qui ont existé du onzième au quinzième siècle, et dont la plupart furent bienfaiteurs de l'abbaye de Gonzalve et de l'ordre des Templiers. La Chesnaye-Desbois, de même que le père Anselme, établit la filiation régulière de cette maison depuis Herman d'Esparbès, damoiseau, coseigneur de La Fitte, en 1419, et dont la descendance compte aujourd'hui cinq représentants : le marquis d'Esparbès de Lussan, à Nérac (Lot-et-Garonne) ; Félix, comte d'Esparbès de Lussan, chevalier de la Légion d'honneur, au château de La Mothe, par Auvillars (Tarn-et-Garonne); Emmanuel, vicomte d'Esparbès de Lussan, officier d'artillerie, à Toulouse ; d'Esparbès de Lussan, avocat, à Nérac ; d'Esparbès de Lussan, maire, à Nomdieu, par Francescas (Lot-et-Ga-ronne).

ESPAUX (des). *Bourgogne.*
D'argent à trois fasces ondées d'azur.

Le seul représentant du nom des Espaux est géomètre, à Constantine (Algérie).

ESPÉE (DE L'). *Flandre, Lorraine, Normandie.*

FLANDRE. De sable à l'épée d'argent garnie d'or, posée en bande, la pointe en bas. Casque couronné. Cimier : une tête et col de bœuf d'or, bouclée du même, entre des plumes d'autruche d'or, de sable et de gueules.

LORRAINE. D'azur à l'épée d'argent garnie d'or, accompagnée en chef de deux croix recroisettées au pied fiché du même; à la fasce du second brochant sur l'épée.

NORMANDIE. D'azur à deux épées d'argent garnies d'or passées en sautoir. — De gueules à deux épées d'argent passées en sautoir, les pointes en bas, accompagnées en pointe d'un lion léopardé d'or.

De ces différentes familles, on retrouve en France trois représentants : le baron de l'Espée, commandeur de la Légion d'honneur, à Paris ; le baron de l'Espée, au château de Sandronvillers, par Saint-Nicolas-du-Port, département de la Meurthe ; Henry de l'Espée, au château de Froville, par Bayon (Meurthe).

ESPÉRENDIEU. *Montpellier, Montauban.*

D'argent à un lion de gueules; écartelé d'azur à une bande d'or.

L'unique représentant de la famille d'Espérendieu est juge à Orange, département de Vaucluse.

ESPÉRIÈS. *Languedoc.*

D'or à un poirier de sinople, fruité d'argent, accosté de deux étoiles à cinq rais d'azur et soutenu d'un croissant de gueules. Couronne de marquis. Supports : deux lions langués de gueules.

Cette famille a donné son nom à un hameau, dans les montagnes, sous le Montaignol, dans les Cévennes.

Son origine se perd dans l'obscurité des temps, mais ses titres réguliers ne remontent qu'au seizième siècle. Grandement possessionnée, elle compte un grand nombre d'officiers supérieurs et de chevaliers de Saint-Louis. François-Pierre d'Espériès, gouverneur de Vallerangue et du Bas-Languedoc, reçut de Louis XVI le titre de *marquis*, en récompense de ses services.

Raimond-Alexis-Amédée, chevalier d'Espériès, chef de nom et d'armes de sa famille, à Eyre-Château, département de l'Oise, épousa Louise-Marie Le Daën des Casques, dont trois enfants : Gabriel-Henri-Marie, procureur de la République ; Amédée-Louis-Marie-Eugène, lieutenant ; Louis-Marie-Raymond-Edouard.

Un autre représentant, d'Espériès de Carbonnat, réside au château d'Arpajon, département du Cantal.

ESPERONNIÈRE (DE L'). *Anjou.*

D'hermine, frété de gueules. (*Registre de Tours*, — en date du 22 août 1698, signé d'Hozier.) Couronne : de marquis.

Illustrations :

Joachim de l'Esperonnière épousa, en 1156, Éléonore de Saint-Amathoire, en Bretagne.

Hardouin de l'Esperonnière, chevalier, seigneur dudit lieu, fils de Geoffroy de l'Esperonnière, se maria en 1357 (Hardouin de l'Esperonnière est le premier ancêtre dont on possède le contrat de mariage ou papiers le concernant).

Une commission pour se rendre à la Rochelle, « avec le plus d'hommes que faire se pourra », signée du roi de France Charles VI, à la date du 15 mars 1403, fut donnée à Jean de l'Esperonnière, seigneur de la Rochebardoul.

Jean de l'Esperonnière était le frère puîné de Pierre de l'Esperonnière, et c'est de lui que descendent les représentants actuels. Pierre de l'Esperonnière donna naissance à une branche aînée, éteinte depuis plusieurs siècles.

Messire Antoine de l'Esperonnière, seigneur du Pineau et de la Rochebardoul, fait prisonnier sur mer en 1480, fonda, en 1481, la chapelle Notre-Dame des Gardes, en Anjou.

A la montre de la noblesse et arrière-ban de la province d'Anjou, tenu par ordre de Jean de Lorraine, sénéchal et gouverneur d'Anjou, à Chemillé, en 1470, comparurent : Jean de l'Esperonnière, qui présenta Guillaume son frère ; Henry de l'Esperonnière, pour son père.

François de l'Esperonnière, seigneur de la Rochebardoul et de La Sorinière en Poitou, reçut, le 14 mai 1562, dispense de comparaître au ban et arrière-ban, attendu qu'il était retenu auprès de Louis de Bourbon, duc de Montpensier, pour le service du roi.

En février 1551, François de l'Esperonnière passa un traité avec Charles de Bourbon au sujet de la possession de bancs, oratoires, moyenne et basse justice, etc.

Parmi les plus grandes illustrations de l'Anjou au seizième siècle, il faut citer Honorat de l'Esperonnière et Claude de l'Esperonnière son fils, qui se distinguèrent dans diverses batailles, et combattirent avec bravoure à Jarnac et à Moncontour, auprès de Henri III. (*Hist. d'Anjou*, par Roger.)

Le 26 mars 1591, le duc de Mercœur écrivait au seigneur de la Saulaye et autres lieux, afin d'établir des gens de guerre pour tenir garnison.

François de l'Esperonnière, chevalier, seigneur, baron de Vritz et autres lieux, était chambellan de Son Altesse Royale en 1649.

Par lettres patentes du roi Louis XIV, du 20 août 1645, la charge de lieutenant de la grande vénerie de France fut donnée à Antoine de l'Esperonnière, marquis de la Rochebardoul, etc., etc.

Le même (Antoine, marquis de l'Esperonnière) obtint du roi, en 1654, la permission d'élargir les fossés et faire clore, avec ponts-levis, canonnières, etc., sa maison seigneuriale de la Saulaye.

Par lettres-patentes du roi Louis XIV, du 21 mai 1661, la charge d'une des quatre lieutenances de la grande vénerie de France fut donnée à François, marquis de l'Esperonnière, en remplacement de son père, Antoine, marquis de l'Esperonnière.

Des commissions de lieutenant, puis de capitaine de cavalerie, furent données en 1709 et 1718 au sieur de l'Esperonnière.

Parmi ceux qui ont bien servi dans les guerres de Louis XIV, Roger (*Hist. d'Anjou*), cite François de l'Esperonnière, seigneur de la Rochebardoul, et son frère.

Jacques-Thomas de l'Esperonnière, chevalier, seigneur de Vritz, la Saulaye, le Breil, la Boulairie, et autres lieux, fut capitaine d'une compagnie du régiment d'infanterie d'Auvergne en 1743, puis conseiller de grand'chambre au parlement de Bretagne.

François de l'Esperonnière, capitaine de la garde royale en 1820, suivit Louis XVIII à Gand.

Représentants actuels :

Édouard-Marie de l'Esperonnière de Vritz, né en 1818, marié, en 1845, avec Mlle Marie du Buat, habite le château de la Saulaye (Maine-et-Loire). — De ce mariage :

René-Marie-Antoine de l'Esperonnière, né le 26 mars 1846, marié en 1872 à Mlle Anne de Gaallon.

Marthe-Marie-Madeleine de l'Esperonnière, née en 1848.

Gabrielle de l'Esperonnière, amie de la princesse d'Orléans, fonda, avec elle, les couvents de calvairiennes bénédictines à Angers et à Poitiers (dix-septième siècle), et mourut en odeur de sainteté. (*Vie des saints d'Anjou*, par Dom Chamard.)

Anne-Sophie de l'Esperonnière, fille de François de l'Esperonnière, lieutenant de la grande vénerie de France, religieuse de la Visitation, fut fondatrice et supérieure du premier couvent de Madrid. Elle y devint l'amie de la reine d'Espagne, et mourut en odeur de sainteté en 1759. (*Année sainte.*)

ESPEUILLES (Viel-Lunas d'). *Normandie.*

De gueules à une enceinte fortifiée d'argent, maçonnée de sable ; au chef cousu d'azur, chargé d'un croissant d'argent entre deux étoiles du même.

Cette famille, venue de Normandie, ayant fait l'acquisition de la terre d'Espeuilles en Nivernais, en prit le surnom avec le titre de *marquis*. Elle a pour chef de nom et d'armes Antoine-Théodore de Viel-Lunas, marquis d'Espeuilles, ancien sénateur, qui épousa Jeanne-Françoise Louise de Chateaubriand, petite-nièce du vicomte de Chateaubriand, dont deux fils.

ESPIARD. *Bourgogne.*

D'azur à trois épis d'or.

Cette ancienne famille, une des plus considérées de la Bourgogne, descend en ligne masculine des seigneurs de Mont-Saint-Jean, dont le dernier, connu sous ce nom, Étienne de Mont-Saint-Jean, chevalier, mort en 1333, se vit forcé, pour garder son indépendance, de soutenir des guerres ruineuses contre les ducs de Bourgogne, et fut en partie spolié par eux. Sa descendance est aujourd'hui représentée par le baron Édouard d'Espiard, au château de Mazille, par Vandenesse, département de la Nièvre, qui a un fils : Henry d'Espiard. Elle est encore représentée par le baron Antoine-Bernard-Alfred d'Espiard de Colonge, à Paris.

ESPIAN DE LAMAESTRE. *Guyenne.*

D'azur à trois épis d'or rangés sur une terrasse de sinople, et une nuée d'argent mouvante du chef, de laquelle tombe une pluie d'or.

Cette famille a pour unique représentant d'Espian de Lamaestre, médecin, à Paris.

ESPIENNES. *Hainaut.*

D'argent au chevron de sable accompagné de trois trèfles du même.

Cette ancienne famille du Hainaut, qui tire son nom d'une seigneurie près de Mons et qui est citée, dès 1325, parmi les notabilités de cette ville, a pour unique représentant d'Espiennes, au château d'Assavent, par Maubeuge, département du Nord.

ESPINASSE. *Guyenne. Normandie.*

Fascé d'argent et de gueules.

Cette famille a deux représentants : le comte de l'Espinasse, inspecteur des forêts, à Châlons, département de la Marne ; de l'Espinasse, à Gilles, par Anet, département d'Eure-et-Loir.

ESPINASSY. *Provence.*

D'or à la rose de sable, accompagnée de trois roses tigées et feuillées de même.

Qualifiés de chevaliers dans les chartes de l'évêché de

Marseille du onzième siècle, leur descendance est représentée de nos jours par le général d'Espinassy de Venel, commandeur de la Légion d'honneur.

ESPINAY. *Normandie.*

D'argent au chevron d'azur chargé de onze besants d'or. Couronne : ducale. Supports : deux licornes. Cimier : une aigle issante au vol abaissé.

Cette famille, dont l'origine se perd dans la nuit des temps, descend de Gusterus, seigneur d'Espinay, un des compagnons de Guillaume, duc de Normandie, à la conquête de l'Angleterre en 1066. Elle a donné deux chevaliers croisés : Robert, en 1190 ; et Colin, en 1218. Elle s'honore en outre d'avoir produit François d'Espinay, dit *le brave Saint-Luc*, chevalier des ordres du roi Henri IV, grand-maître de l'artillerie de France, tué au siége d'Amiens.

Les différentes branches de cette maison sont celles des *marquis de Saint-Luc*, éteints en la personne de Marie - Anne - Henriette, marquise de Rochechouart, morte en 1731 ; des *marquis de Ligneris*, éteints en la personne d'Alexandrine - Bernardine - Barbe - Hortense d'Espinay-Saint-Luc, mariée, en 1780, à Maximilien-Gabriel-Louis de Béthune, duc de Sully ; des *barons de Mézières, seigneurs d'Auvergny*, dont le dernier représentant fut François-Joseph d'Espinay-Saint-Luc, né en 1746 ; des *seigneurs de Vaux, marquis d'Espinay-Saint-Luc*, éteints, en 1858, par la mort de Timoléon-Joseph, marquis d'Espinay-Saint-Luc, maréchal-de-camp ; des *seigneurs de Boisville et du Jaglu*, dont les représentants actuels, fils d'Antoine-Amédée, marquis d'Espinay-Saint-Luc, capitaine-commandant au 2e régiment de grenadiers de la garde royale, démissionnaire en 1830, mort en 1864, et de Théodore-Henriette de Cacqueray, sont :

Timoléon, marquis d'Espinay-Saint-Luc, marié, en 1846, à Denise de Goujon de Thuisy, dont il a deux fils et une fille ;

Gaston, comte d'Espinay-Saint-Luc, marié, en 1848, à Antoinette d'Espinay-Saint-Luc, sa cousine-germaine, dont sept fils et une fille ;

Maurice, comte d'Espinay-Saint-Luc, marié, en 1858, à Blanche de Choiseul-Daillecourt ;

Henri, comte d'Espinay-Saint-Luc, marié, en 1851, à Julie Gibert, dont deux filles ;

Ernest, comte d'Espinay-Saint-Luc, marié, en 1861, à Louise Despaigne. dont un fils et une fille.

Résidence : le château de Montgiron (Loir-et-Cher).

ESPINOSE. *Espagne. Bretagne.*

Tiercé en pal : au 1 d'azur à la croix fleuronnée d'or ; au 2 d'or au cœur de gueules ; au 3 d'argent à l'arbre arraché de sinople ; au griffon passant de gueules.

Pierre de Medina, au chapitre 107, fait mention, dès l'an 1048, d'une famille Espinose, en espagnol Espinosa, portant les armes que nous venons de décrire et dont le nom, en France, est représenté par la baronne d'Espinose, au château de Cosqueville, par Saint-Pierre-l'Eglise, département de la Manche.

ESPIVENT. *Bretagne.*

D'azur à la molette d'or, accompagnée de trois croissants du même.

Cette famille a cinq représentants : d'Espivent de la Villeboisnet, grand officier de la Légion d'honneur, général de division ; Espivent de la Villeboisnet, officier de la Légion d'honneur, conseiller de cour, à Paris ;

Espivent de la Villeboisnet, à Angers ; Espivent de la Villeboisnet, au château de Châtre, par Bleneau, département de l'Yonne ; Espivent de la Villeboisnet, au château d'Ecuras, par Savenay, département de la Loire-Inférieure.

ESPOURRIN. *Béarn.*

D'azur à deux massues d'argent liées et passées en sautoir, accompagnées en chef de trois têtes de More de sable, et en pointe de trois épées de gueules.

Cette famille, fixée depuis des temps reculés, dans la vallée d'Aspe, est représentée par d'Espourrin, juge de paix, à Bayonne.

ESQUERIE. *Toulouse, Montauban.*

D'azur à un chevron d'or, accompagné en chef de deux molettes de même, et en pointe d'un lis d'argent ; au chef cousu de gueules chargé d'un croissant d'argent.

L'unique représentant du nom d'Esquerie, réside à Toulouse.

ESQUILLE. *Navarre.*

Parti : au 1 d'or à cinq bandes de gueules, qui est d'Esquille ; au 2 écartelé : *a* d'or à un pin de sinople, accosté de deux lions rampants de gueules, qui est Debas ; *b* et *c* échiqueté d'or et d'azur, *d* de gueules.

Cette ancienne maison est originaire de Pampelune, où elle a possédé des biens considérables et des places distinguées dans la robe et dans les armées, jusqu'au temps de l'usurpation par Ferdinand d'Aragon en 1512 ; Yvon d'Esquille, chef de la famille, fixa alors sa résidence dans la contrée où sa descendance est encore représentée. Elle se compose de la baronne d'Esquille, à Paris, et d'Esquille, sans titre, à Pau.

ESSARS (DES).

De gueules à trois croissants d'or.

Cette famille n'a qu'un représentant : le comte des Essars, au château des Foncières, par Ailly-Haut-Clocher, département de la Somme.

ESTAMPES. *Berry.*

D'azur à deux girons d'or posés en chevron; au chef d'argent chargé de trois couronnes ducales de gueules, mises en fasce.

Cette noble et ancienne famille du Berry a donné un cardinal, un archevêque, duc de Reims, trois évêques, un maréchal de France, trois chevaliers des ordres du roi, un grand maréchal des logis de la maison du roi.

Robert d'Estampes, vivant en 1404, fut élevé avec Ivon de France, duc de Berry. Sa descendance compte aujourd'hui trois représentants ; le marquis d'Estampes, au château de Perreux, par Charny, département de l'Orne; le comte d'Estampes, à Paris; d'Estampes, officier de la Légion d'honneur, à Verdun, département de la Meuse.

ESTANGER. *Caen.*

D'argent à un chevron de gueules, accompagné de trois roses du même.

Cette famille est représentée par d'Estanger, au château de Boisgny, près Fougères, département d'Ille-et-Vilaine, et par d'Estanger, près Dinan, département des Côtes-du-Nord.

ESTAVE. *Bourges.*

De sinople à une bande d'or.

Cette famille est représentée par le baron d'Estave de Valsery, maire, à Cœuvres, près Vic-sur-Aisne, département de l'Aisne.

ESTE. *Duché de Parme.*

D'azur à l'aigle d'argent armée d'or.

Cette famille a pour unique représentant le baron d'Este, à Paris.

ESTERNO. *Franche-Comté.*

De gueules à la fasce d'argent, accompagnée de trois arrêts de lance du même.

Cette famille d'ancienne noblesse et que des généalogistes prétendent éteinte, tire son nom dans le bailliage d'Ornans. Etienne d'Esterno, chevalier, fut présent au désistement de Harduin de Châtillon-sur-Lison, fait à l'abbaye de Balerne, en 1132.

Le seul représentant du nom est aujourd'hui le comte d'Esterno, chevalier de la Légion d'honneur, conseiller général à Lucenay, départemeut de Saône-et-Loire.

ESTÈVE. *France.*

Écartelé d'azur et de gueules; au 1 à un temple grec D. A.; au 2 à l'étoile d'argent; au 3 au lévrier passant contourné, colleté d'argent; au 4 à la tête d'Isis d'or.

Cette famille a quatre représentants : le comte d'Estève, à Pau; le baron d'Estève de Ronquette, par Castelnaudary, département de l'Aude; d'Estève, supérieur du grand séminaire, à Saint-Pons, département de l'Hérault; d'Estève de Pradel, à Paris.

ESTIENNE. *Provence.*

Estienne. D'azur à trois bandes d'or. Supports : deux griffons d'or. Cimier : un buste d'homme avec un chapeau chargé de quelques plumes en mémoire de ce que l'origine de cette famille est l'Albanie.

Estienne de Chaussegros de Lioux. Écartelé : aux 1 et 4 d'azur à trois bandes d'or, qui est d'Estienne ancien; aux 2 et 3 d'or à la jambe de gueules, qui est de

Chaussegros de Lioux. Cimier : un buste d'homme avec un chapeau orné de quelques plumes. Supports : deux griffons.

Devise : *Triplex difficile rumpitur.*

ESTIENNE DE SAINT-JEAN. De gueules à la bande d'or, accompagnée en chef d'un gland d'or, vêtu, tigé et feuillé du même, et en pointe d'un besant aussi d'or; au chef cousu d'azur, chargé de trois étoiles d'or.

Estienne, en Provence, une des plus anciennes familles de la province, remonte, par titres authentiques, à Jacques d'Estienne, qui rendait ses comptes en 1267, comme châtelain de Bouc et de Pennes. Son fils, Pierre d'Estienne et le neveu de celui-ci, furent confirmés dans le titre de chevaliers, par Charles II, roi de Sicile et de Jérusalem, en 1307, attendu qu'ils tiraient leur origine d'anciens chevaliers. Leur descendance qui se divisa en plusieurs branches, dont les principales sont celles d'Estienne de Chaussegros de Lioux et d'Estienne de Saint-Jean, aujourd'hui familles distinctes, compte plusieurs représentants : Charles, marquis d'Estienne de Chaussegros de Lioux, commandeur de la Légion d'honneur, général de brigade, chef de nom et d'armes; Ludovic-Joseph, vicomte d'Estienne de Saint-Jean, chevalier de dévotion de l'ordre de Saint-Jean de Jérusalem, à Aix, département des Bouches-du-Rhône.

ESTIGNARD. *Bourbonnais.*

D'azur à deux roses d'or en chef; leurs tiges d'argent mouvantes d'un croissant de même en pointe, et un chevron d'or brochant sur les tiges des roses et surmonté d'une étoile du même.

Cette famille a trois représentants : d'Estignard de Lafaulotte, conseiller à la cour impériale, à Paris;

d'Estignard de Lafaulotte de Neuilly, au château de Coulon, par Corbigny, département de la Nièvre; d'Estignard du Pavillon, percepteur des finances à Bar-sur-Seine, département de l'Aube.

ESTOCQUOIS. *Champagne.*

D'azur à trois bandes d'or; au chef d'azur chargé d'un lion naissant d'or.

Cette famille a pour seuls représentants François-Théodore d'Estocquois et Jean-Alexis d'Estocquois, à Besançon.

ESTOURMEL. *Picardie.*

De gueules à la croix denchée d'argent.

Cette famille, dont le nom primitif était Creton, qu'elle a quitté vers l'an 1500 pour prendre celui de sa terre d'Estourmel, située à une lieue de Cambrai, connue depuis les Croisades, distinguée par son ancienneté, ses alliances, ses services, est représentée par le marquis d'Estourmel, conseiller général à Orgon, département des Bouches-du-Rhône, et par le comte d'Estourmel, à Paris.

ESTOURNEL. *Lyonnais.*

De gueules à une tour d'or maçonnée de sable et un chef cousu d'azur, chargé de trois étoiles d'argent.

Cette famille a pour unique représentant la baronne d'Estournel, à Paris.

ESTRADE. *France.*

D'or à la fasce d'azur, chargée de trois étoiles d'argent et accompagnée de trois mouchetures d'hermine de sable.

Cette famille a donné un maréchal de France et remonte à François d'Estrade, seigneur de Bonel, de Colombes et de Campagnac. Son nom est encore représenté.

ESTRANGE. (DE L'). *Bourbonnais.*

De gueules à deux lions adossés d'or, surmontés d'un léopard d'argent.

Cette ancienne famille a deux représentants : le marquis de l'Estrange, au château de Faurie, par Annonay, département de l'Ardèche; le vicomte de l'Estrange, au château de Mesgrin, près Baignes-Sainte-Radegonde.

ESTREUX DE BEAUGRENIER. *Flandre.*

D'azur à trois haches d'or, posées 2 et 1.

Cette famille a pour unique représentant Alfred-Amédée-Guillaume Merlin d'Estreux de Beaugrenier, à Valenciennes.

ETCHEGOYEN. *Pays-Basque.*

Écartelé : au 1 d'azur à un agneau pascal passant d'argent, accompagné de trois étoiles à cinq rais d'or rangées en chef; au 2 d'azur à la tour carrée d'argent, accostée de deux lions affrontés et rampants contre la tour, celui à dextre d'or, celui à senestre d'argent; au 3 d'or à 3 pals d'azur; au 4 d'argent à un arbre de sinople au pied fiché dans un cœur de gueules, le tout senestré d'un lion du même, rampant contre le fût de l'arbre.

Cette famille, qui appartenait dans l'origine aux provinces basques espagnoles, et qui est devenue française au temps des guerres de la succession sous Louis XIV, était représentée, au commencement de ce siècle, par : le baron d'Etchegoyen, mort en 1841; son frère, le chevalier Sauveur d'Etchegoyen, mort en 1840; le baron d'Etchegoyen a laissé un fils, Charles d'Etchegoyen, ancien représentant du peuple à l'Assemblée législative, qui ne porte aucun titre, a épousé en 1852 Valentine de Talleyrand-Périgord, dont il a eu trois fils : Valentin d'Etchegoyen, Jean d'Etchegoyen, Paul d'Etchegoyen.

Le chevalier d'Etchegoyen a eu un fils, Henri d'Etchegoyen, mort en 1854, laissant un fils, Guillaume d'Etchegoyen, qui a épousé Mlle de Gontaut.

Le comte Dibarrart, ancien député des Landes, arrondissement de Dax, dont la famille était précédemment alliée aux d'Etchegoyen, a épousé en premières noces Zoé d'Etchegoyen, fille du baron d'Etchegoyen, et a porté le nom d'Etchegoyen depuis cette époque. De ce mariage est né un fils, Gaston Dibarrart d'Etchegoyen, non marié.

Il a épousé en secondes noces Mlle de Louvencourt, dont il a eu deux fils et une fille. Il habite Olivier, près Bordeaux.

ETCHEVERRIAT. *Biscaye.*

Parti : au 1 échiqueté de sable et d'argent ; au 2 de gueules à deux bandes d'or.

Cette famille n'a qu'un représentant : d'Etcheverriat, à Paris.

ÉTIENNE. *Provence.*

De gueules à la bande accompagnée en chef d'un églantier tigé et feuillé, et en pointe d'un besant, le tout d'or ; au chef cousu d'azur, chargé de trois étoiles à cinq rais d'or.

Etienne de Villemur. D'azur à la fasce d'or, accompagnée de trois besants d'argent.

Le nom d'Étienne, en Provence, a pour unique représentant la douairière d'Étienne, à Nice.

ÉTOILE (de l'). *France.*

D'azur à une étoile d'or.

Cette famille est représentée par le comte de l'Étoile, à Paris ; de l'Étoile, au château de la Motte-Thibergeau, à Flée (Sarthe) ; de l'Étoile, aux Benaudières-de-Cormenon, près Mondoubleau (Loir-et-Cher).

EU. *Normandie.*

D'azur à une Notre-Dame entourée d'un chapelet et cantonnée de quatre cœurs enflammés, le tout d'argent.

Cette famille a plusieurs représentants, entre autres : d'Eu, avoué, à Sainte-Menehould ; d'Eu, percepteur, à Courtizols, par Châlons (Marne).

EUDES. *Normandie.*

De gueules à la fasce d'or accompagnée en chef de trois pommes de pin versées du même, et en pointe d'un croissant d'argent.

Cette famille a cinq représentants : la douairière d'Eudes de la Cocardière, au château du manoir d'Auctoville, par Bréhal, département de la Manche ; Jean-Anatole d'Eudes de Boistertre, commandeur de la Légion d'honneur, colonel au 78e de ligne ; d'Eudes d'Eudeville, au château de Veulette, par Cany, département de la Seine-Inférieure ; d'Eudes, officier de la Légion d'honneur, lieutenant colonel du génie ; Mme la douairière d'Eudes du Gaillon, à Orléans.

EVERLANGE. *France.*

D'azur à la fasce d'or, accompagnée de deux étoiles du même, une en chef et une en pointe.

L'unique représentant du nom d'Everlange, chevalier de la Légion d'honneur, est capitaine de la gendarmerie à pied, à Paris.

EXEA. *Aragon, Languedoc.*

ARMES ANCIENNES. Échiqueté d'argent et de gueules, à trois têtes de chevalier, posées 2 et 1.

ARMES MODERNES. De sable à la barrière en champ

clos d'or; à la bordure échiquetée d'or et de gueules de deux tiers.

Cette famille a quatre représentants dans le département de l'Aude : le marquis d'Exea, au château de Cérame, par Lésignan, le comte Alphonse d'Exea, au château de Cérame ; le comte d'Exea, grand officier de la Légion d'honneur, général de division ; le vicomte Léon d'Exea, au château de Payra, par Salles-sur-l'Hers.

EYRAGUES. *Provence.*

D'azur à la fasce d'or. chargée de deux croissants de gueules, et accompagnée en chef de trois étoiles d'or et en pointe d'un vol d'argent.

Originaire du Poitou, établie depuis trois siècles en Provence, la famille de Bionneau, nom transformé en celui d'Eyragues, depuis l'acquisition de cette terre et seigneurie, le 17 novembre 1628, a fourni des capitaines de terre et de mer, des chevaliers de Saint-Louis, etc. Elle est représentée par le marquis d'Eyragues, à son château, à Lizy-sur-Ourcq (Seine-et-Marne).

EYSSAUTIER. *Provence.*

D'azur à trois fasces ondées d'argent; au chef d'or chargé de trois roses de gueules.

Cette famille dont on retrouve des branches dans le Dauphiné, les Pyrénées, l'Alsace et la Normandie est très-nombreuse. Elle est citée dans le *Nobiliaire de Provence,* par Artefeuille.

FIN DU TOME TROISIÈME